本丛书为
教育部哲学社会科学研究重大课题委托研究项目
"中国共产党百年教育史研究"成果之一

"中国教育现代化2035战略与政策研究丛书"总目

1. 中国教育现代化的形势与任务研究　　　　　　　朱旭东、薛二勇　等著
2. 发展中国特色世界先进水平优质教育的战略与政策　　　李芒　等著
3. 推动各级教育高水平高质量普及的战略与政策　　张志勇、杨玉春　等著
4. 基本公共教育服务均等化的战略与政策　　　　　　　　薛二勇　等著
5. 构建服务全民终身学习体系的战略与政策　　　　　　　张伟远　等著
6. 提升一流人才培养与创新能力的战略与政策　　　　　　周海涛　等著
7. 建设高素质专业化创新型教师队伍的战略与政策　李琼、宋萑、廖伟　等著
8. 推进信息时代教育发展与变革的战略与政策　　　　　　余胜泉　等著
9. 开创教育对外开放新格局的战略与政策　　　　刘宝存、张继桥　等著
10. 推进教育治理体系和治理能力现代化的战略与政策　余雅风、刘水云　等著

"中国教育现代化2035战略与政策研究丛书"
编写出版委员会

总 顾 问 顾明远 钟秉林 殷忠民 黄 强

主 任 朱旭东 郭 戈

副 主 任 薛二勇 王永强

主 编 朱旭东

编 委（按姓名汉语拼音排序）

陈建峰 程 军 冯卫斌 龚鹏飞 韩华球
胡兰江 焦 艳 李 红 李 芒 李 琼
李云龙 刘宝存 刘立德 陆 洋 秦光兰
王 鑫 王永强 夏华香 薛二勇 余胜泉
余雅风 曾红梅 张华娟 张丽娜 张伟远
张晓东 张志勇 周海涛 宗世哲

丛书责编 韩华球 刘立德 李云龙

本册责编 程志强

中国教育现代化2035战略与政策研究丛书　朱旭东◎主编

推进教育治理体系和治理能力现代化的战略与政策

余雅风　刘水云◎等著

中国教育出版传媒集团
人民教育出版社
·北京·

图书在版编目（CIP）数据

推进教育治理体系和治理能力现代化的战略与政策 / 余雅风等著. —北京：人民教育出版社，2022.3
（中国教育现代化 2035 战略与政策研究丛书 / 朱旭东主编）
ISBN 978-7-107-36630-7

Ⅰ.①推… Ⅱ.①余… Ⅲ.①教育－研究－中国 Ⅳ.① G52

中国版本图书馆 CIP 数据核字（2022）第 036983 号

推进教育治理体系和治理能力现代化的战略与政策

出版发行	人民教育出版社
	（北京市海淀区中关村南大街 17 号院 1 号楼　邮编 100081）
网　　址	http://www.pep.com.cn
经　　销	全国新华书店
印　　刷	北京盛通印刷股份有限公司
版　　次	2022 年 3 月第 1 版
印　　次	2022 年 4 月第 1 次印刷
开　　本	787 毫米 ×1092 毫米　1/16
印　　张	20.5
字　　数	244 千字
印　　数	0 001~1 500 册
定　　价	70.00 元

版权所有·未经许可不得采用任何方式擅自复制或使用本产品任何部分·违者必究
如发现内容质量问题、印装质量问题，请与本社联系。电话：400-810-5788

总序：构建社会主义现代化强国所需要的高质量教育体系

为进一步认真贯彻落实习近平新时代中国特色社会主义思想和党的十九大以及十九届二中、三中全会等重要会议精神，2019年2月中共中央、国务院印发了《中国教育现代化2035》，并要求各地区各部门结合实际认真贯彻落实。

为更好地发挥北京师范大学中国教育与社会发展研究院作为国家高端智库培育单位的决策咨询、政策解读、舆论引领等作用，促进国家重大教育战略与规划的落实和执行，我们决定组织撰写"中国教育现代化2035战略与政策研究丛书"。

《中国教育现代化2035》确定了中国面向未来的教育战略实施目标。到2035年，中国教育要实现现代化总体目标，这个总体目标体现在两个方面：一方面，实现教育自身的现代化，使立德树人的根本任务得以完全落实，使党的教育方针得到全面贯彻，实现教育强国和人民满意的教育的国家和社会目标；另一方面，现代化教育可以支撑起中国国家现代化，尤其为中华民族伟大复兴起到保驾护航的作用。

《中国教育现代化2035》规划了中国面向未来的教育战略实施的进程。到2035年，教育现代化目标的实现过程，既体现在教育的现代化过程中，也体现在不断满足国家现代化需要的过程中。教育现代化的过程是一个不断推进教育优质均衡发展的过程，是一个高质量教育体系不断建构和完善的过程；满足国家现代化需要的过程是一个通过教育促进国家建设社会主义现代化强国的过程。

《中国教育现代化2035》明确了中国面向未来的教育战略实施的方向。到2035年，构建起满足社会主义现代化强国所需要的完备教育体系。党的十九届五中全会审议通过的《中共中央关于制定国民经济和社会发展第十四个五年规划和二〇三五年远景目标的建议》，提出建成富强民主文明和谐美丽的社会主义现代化强国的宏伟目标。这一远景目标是对党的十八大所提出的"全面落实经济建设、政治建设、文化建设、社会建设、生态文明建设五位一体总体布局"的进一步强化。习近平总书记在党的十九大报告中指出，"建设教育强国是中华民族伟大复兴的基础工程，必须把教育事业放在优先位置"，党的十九届五中全会第一次明确提出"建设高质量教育体系"。高质量教育体系是全面建设社会主义现代化强国的关键所在，教育体系要为社会主义现代化强国服务。

一、构建一个促进人的现代化需要的五育并举的教育体系

国家的现代化首先是人的现代化。落实党的教育方针，开展德智体美劳全面发展教育，培养社会主义建设者和接班人，也要基于人的现代化，而人的现代化需要通过"五育"来实现。习近平总书记在全国教育大会上强调，要在党的坚强领导下，全面贯彻党的教育方针，培养德智体美劳全面发展的社会主义建设者和接班人。人的全面发展需要全面发展的教育，为此，需要构建一个五育并举的教育体系。德育、智育、体育、美育、劳动教育是教育的内涵，而不是人的发展的内涵，不是学生发展的内涵。人的发展的内涵是认知和情感发展，是道德和公民性

发展，是个性、社会性与人格发展，健康和安全发展，艺术和审美发展。① 五育并举虽然不是人的全面发展内涵，却是基于和促进人的全面发展。因此，从人的全面发展内涵来看，五育并举，应由道德和公民性教育、社会性和情感教育、脑智教育、健康和安全教育、艺术和审美教育构成。

构建一个促进道德和公民性发展的"德育"体系。在党和国家的教育方针中，"德"是第一位的，事实上，从人的发展的价值来说，"德"必须放在第一位。在中国国情背景下，"德"不仅仅指道德发展，还指思想政治、法制素养，特别是对中国共产党和国家政治制度的认同和忠诚，以及对民族、国家和文化的认同。这里从心理学和伦理学视角来谈道德发展及其教育，把思想政治、法制素养放到公民性发展里来谈。公民性发展是指儿童的公民意识、思维、认知以及公民行为能力的成长过程。它是现代民族国家范畴内的资格身份塑造，也是政治思想意识的形成，又是民族、国家、文化的认同建构，更是法律意义上权利、责任和义务的养成过程。

教育的根本任务是立德树人，这是教育的总目标。根据这个目标，我们要构建促进道德和公民性发展的教育体系。这个体系由基于伦理内容和心理过程的道德教育体系，基于中国历史和国家发展的思想政治教育体系，基于民族认同、国家认同、文化认同的核心价值观教育体系，以及基于权利、责任和义务的法制教育体系构成。

"德育"体系还应促进学生的社会性和情感发展，为此，需要建立一个社会性和情感教育体系作为"德育"体系的补充。虽然社会性和情

---

① 朱旭东. 论教师专业发展的理论模型建构[J]. 教育研究，2014（6）：81-90.

感教育在传统的德育中也有涉及，但不够系统、不够突出，没有把它作为一个重要的维度彰显出来。我国社会主义现代化建设需要人才，更需要凝聚人才，把各种人才凝聚到实现中国梦这一历史使命上来。而社会性和情感作为人全面发展的重要维度之一，情感是社会团结协作的黏合剂，对凝聚人心、增进身份认同、提升文化自信具有重要作用。因此，社会性和情感教育应在五育并举中占有一席之地。在社会性和情感教育中促进学生社会性的健全发展，增进学生对国家与民族的感情。

构建一个促进脑智发展的"智育"体系。"脑智"主要是指人脑发育和心智发展两个部分，心智与认知密切联系。过去主要强调的智育，虽然在教育中占有重要地位，但主要是从知识和心理角度强调智育的重要性，因而致使脑育并没有得到重视。而大脑是人的智力发展依存的最重要的物质基础和生理基础。从人的全面发展视角来看，健全的、真正的智育应注重脑育。虽然脑科学与教育作为新兴研究领域日益受到国际的重视，但在我们的教育体系中，对脑育仍重视不足。在新的五育并举的教育体系中，我们需要把智育与脑育结合起来，把传统的智育拓展升级为新智育，即"脑智教育"。何谓"脑智教育"？它是指在继承传统智育优点的基础上开展的，基于脑、开发脑、脑智融合的教育。以脑神经学为代表的脑科学将成为脑智教育重要的学科基础，脑育是脑智教育的重要内涵。脑育强调以科学的方法开发脑，以人文精神关爱脑，以教育理念成就脑。

构建一个促进健康和安全发展的"体育"体系。健康和安全教育过去是没有纳入全面发展教育中的，尽管体育承担着健康教育部分，可是体育主要是培养学生的运动素养，促进身体锻炼，但健康教育远不止身体锻炼，而是涉及更广的范围。例如还包括促进身体健康发展的饮食教育等。如果说健康是人全面发展的重要身体基础，那么安全就是人全面发展的重要前提。因此，健康和安全教育也应是全面发展教育的重要内涵。在过去的全面发展教育体系中，安全教育并没有明确列入，尽管学校教育中会涉及安全教育，但不系统，更没有从五育并举的高度来重视安全教育。①

构建一个艺术和审美发展的"美育"体系。五育并举中虽然提到美育，但艺术和审美教育缺乏儿童成长的规律研究。当今受过从幼儿园到高中乃至大学的艺术和审美教育后，却没有掌握一门艺术技能的学生大有人在，因此学生的艺术和审美素养需要大力提高。在五育并举的教育体系中，要重视艺术和审美教育，把艺术和审美教育从娃娃抓起，以提高整体国民的现代审美素养。

构建一个对儿童全面发展起到独特作用的"劳动教育"体系。劳动教育的独特价值不仅在于培养儿童的劳动观念、劳动态度、劳动情感、劳动技能和劳动价值观，而且可以促进儿童的道德和公民性发展、社会性和情感发展、脑智发展、健康和安全以及艺术和审美素养发展。鉴于劳动教育具有促进儿童发展的综合性价值，我们需要构建一个有助于儿童综合发展的劳动教育体系。

上述道德和公民性教育、社会性和情感教育、脑智教育、健康和安全教育、艺术和审美教育是我们对德智体美劳五育认识的进一步深化，由此构建一个为社会主义现代化人才强国所需要的更为全面、更具内涵的五育并举的教育体系，使学生的文明素养、社会责任意识、实践本领、身体素质和心理健康水平等都得到提升，以切实促进人的现代化。

---

① 要构建一个保障儿童身心健康的教育体系，它是由体育、心育和食育构成的，致力于儿童的运动、心理和养生的知识、能力和伦理的培养。

二、构建一个促进社会经济现代化需要的完备成熟的混合教育形态体系

构建社会主义现代化建设所需的教育体系,不仅需要在教育内涵方面五育并举,而且需要一个完备、成熟的教育形态体系,以促进社会经济发展,建设具有社会主义新型工业化、信息化、城镇化和农业现代化特征的经济强国。这个完备成熟的教育形态体系应该由四个部分构成,它们是学校教育体系、家庭教育体系、社会教育体系和三位一体、线上线下结合的教育体系。改革开放四十多年来,我国已经建成了世界最庞大的教育体系,为国家社会主义现代化建设奠定了坚实的教育基础,未来这个体系需要更加完善。

学校教育体系方面,需要从纵、横两个方向进一步完善。纵向方面,需要向两端进一步延伸发展,应抓住早教和老年教育这两个薄弱环节。具体而言,需要填补0—3岁托幼教育体系,通过政府和社会双轨制建立起来,推动义务教育均衡发展和城乡一体化发展,促进学前教育普惠性高质量发展;同时,进一步发展和完善老年大学、老年闲暇教育等。横向方面,学校教育应向多元、开放、特色与提质、升级方面进一步发展。例如,要强调初中阶段的公立义务教育;要打破普职高中教育双轨体系,建立综合、专门、特殊、英才(科技高中、技术高中、艺术高中、精英高中)等具有多样性特征的高中教育体系,尤其要建立科技高中,为建设社会主义现代化科技强国打下基础;要把特殊教育体系转变与升级为全纳融合教育体系。特别是,要大力发展高等专业教育体系。现代化国家建设的过程就是从普通劳动力为主的劳动力市场,向专业性劳动力为主的劳动力市场转化的过程,只有建立专业教育体系,才能满足普通劳动力市场日益向专业性劳动力市场转型与升级的需求。

"作为为专门职业培养专门人才的专业教育,'专门职业'指向性是其本质属性,其基本特征是实践性、研究性、复合性和终身性,与职业高等教育相比,研究性与复合性是其根本性特征。"① 因此,一方面,要加大人力资本投入,增强职业技术教育的适应性,深化职普融通、产教融合、校企合作,探索中国特色的学徒制,大力培养技术技能人才;另一方面,要将传统的职业高等教育升级为专业高等教育,支撑起现代化国家建设对创新型、专业化、高素质劳动力的要求。要提高高等教育质量,分类建设一流大学和一流学科。我国要构建一个由工程师教育体系、医师教育体系、教师教育体系、律师教育体系、社区管理教育体系等构成的高等专业教育体系,并构建该专业教育体系的目标、课程与教学、师资队伍,加快培养理工农医类专业的紧缺人才。

家庭教育是我国教育形态中一个相对薄弱的体系。为了帮助幼儿扣好人生的第一粒扣子,不仅需要每位家长重视家庭教育,更需要建构适切的家庭教育体系。鉴于家庭的社区性和生活性,家庭教育体系建构需要获得社区的充分支持。"为完善幼儿家庭教育的社区支持,政府需要完善社区支持制度与经费保障机制;社区需要加强重视,丰富支持内容与形式;管理部门需要对社区支持状况加强评估与监测。"② 也就是说,需要建构社区家庭教育指导与服务体系。此外,针对家庭教育的生活性,需要建构打破现实时空界限的家庭网络教育体系,以实现随时随地都能进行家庭教育。概言之,我们需要以社区家庭教育指导体系和网络

---

① 徐今雅,朱旭东. "专业教育"辨析——兼论专业教育与高等职业教育的关系[J]. 复旦教育论坛,2007(6):29-34.
② 李晓巍,刘倩倩,王梦柯. 幼儿家庭教育的社区支持指标体系:构建与应用[J]. 教育学报,2019(2):66-76.

教育体系为两翼,推进家庭教育体系建构,健全学校、家庭、社会协同育人机制。

相对于学校教育体系,我们的社会教育体系建构显得滞后与不足。社会教育体系需要充分发挥社会文化机构和文化环境的教育作用,协同学校教育与家庭教育,共同致力于为社会主义现代化建设培养人才。如果说学校教育体系更多是一种知识传播教育,那么文化环境则更多是一种文化体验教育。在社会教育体系中,要构建校外教育体系、博物馆教育体系、红色革命基地教育体系,同时还要构建一个公益慈善教育体系或者社会支持公益教育体系。

三位一体的教育形态体系同时应该有线上教育体系。在信息化、数字化、网络化的时代背景下,我国需要大力发展线上教育体系,构建线上线下混合学习体系。线上教育体系,是一种新型的教育体系。与学校教育体系、家庭教育体系和社会教育体系相比,它具有开放性与兼容性。它既能打破家庭教育、学校教育与社会教育的时空局限,又能渗透与融合学校教育体系、家庭教育体系和社会教育体系,促使其他三大教育形态实现数字化升级与完善。

三、构建一个促进人类命运共同体需要的国际教育体系

社会主义现代化强国,不是霸权强国,而是秉承"命运共同体"精神的友善型、文明型强国。它强调"中国梦"与"世界梦"美美与共。我国社会主义现代化强国建设,需要构建促进人类命运共同体需要的国际教育体系。

首先,促进人类命运共同体需要的国际教育体系,是教育强国重要的组成部分。纵观世界,美国、日本等教育强国,都有一整套国际教育

体系,从国际教育理念到国际教育实践,从国际教育法到国际教育政策,从国际学校到国际教育项目,从国际教育引进到国际教育输出,从民间国际教育力量到政府国际教育支持,都体现了一个强国应当具有的国际教育质量。而我国虽然在国际教育方面取得了长足进步,但与世界教育强国的国际教育体系相比,仍存在一定的差距,因此需要大力推进我国的国际教育体系建设。

其次,构建促进人类命运共同体需要的国际教育体系,是现代国际政治强国建设的内在要求。世界教育强国之所以有完备的国际教育体系,是因为它们有国际地位提升的内在需要。而随着我国国际地位的不断提升,我国也需要构建一套完备的国际教育体系。我国已经成为全球最大的出境游输出国,全球最大的消费市场,全球最大的制造"王国"。我国拥有全球最高效、最齐全的产业链集群,全球最具性价比的制造系统。此外,世界还初步形成了对中国力量的依赖,包括从技术到资本再到市场的综合依赖,以及对人力资源的依赖等,但这种依赖还是初级阶段的,必须提质增效,以期实现全球对中国高层次与高质量的依赖。达成这一目标,不仅要讲好中国发展故事,讲好与世界相处的内外关系故事,讲好中国对世界产生影响的故事,更重要的是要加快实施文化国际化战略,实现文化产品的国际输出,同时深度推进企业全球化和国际化,正如习近平总书记提出的,要推动构建人类命运共同体,落实"一带一路"倡议,使中国早日成为国际政治强国。这一切都离不开国际教育体系的整体构建。

我国需要构建什么样的国际教育体系呢?首先,我们需要构建以人类命运共同体为思想依据的国际教育理念。人类命运共同体是一种新型文明观,一种正确的义利观,一种新型国际秩序观。[1]它强调人类共在、共存与共发展。它对我国高等教育国际合作具有重要的规范和引领作用。[2]不仅如此,它对我国国际教育也具有重要指导意义。以人类命运共同体为指导理念的国际教育,更能彰显我国作为新型文明国家的精神风貌。其次,制定符合我国实际的国际教育法。国际教育法是国际教育发展重要的法律保障。1966年,美国出台了《国际教育法》,该法在美国国际教育史上占有极其重要的位置,为美国国际教育进入制度层面提供了法律依据。我国也需要以人类命运共同体为指导思想,制定一部符合时代要求与国情的国际教育法。最后,构建"引进来、走出去"的双向国际学校教育体系,全面构建矢志影响世界的中国文化传播的教育目标、课程和教学、师资等体系。概言之,我们需要从理念、法规与学校教育体系等一系列维度,建构起完备的、成熟的国际教育体系,以促进人类命运共同体和社会主义现代化政治强国建设。

四、构建一个促进社会主义现代化文化的互联网、人工智能环境下的数字化教育体系

社会主义现代化强国必须是一个文化强国,其核心是学习型强国。学习型强国是对学习型社会建设的继承与发展。学习型社会的本质是以学习求发展。[3]学习型强国也是以学习求发展,但立意更加高远,我国

---

[1] 徐艳玲,李聪. "人类命运共同体"价值意蕴的三重维度[J]. 科学社会主义,2016(3):108-113.
[2] 周作宇,马佳妮. 人类命运共同体:高等教育国际合作的价值坐标[J]. 教育研究,2017(12):42-50.
[3] 顾明远,石中英. 学习型社会:以学习求发展[J]. 北京师范大学学报(社会科学版),2006(1):5-14.

学习型社会建设主要是基于小康社会建设来谈的，而学习型强国的建设则是站在社会主义现代化强国建设与实现"中国梦"的高度来谈的。学习型强国，具有三个基本特征：学习资源强国、学习力强国、学习文化强国。学习资源强国，强调学习供给侧改革，以丰富、便利、高质量的学习资源，以满足人人皆可学、时时皆能学、处处皆便学的需求；学习力强国，强调国民学习力提升，以满足创新型国家建设需求；学习文化强国，强调愿学、乐学成为浓厚的社会风气，以形成良好的学习文化生态。学习型强国的建设需要构建互联网、人工智能环境下的数字化教育体系。何谓数字化教育体系？数字化教育体系可以概括为"一个中心、两类环境、三个内容库、四种技术、五类用户、六种业务"。"一个中心"即数字化教育云中心；"两类环境"即支持学校教育的数字化校园与支持终身教育的学习型数字化城区；"三个内容库"即学习资源库、开放课程库与信息管理库；"四种技术"即物联网、云计算、大数据、泛在网络四种关键数字化技术；"五类用户"即教师、学生、家长、教育管理者与社会公众；"六种业务"即数字教学、数字化学习、数字化管理、数字化科研、数字化评价与数字化服务。[①] 从学习视角看，数字化教育体系由数字化的学习资源体系、智能化的学习过程体系、数字化的学习评价与服务体系构成。

为何学习型强国的建设需要建构互联网、人工智能环境下的数字化教育体系？首先，传统的实体空间学习难以满足学习型强国的时代需求。工业化时代的产物——传统实体空间场所学习，主要是通过教室、图书馆、博物馆、剧场、戏院等场所来提供学习资源。这固然能在一定程度

---

① 杨现民，余胜泉. 智慧教育体系构架与关键支撑技术 [J]. 中国电化教育，2015（1）：77-84.

上满足人们的学习需求,但还远远不够。由于实体空间场所具有边界性和时空限制性,因而难以满足学习资源强国的需求。其次,数字化教育体系具有学习资源的数字化、共享化、机会均等化等特征,学习方式的无边界化、无时空限制化、智能化等特征,学习力的数字化、信息化等特征,学习文化的全民化、终身化、民主化等特征,能够为建设学习型强国提供丰富优质的学习资源,大力提升国民学习力,养成良好的学习文化生态。

如何构建互联网、人工智能环境下的数字化教育体系?首先,需要进行数字化教育供给侧改革。我们应充分挖掘和利用先进的信息技术,例如凭借我国5G网络的先进技术,构建一个全民可享用的数字化教育体系。其次,需要优化数字化学习过程,以提升国民数字化、信息化学习能力。"现代技术实现了物联物通,延展了学习空间,空间中的因子组合的多样性,使得学习生态实现了从原生态向新生态的转向。"[①] 新的学习生态催生新的学习能力。最后,需要健全与优化数字化教育的评价和服务体系建设。

五、构建一个促进和谐社会现代化的民办教育体系

社会主义现代化强国,不仅是政府善治强国,也是社会力量强国。这里的社会力量,泛指非政府的参与促进国家发展的积极力量,主要包括自然人、法人(社会组织、非政府组织、企业等)。社会力量是使一个国家充满活力的重要因素之一。社会主义现代化强国,是一个政府与社会携手共进的强国。社会力量在世界各国以不同形式存在,通过社

---

① 沈书生. 学习新生态:建构信息化学习力[J]. 苏州大学学报(教育科学版),2020(1):1-8.

会力量促进国家发展既是发达国家的历史经验，也是中国社会主义现代化强国建设的重要议题。我国在社会主义现代化建设进程中，应充分吸引、利用社会力量，协同社会力量，促进各项事业的发展，这其中包括教育事业。民办教育是社会力量参与和发展教育事业的集中体现。经过将近四十年的发展，民办教育已经成为中国教育体系的一个重要组成部分，但需要基于中国民办教育的丰富实践构建一个健全成熟的民办教育体系。在构建一个促进社会发展的民办教育体系时，应注重以下几大体系建设。

首先，要构建完善的民办教育法规和政策体系，以支持与规范民办教育为主线，规范校外培训机构。近些年来，我国民办教育虽然取得了较大发展，但相对于公立教育仍然处于弱势地位，甚至被边缘化，因此更需要得到大力支持。只有在有力的政策支持环境下，民办教育才能迸发出更大的活力。如果说支持可以激发活力，那么规范则可以保持活力。因此，吸引民间资金进入教育领域，必须理清"支持什么"与"规范什么"两大根本问题。[①] 其次，要加强民办学校现代治理制度体系建设。加强非营利性和营利性民办学校作为法人的规章制度建设，加强民办教育制度创新建设，例如基金会办学是一种很好的民办教育制度创新，实现了从自然人与企业法人向基金会办学的转变，体现了非营利民办高校的制度创新。"国际经验表明，基金会不仅是非营利性私立高校的重要办学主体之一和主要资金来源，还越来越多地从战略规划、学科

---

① 周海涛，闫丽雯. 支持和规范社会力量兴办教育的新作为[J]. 教育与经济，2019（1）：3-6.

布局、大学自治、教师发展等方面为其提供专业服务。"①再次,要建立基于分类管理的民办学校法人治理体系。分类管理是我国民办教育发展的一个重要特征。"对民办教育分类管理有利于我国民办教育管理体制改革和民办教育的发展。"②2017年初发布的《国务院关于鼓励社会力量兴办教育促进民办教育健康发展的若干意见》明确提出"实行非营利性和营利性分类管理"。"2017年9月1日《中华人民共和国民办教育促进法》生效,标志着我国正式步入民办教育分类管理的新时代。"③民办学校法人治理体系也需要基于非营利性和营利性这两类民办学校的不同特点,建构其法人治理结构,形成决策、执行、监督相互独立、相互制约的法人治理机制。最后,要建立民办学校风险防范体系,具体包括民办教育领域社会信用体系建设,资产、财务和会计制度设计,信息公开、举办者变更等机制。

六、构建一个促进党对教育工作全面领导的教育治理体系

社会主义现代化强国也是一个治理体系完善和治理能力现代化的强国,它有力地保障了社会主义现代化各项事业的运转。教育事业也是如此,教育治理强国有力地保障了教育体系的有效运转。为此,我们需要构建一个中国共产党全面领导的教育治理体系,以推进社会主义现代化治理强国建设。我们可以在以下几个方面进行构建。

首先,建设教育治理的专业人才体系,为教育治理强国奠定人才基

---

① 刘金娟,方建锋. 我国基金会参与非营利性民办高校办学探索[J]. 复旦教育论坛,2019(6): 41-47.
② 王善迈. 民办教育分类管理探讨[J]. 教育研究,2011(12): 32-36.
③ 周海涛,闫丽雯. 支持和规范社会力量兴办教育的新作为[J]. 教育与经济,2019(1): 3-6.

础。"教育治理是多元主体共同管理教育公共事务的过程。"① 现代化教育治理离不开治理主体的治理能力和素养。治理能力越强,往往治理效果越好。因此,需要在党的领导下全面提高相关治理主体的治理能力,使其达到科学化、专业化和人文化的治理水平。例如提升教育局局长的治理能力,实现教育局局长的专业化;提高教育财务人员的专业化、科学化水平。

其次,有针对性地构建一系列保障体系,以保障相关教育体系的有效运行。具体来说,要注重以下几个方面的保障体系建设。构建一个保障教育投入和产出有效的财务分析体系;构建一个保障教育质量的监测、评估、督导、诊断和干预的运转体系,建立学生学习成果评估体系,全面提升人才培养质量;构建一个保障高等教育内部运转的辅助人员体系,进行教育人事制度改革;构建一个保障职业技能质量的国家框架体系,为专业教育提供框架;构建一个保障儿童发展的生涯指导教育体系,突破以传统心理健康为主的体系,为儿童成长保驾护航;构建一个保障教育基础信息准确真实的公开数据体系,为管理、咨询和研究提供数据;构建一个保障教育体系运营的科研体系,建设教育科研课题的问题解决导向体系、数据库体系、管理循证化体系、智库体系;构建一个保障促进深度贫困地区教育发展的自主、陪伴和帮扶、内涵和外延、基础和提升相结合的后扶贫时代的教育脱贫体系,系统构建乡村产业、人才、文化、生态和组织振兴的教育新体系,促进完善民族地区教育质量和水平的保障体系,加大国家通用语言文字推广力度;构建一个高质量的教师教育体系,使其具备高质量的教师教育机构和教师教育者队

---

① 褚宏启. 教育治理:以共治求善治[J]. 教育研究, 2014(10): 4-11.

伍；构建一个将现代科技、网络和人工智能应用于教育的辅助体系。

本套丛书是在国家高端智库中国教育与社会发展研究院的指导下，由高端智库主建单位北京师范大学中国教育政策研究院精心组织完成。这套丛书也是教育部哲学社会科学研究重大课题委托研究项目"中国共产党百年教育史研究"（20JZDW006）成果的一部分。今年是中国共产党成立一百周年，我们怀着无限的热情投入到这套丛书的研究和撰写工作中，以此向建党一百周年献礼。担任这套丛书编写工作的主要负责人有：李芒、张志勇、薛二勇、张伟远、周海涛、李琼、余胜泉、刘宝存、余雅风。他们都是中国教育政策研究院的团队首席专家或专家。在组织编写过程中，北京师范大学中国教育政策研究院薛二勇教授、教育部普通高校人文社会科学重点研究基地北京师范大学教师教育研究中心博士后刘丽莎付出了很大努力。本套丛书的编写工作得到了中国教育出版传媒集团、人民教育出版社的大力支持，在此一并表示感谢。

本套丛书主题宏大、体系庞大、价值重大，在研究和写作过程中我们克服了不少困难。由于我们的研究水平有限，难免存在不足之处，敬请读者批评指正。

朱旭东

2021年3月

序　言

　　教育是民族振兴、社会进步的重要基石，事关国家发展和民族未来，对提高人民综合素质、促进人的全面发展、增强民族创新创造活力，实现中华民族伟大复兴具有决定性意义。党和国家历来重视教育。中华人民共和国成立特别是改革开放以来，我国教育事业取得了举世瞩目的伟大成就，建成了世界上最大规模的教育体系，走出了一条中国特色社会主义教育发展道路，为国家经济社会发展作出了重要贡献。

　　随着时代的发展，知识和人才发挥着越来越重要的作用，教育的基础性、先导性、全局性地位和作用更加凸显。为加快教育现代化，把我国建设成为教育强国，助力国家现代化目标的实现，国家颁布了《中国教育现代化2035》。该文件的颁布将助力我国抓住机遇、超前布局，以更高远的历史站位、更宽广的国际视野、更深邃的战略眼光为加快推进教育现代化、建设教育强国作出战略部署和总体设计，推动我国教育事业不断朝着更高质量、更有效率、更加公平、更可持续的方向前进，以教育现代化支撑国家现代化。

　　现代教育治理体系和治理能力是教育现代化的重要保障。《中国教育现代化2035》提出，要转变政府职能，深化简政放权，强化监管能力，创新服务方式，坚持依法治教、依法办学、依法治校，建立多元参与的协同治理新机制，实现教育治理的法治化、制度化、规范化，到

2035年形成全社会共同参与的教育治理新格局。本书聚焦于"教育治理体系和治理能力现代化",详细论述了实现教育治理体系和治理能力现代化需要努力的方向及其必要性和具体实施路径。全书各部分关注教育治理体系和治理能力现代化的不同方面,包括:提高教育法治化水平;健全教育法律实施和监督机制;提升政府管理服务水平;健全教育督导体制机制;提高学校自主管理能力,完善学校治理结构;鼓励民办学校开展现代学校制度改革创新;推动社会参与教育治理常态化。本书对《中国教育现代化2035》中实现教育治理现代化的战略部署和总体设计进行了分析和研究,按照"是什么,为什么,怎么做"的逻辑,向读者全面呈现了实现教育治理体系和治理能力现代化应该努力的方向,剖析了其意义与价值,并提出了具体的实施路径以供参考借鉴。

本书的整体框架由笔者和刘水云副教授提出,各章撰写的具体分工如下:导论、第一章由北京师范大学教育学部余雅风撰写;第二章由北京师范大学教育学部王祈然、叶壮撰写;第三章由深圳大学师范学院王晓芳撰写;第四章由华南师范大学教育科学学院黄玮琳、余晖撰写;第五章由北京师范大学教育学部刘水云撰写;第六章由北京师范大学教育学部吴会会撰写;第七章由河南大学教育学院王哲先撰写。北京师范大学教育学部硕士研究生杜佳欣、叶壮在本书的文字编排及出版过程中做了大量的工作,在此表示感谢。

由于作者水平有限,粗浅和遗漏之处在所难免,欢迎同行专家和广大读者批评指正。

余雅风

2020年1月

目 录

导论　让教育治理更有水平 / 1
　　一、教育治理现代化是国家治理现代化的应有之义 / 2
　　二、教育治理体系和治理能力现代化是教育现代化的重要保障 / 3
　　三、推进教育治理体系和治理能力现代化，让治理更有水平 / 6

第一章　提高教育法治化水平 / 11
第一节　科学立法，构建完备的教育法律体系 / 12
　　一、我国的教育法律体系 / 12
　　二、完备的教育法律体系是实现教育治理现代化的基本途径 / 17
　　三、科学立法，努力构建完备的教育法律体系 / 23
第二节　建立健全教育纠纷的多元化解决机制 / 32
　　一、教育纠纷的多元化解决机制的内涵 / 32
　　二、建立健全教育纠纷多元化解决机制的意义 / 35
　　三、建立健全教育纠纷多元化解决机制的建议 / 42

第二章　健全教育法律实施和监督机制 / 49
第一节　教育法律实施：教育治理的关键路径 / 50
　　一、教育法律实施的内涵 / 50
　　二、教育法律实施的意义 / 51

三、教育法律实施的现实困惑 / 55

四、推进教育法律实施，促进教育法治现代化 / 62

第二节 教育法律监督：保障教育治理的主要依托 / 68

一、教育法律监督的内涵 / 68

二、教育法律监督的意义 / 69

三、教育法律监督的关键问题 / 73

四、健全教育法律监管，明晰治理主体权责 / 77

第三章 提升政府管理服务水平 / 84

第一节 转变政府教育管理方式 / 85

一、转变政府教育管理方式的内涵 / 85

二、转变政府教育管理方式的意义 / 88

三、转变政府教育管理方式的建议 / 93

第二节 加大政府教育统筹力度 / 99

一、政府教育统筹的内涵 / 99

二、加大政府教育统筹力度的意义 / 106

三、加大政府教育统筹力度的建议 / 111

第三节 推动政府科学决策 / 116

一、政府科学决策的内涵 / 116

二、提高政府教育决策科学性的意义 / 119

三、提高政府教育决策科学性的建议 / 122

第四章 健全教育督导体制机制 / 128

第一节 完善督政、督学、评估监测"三位一体"的中国特色教育督导体系 / 129

一、完善"三位一体"的中国特色教育督导体系的内涵 / 130

二、完善"三位一体"的中国特色教育督导体系的意义 / 132

三、完善"三位一体"的中国特色教育督导体系的建议 / 134

第二节 依法保障教育督导机构独立行使职能 / 139

一、教育督导机构的内涵 / 139

二、教育督导机构独立行使职能的意义 / 140

三、推动教育督导机构独立行使职能的建议 / 142

第三节 加强专业化督学队伍建设 / 146

一、督学的工作性质和内容 / 146

二、建设专业化督学队伍的意义 / 148

三、加强专业化督学队伍建设的建议 / 150

第五章 提高学校自主管理能力,完善学校治理结构 / 155

第一节 加强高等学校章程建设 / 157

一、高等学校章程的内涵 / 157

二、加强高等学校章程建设的意义 / 159

三、加强高等学校章程建设的路径 / 163

第二节 完善现代职业学校制度 / 168

一、现代职业学校制度的内涵 / 168

二、完善现代职业学校制度的意义 / 171

三、完善现代职业学校制度的路径 / 174

第三节 完善高等学校内部治理结构 / 180

一、高等学校内部治理结构的内涵 / 180

二、完善高等学校内部治理结构的意义 / 185

三、完善高等学校内部治理结构的路径 / 189

第六章　鼓励民办学校开展现代学校制度改革创新 / 195

第一节　非营利性和营利性：民办学校的两种组织属性 / 196

　　一、法律视域下的非营利性和营利性民办学校 / 196

　　二、按照非营利性和营利性两种组织属性开展现代学校制度改革创新的意义 / 202

　　三、基于非营利性和营利性组织属性的民办学校现代学校制度建设思路 / 204

第二节　决策、执行和监督：民办学校法人治理结构的三个维度 / 207

　　一、民办学校法人治理结构的组成要素 / 208

　　二、规范和完善民办学校法人治理结构的必要性和紧迫性 / 212

　　三、分类完善民办学校法人治理结构的建议 / 215

第三节　规制与自治：防范民办学校的办学风险 / 220

　　一、民办学校面临的主要办学风险 / 220

　　二、防范民办学校办学风险的意义 / 226

　　三、防范民办学校办学风险的对策建议 / 228

第七章　推动社会参与教育治理常态化 / 235

第一节　社会参与教育治理：现代教育治理的重要内容 / 236

　　一、社会参与教育治理的内涵 / 236

　　二、社会参与教育治理的意义 / 239

　　三、社会参与教育治理的具体表现 / 243

第二节　完善社会参与教育决策机制 / 244

　　一、社会参与教育决策的内涵 / 245

　　二、推动社会参与教育决策的意义 / 246

　　三、社会参与教育决策的途径 / 250

第三节　完善社会参与教育评价监管机制 / 255

　　　　一、社会参与教育评价监管的内涵 / 255

　　　　二、推动社会参与教育评价监管的意义 / 256

　　　　三、完善社会参与教育评价监管的途径 / 257

　第四节　建立社会参与学校管理机制 / 265

　　　　一、社会参与学校管理的内涵 / 265

　　　　二、推动社会参与学校管理的意义 / 266

　　　　三、完善社会参与学校管理的途径 / 267

　第五节　社会参与教育治理的问题与保障 / 276

　　　　一、社会参与的主要问题 / 276

　　　　二、社会参与教育治理的保障机制 / 277

参考文献 / 281

导论　让教育治理更有水平

从本质上来说，治理是一种由共同的目标支持的活动，治理活动的主体未必是政府[①]，也可以是其他社会公共或私人的组织和个人。从治理理论本身的含义来说，治理既不是指统治，也不是指行政和管理，而是指政府对公共事务进行治理，它是掌舵而不是划桨[②]。治理的根本目的是更好地实现公共利益，因此它要求政府应当积极转变其职能，扮演好公共服务提供者的角色，通过鼓励民众积极参与，促成相互对话和彼此合作，以达成公共目标。不同的社会形态、发展阶段、历史文化，治理的方式、成效也不同。实现国家治理的现代化，既是时代潮流所趋，也是我国推进中国特色社会主义治理的长期探索。2013年11月12日中国共产党第十八届中央委员会第三次全体会议通过的《中共中央关于全面深化改革若干重大问题的决定》，将"完善和发展中国特色社会主义制度，推进国家治理体系和治理能力现代化"作为我国全面深化改革的总目标，从而为深化教育领域综合改革提出了新时代的重大课题，也开启了由教育管理向教育治理转变的进程。

[①] 罗西瑙. 没有政府的治理[M]. 张胜军，刘小林，等译. 南昌：江西人民出版社，2001：5.
[②] 毛寿龙，李梅，陈幽泓. 西方政府的治道变革[M]. 北京：中国人民大学出版社，1998：6-7.

一、教育治理现代化是国家治理现代化的应有之义

治理作为一种创新机制,之所以能够起到克服政府与市场的双重失灵的效用,根本原因就在于治理的主体不局限于源自政府的公共机构和行为者,各种公共的和私人的机构只要其行使的权力得到公众的认可,就可以加入治理的体系中来,并且部分地分担原先由政府承担的管理责任,从而形成一个自主治理的网络。教育治理包括教育治理体系和教育治理能力,从制度层面看,它是一个国家教育制度和制度执行能力的集中体现。教育治理体系和教育治理能力是一个有机整体,相辅相成。有了好的教育治理体系才能提高教育治理能力,提高教育治理能力才能充分发挥国家教育治理体系的功能。深化教育领域综合改革的主要目标,就是形成与中国特色现代教育体系相适应的教育治理体系和教育治理能力。

习近平总书记从世界社会主义兴衰成败的历史高度、党和国家发展全局的战略高度和中国特色社会主义改革创新的时代高度指出,推进国家治理体系和治理能力现代化是完善和发展中国特色社会主义制度的必然要求,是实现社会主义现代化的应有之义。国家治理体系是"在党领导下管理国家的制度体系,包括经济、政治、文化、社会、生态文明和党的建设等各领域体制机制、法律法规安排,也就是一整套紧密相连、相互协调的国家制度";国家治理能力则是"运用国家制度管理社会各方面事务的能力,包括改革发展稳定、内政外交国防、治党治国治军等各个方面"。[①] 国家治理体系和治理能力现代化,为教育治理体系和治理能力的现代化创造了良性发展的外部环境,也提供必要的制度支撑。

---

① 习近平. 切实把思想统一到党的十八届三中全会精神上来 [N]. 人民日报,2014-01-01(2).

教育治理体系是国家治理体系的重要组成部分，它是一个由教育治理主体、教育治理客体、教育治理过程、教育治理方式、教育治理制度等众多要素构成的完整系统。教育治理体系现代化是一种从"教育管理"的传统形态向"教育治理"的现代形态不断变迁的过程①。这种变迁过程具体包括四个方面的转变：一是教育管理主体的单一性向教育治理主体的多元化转变；二是教育管理运行模式的强制性向教育治理运行互动性转变；三是教育管理过程的权力集中性向教育治理过程民主性转变；四是教育管理实施方式的控制性向教育治理实施方式的合作化转变。

国家治理能力，既指各主体对国家治理体系的执行力，又指国家治理体系的运行力，还包括国家治理的方式方法②。教育治理能力是国家教育治理中的不同主体（包括政府及其职能部门、学校、社团、中介和民间组织、公民等）依照国家法律，运用国家制度管理教育各方面事务的能力。教育治理能力现代化，由教育政策执行能力、教育资源利用能力、教育体系规范能力等多方面能力的现代化构成。教育治理能力现代化，需要根据新时代人民群众的要求，不断提升教育治理的规范化、民主化和高效化。教育治理能力现代化，既决定着教育现代化水平的高低，也是实现国家治理现代化的智力基础③。

二、教育治理体系和治理能力现代化是教育现代化的重要保障

教育治理是国家治理的重要领域。改革开放以来，我国不断深化教

---

① 刘冬冬，张新平. 教育治理现代化：科学内涵、价值维度、实践路径［J］. 现代教育管理，2017（7）：1-6.
② 张文显. 法治与国家治理现代化［J］. 中国法学，2014（4）：5-27.
③ 郭滇华. 国家治理视域下的教育治理现代化［J］. 理论视野，2018（7）：83-85.

育体制改革，逐步调整政府、学校和社会的关系，推动了传统的教育管理体制向新的教育公共治理体系的变革。随着中国特色社会主义进入新时代，我国社会主要矛盾发生了历史性转化，国家治理的时空境遇发生了重大的结构性变革。人民群众对于高质量多样化教育需求的不断增长，使得现有的教育供给机制及与之相适应的教育治理体系难以适应这一社会变革的要求，教育治理不能停留在已经取得的成绩和水平上。教育治理突出了由"管"到"治"的转变，体现了政府执政理念的变化及履责方式的改革，是科学精神、民主作风的体现，也是教育本质和教育发展的必然要求。但教育治理体系和治理能力现代化这一目标的实现仍面临现实困难。

我国的教育立法尚不能满足教育治理制度创新的需求，难以给教育治理现代化提供必要的保障。教育法治既是教育治理现代化的基本目标之一，也是教育治理现代化的重要路径和推进教育发展的重要方式。而实现教育法治的基础是科学立法，实现教育的良法善治。教育治理体系和治理能力现代化的推进，需要持续探索教育公共治理的内在机理、策略模式与实施路径，不断探寻教育治理的制度创新。然而，目前我国对教育公共治理主体的权力（权利）、职责和义务进行明确规定的立法还存在较多的问题，教育治理中各主体的法治观念不强，权责不清，多元主体的民主、平等、合作关系难以构建与维系，制度的支持、协同作用难以发挥。

政府及其职能部门作为治理者的角色转换尚未完成，多元主体之间的互动、合作机制缺乏。教育治理模式与政府管理模式的重大差别，就是参与教育治理的多元主体取代了政府的单一主体。在教育治理模式中，政府只是治理主体之一，不仅应承担为其他主体参与教育公共治理提供良好的参与环境、平台的重要任务,还要尊重、支持其他主体充分发挥作用,真正为多元主体积极、平等地参与教育治理提供空间和机会。目前,政府及其职能部门在主体角色意识、行为方式、合作能力方面,仍然表现出管制型政府模式下的角色身份、思想观念和行政文化[①]。这也导致包括自主办学的学校、专业的社会组织、公民等其他治理主体的认知、态度和行为方式依然停留在政府一元管制模式下,治理主体之间的互动、合作精神尚未真正形成,集体行动依然缺失。

教育治理的价值目标与现实有较大的差距,公民有序参与教育治理的能力和动力不足。教育治理现代化的基础及最现实的反映就是国民经济的良性增长和人民生活水平的提高。我国在社会主义初级阶段实行"按劳分配为主体、多种分配方式并存的分配制度",在行业、区域和城乡之间客观存在较大的分配差距,这直接关系到整个社会的分配公平及由此导致的受教育机会的公平问题。目前我国普遍存在着教育不公平的现象,包括教育资源和教学资源区域配置不均衡所导致的不同区域受教育者的受教育机会不平等、城乡二元体制和教育政策所导致的城乡教育机会不平等、相关制度缺陷所导致的社会中不同群体受教育机会不平等,以及性别歧视所导致的受教育机会不平等问题。社会分配的较大差距及受教育机会的公平性缺失,不能有效刺激个体对满足自身需求及发展的追求,还会消减社会主体参与治理的积极性、主动性,导致公民有序参与教育治理的能力和动力不足。

推进教育治理体系和治理能力现代化,是今后很长时间内教育改革的重要目标。教育现代化是与教育形态的变迁相伴的教育现代性不断增

---

① 刘训华. 突破传统思维 推进教育治理现代化[J]. 群言,2017(12):4-7.

长和实现的过程①，是教育活动适应社会发展的客观需要而不断变革和完善的过程，涉及教育观念、教育体系、教育内容、教育装备、教育体制等多个方面。教育治理现代化是教育现代化的重要组成部分，又是教育现代化的重要动力，要适应国家治理体系和治理能力建设需要，根据教育发展的自身规律和教育现代化的基本要求，革新传统的教育管理模式，构建以政府、学校、社会之间的新型关系为核心，建立系统完备、科学规范、运行有效的制度体系，形成政府宏观管理、学校自主办学、社会广泛参与的格局。我们需要进一步加强相关研究和探索，从治理理念、治理目标、治理结构和治理方式等方面，实现教育治理的根本变革。

三、推进教育治理体系和治理能力现代化，让治理更有水平

让治理更有水平，是习近平总书记在庆祝中国共产党成立95周年大会上的讲话中提出的全面深化改革的重要目标和标准。推进国家治理体系和治理能力现代化是建设社会主义政治文明、实现教育现代化的迫切需要。完善和发展中国特色社会主义教育制度，推进教育治理体系和治理能力现代化，是党中央教育治理新理念新思想新战略的重要内容。教育现代化对完善教育治理体系、提升教育治理能力提出了新要求、高标准，需要我们根据新时期教育改革与发展的现状与问题，探索教育治理体系和治理能力现代化的途径。

（一）提高教育法治化水平

法治是治理的基本要素和必然要求②。教育法治在教育现代化进程

---

① 褚宏启. 教育现代化的灵魂是现代精神［J］. 中国教育学刊，2018（9）：5.
② 余雅风，蔡海龙，等. 中国教育改革开放40年：政策与法律卷［M］. 北京：北京师范大学出版社，2019：97.

中具有引领性、基础性、规范性、保障性的重要地位和作用。在教育改革发展新阶段，依法治教第一要义是以法治思维和法治方式深入推进教育领域综合改革。教育要现代化，治理能力和治理体系首先要现代化；而治理能力和治理体系的现代化，需要用法治来引领、以法治为保障、靠法治来奠基①。习近平总书记强调，"在整个改革过程中，都要高度重视运用法治思维和法治方式，发挥法治的引领和推动作用"。只有全面实行教育法治，才能从根本上实现治理方式的变革。

加强教育法治建设，必须构建完备的教育法律法规体系，规范权力配置与运行方式，使不同类型的教育权力与责任在各个治理主体中得以明确，明确社会组织和个人参与教育治理的权利、义务及程序，实现多元治理主体合作共赢，推动教育事业健康发展。要培育法治思维和法治文化，健全教育法律实施和监管机制，实现教育治理的法治化。教育领域综合改革事关全局，必然涉及利益和权力的重大调整，只能用法治理念去破解难题。运用法治方式调节教育关系、维护教育秩序、协调教育冲突，形成政府依法治教、学校依法办学、社会主体依法多元参与的法治文化和协同治理机制，通过法定程序广纳众议形成的改革方案，用法治方式化解改革风险，确保改革有序进行。

（二）提升政府管理服务水平

教育管理改革的重要目标就是把政府对学校的管理从微观管理、直接管理转向宏观管理、间接管理。在教育领域综合改革中，管理的改革和创新是最基础的，是首先需要改革的方面。能否正确处理政府与其他主体的关系，直接影响到教育治理能力和治理效率的提升。随着社会的

---

① 陈宝生. 全面推进依法治教　为加快教育现代化、建设教育强国提供坚实保障：在全国教育法治工作会议上的讲话［J］. 国家教育行政学院学报，2019（1）：3-9.

快速发展和中国特色社会主义进入新时代，传统管制型政府模式因为信息的不完全性和理性的有限性，难以应对瞬息万变的社会情况和多样化乃至相互冲突的教育诉求。教育治理现代化，重点应放在构建政府、学校、社会之间新型关系上，要求切实转变政府职能，强化政府的教育治理责任，深化简政放权。

习近平总书记在全国教育大会上强调，要尊重教育发展规律，充分发挥学校办学主体作用，大幅减少各类检查、评估、评价。管理上的放权，治理中的服务，可为办学和评价上的创新提供空间。在重大教育决策中，加大政府教育统筹力度，创新服务方式，落实公众参与、专家论证、风险评估、合法性审查和集体讨论决定的程序要求，推进政府科学决策，提高政府"管"的水平。通过"放管服"改革牵引政府职能转变到位，确保教育决策制度科学、程序正当、过程公开、责任明确。同时，要加强对政府规范性文件的规范和管理，建立规范性文件清单管理制度和定期清理制度。政府及各级教育部门都要制定现行有效规范性文件清单并公开发布，清单之外的规范性文件不得作为行政管理的依据，保证政府规范性文件的合法合理性。

（三）提高学校自主管理能力

学校是向社会直接提供教育的主体，也是决定办学质量和教育质量的主体。教育领域综合改革的成果只有最终落实到学校层面，体现到教师和学生身上，才能真正见到实效；既要强化学校作为教育公共治理的重要主体意识和地位，又要提高学校自主管理的能力和水平。依法治校是各级各类学校治理的基本理念，也是学校管理的基本方式，学校的办学、管理、教育教学都应符合法治的要求。学校要加强依法治校工作，明确校领导分管法治工作，统筹学校法治工作力量，将依法治校情况纳入学校评价指标体系，确保依法治校真正落实，使依法治校成为学校的自觉认识和行动。

学校的章程是学校办学与管理的基础，学校要依章程自主办学，把工作重点从章程的制订转向章程的实施。现代学校制度建设，要求加强对校内制度建设的统筹规划，健全学术委员会、教职工代表大会、理事会等制度，推动形成以章程为核心，规范统一、分类科学、层次清晰、运行高效的学校制度体系，完善学校外部和内部治理结构，全面推动实施素质教育。在非营利性和营利性分类法律制度下，鼓励民办学校开展现代学校制度改革创新。教育家是教育治理体系的中坚力量，既要建立教育家参与治理的机制，又要推动教育家办学，推进学校多样化、特色化发展。

（四）推动社会参与教育治理常态化

在我国教育体制改革的过程中，政府始终占据着主导的地位，独自扮演了政策供给者和政策实施者的角色，其他社会组织和个人尽管可以通过某些途径参与到改革的过程中来，但很少能够获得与政府平等对话的机会，参与教育管理的机会不多、积极性不高。教育治理体系和治理能力现代化的核心就是建构一个"政府宏观调控、学校自主办学、社会积极参与"的现代教育治理体系。当下教育治理现代化，要求转变政府职能，深化简政放权，完善全社会参与教育的决策的机制。

社会参与是我国教育治理体系中最薄弱的一个环节，教育宏观决策主要由政府及其教育行政部门讨论决定，学校内部管理缺乏社会参与，内部的决策不能反映社会的需求，也难以受到社会的监督。因此，要创新服务方式，健全全社会参与教育和学校评价的监管机制，推动其他公共或私人力量参与到教育治理中来,实现多元协作共同治理。推动社会参与教育治理常态化,还要解决和回应社会和教育领域不公平的问题,实现教育治理的法治化、制度化、规范化。

第一章　提高教育法治化水平

法治是以民主为前提，以严格依法办事为核心，以确保权力正当运行为重点的社会管理机制、社会生活方式和社会秩序①。党的十八届四中全会把"建设中国特色社会主义法治体系，建设社会主义法治国家"作为全面推进依法治国的总目标，从而将教育法治化的重要性提升到了前所未有的战略高度。教育法治是推进教育治理现代化的重要基石和基本方式，同时也是教育治理现代化的内在要求，而教育立法是教育法治建设的基础。推进教育法治化，不仅有助于协调教育内部的诸种权利与义务关系、保障教育事业健康有序发展，也是促进教育公平、让人民群众有获得感、办人民满意教育的急切需要。

教育立法（Educational Legislation）是国家权力机关根据一定的指导思想和原则，依照法定权限和程序，制定、修改、补充和废止教育法律文件的专门活动，又称教育法的制定。立法是法所要促进的目标价值法律化的过程，是公众意志的具体体现。教育立法一般包括三个方面的内容：一是制定新的法律，二是修改已有法律，三是废止法律。教育法治建设过程中出现的各种问题，从源头上说，都是由立法的不完善、尚未建立起完善和有效的法律调节机制引起的。正因如此，科学立法，是提高教育法治化水平、推进教育治理现代化的关键。

---

① 张文显. 法理学[M]. 5版. 北京：高等教育出版社，2018：330.

第一节　科学立法，构建完备的教育法律体系

法律是国之重器，同时也是衡量社会文明程度的标尺。教育治理体系和治理能力现代化的推进，需要持续探索教育公共治理的内在机理、策略模式与实施路径，不断探寻教育治理的制度创新。这就需要科学地制定教育法律法规，构建完备的教育法体系，发挥法律制度最强有力的支持和保障、协同作用，对教育公共治理主体的权力（权利）、职责和义务进行明确规定，依法构建与维系多元主体的民主、平等、合作关系。建立和完善我国的教育法律体系，也是我国教育法治发展的内在要求。

一、我国的教育法律体系

法律体系是一个国家现行的法律规范按照不同的法律部门分类，所形成的系统化的有机联系的整体。由于法律规范所调整的对象是各种社会关系，而各种社会关系又是相互联系、相互制约的，这就要求全部法律规范形成彼此协调、相互配合、有机联系的整体。法律体系是一个异常庞杂的系统，系统内部各个组成部分又具有一定的关联性。根据立法主体地位和法律重要性的高低，不同的法律被赋予了不同的效力，根据功能、调整对象及调整方法的不同，法律体系可以划分为不同的法律部门。教育法就是我国法律体系中一个重要的法律部门。从党的十五大确定依法治国、建设社会主义法治国家基本方略以来，我国法治建设经过艰辛的探索，取得了重大进展。2011年3月10日，吴邦国在人民大会堂庄严宣布：中国特色社会主义法律体系已经形成。但完善中国特色社

会主义法律体系是一项长期而艰巨的任务，必须随着中国特色社会主义实践的发展不断向前推进，新时代的立法工作依然任重而道远。

（一）法律与教育

教育法具有广义和狭义之分。广义的教育法是指由国家权力机关依照法定的权限和程序制定或认可的，以国家强制力保证实施的有关教育的法律概念、法律原则及行为规范的总和。广义的教育法既包括国家各级权力机关制定的法律、法规，也包括国家各级行政机关制定和发布的规定、规章等规范性文件。狭义的教育法则专指由全国人民代表大会制定的《中华人民共和国教育法》（以下简称《教育法》）。

教育法是现代教育发展的产物，是现代国家的一个重要的法律规范领域。世界各国发展教育的一个重要经验就是通过法律这一高度专门化的手段来实现对大规模教育事业的调控和发展。现代教育区别于以往任何一种教育的一个特征就是教育教学活动的日益复杂化和有序化。随着生产力的提高、科技的进步及生产和社会生活的高度社会化，教育领域不断扩大，教育的内涵日益纷繁复杂。现代社会对人才需求的多样化，要求打破传统的学校体系，建立统一的教学计划、教材和教学质量标准，形成一个幼儿、青少年、成人教育融会贯通，学校、社会、家庭密切配合的一体化教育体系。而通过法律手段维护国家公共教育利益，保护公民受教育权利，促进教育事业的发展，就成为有效履行国家教育职责的客观需要。教育法的任务是通过对教育的科学规范，保障教育体系的良性运转，保证教育目标的实现，它所确认的教育法律制度及教育法律关系主体的每一项权利和义务，都必然受教育发展客观规律的影响。

第二次世界大战结束后，世界各国都意识到教育对于国家和社会经济发展的重要意义，开始大力发展教育事业，并适时制定教育法加以保障。1978年12月，中国共产党第十一届三中全会的召开，实现了历史上的转折，彻底否定了"以阶级斗争为纲"的政治路线，确立了以经济建设为中心，坚持四项基本原则，实行改革开放，建设中国特色社会主义的基本路线。我国社会主义建设事业进入新的历史时期，同时也向教育领域提出了新的挑战。如同经济体制改革的成功与否取决于能否激发整个社会的经济活力一样，衡量教育改革成就的标准只能是教育活力的激活程度。而教育成分的多样化、教育关系的复杂化及教育规模的不断扩大，要求制定一整套适应新型教育需求的、比较完备的教育法律、法规，以便有效地协调、组织和管理教育活动。为此，1985年的《中共中央关于教育体制改革的决定》（以下简称《决定》）特别强调"在简政放权的同时，必须加强教育立法工作"，明确了教育立法对教育发展的积极作用，也为我国教育立法奠定了政策基础。

以1992年邓小平同志的南方谈话和党的十四大的召开为标志，我国进入了建立社会主义市场经济体制的新阶段。党的十四大提出了建立社会主义市场经济的目标，加快了我国政治、经济、科技体制改革的步伐。而此时我国教育仍然呈现出总体落后的特征，不能满足加快改革开放和现代化建设的需要。如何促进教育发展，如何使教育体制和运行机制与日益深化的经济、政治、科技体制改革的需要相协调，成为亟待解决的问题。为此，中共中央、国务院于1993年2月13日发布《中国教育改革和发展纲要》（以下简称《纲要》）。《纲要》提出，教育体制改革要采取综合配套、分步推进的方针，加快步伐，改革包得过多、统得过死的体制，初步建立起与社会主义市场经济体制和政治体制、科技体制改革相适应的教育新体制。《纲要》同时强调，"要抓紧草拟基本的教育法律、法规和当前急需的教育法律、法规,争取到本世纪末,初步建立起教育法律、法规体系的框架""加快教育法制建设,建立和完善执法监督系统,逐步走上依法治教的轨道"。为保障教育优先发展的战略地位,中国教育立法全面展开,教育事业也结束了无法可依的状况,开始走上法治化的轨道。

(二)我国教育法律体系

教育法律体系是不同形式的教育法律、法规、规章等按照一定的原则有机结合的、协调统一的法律规范的系统。教育法的目标是规范教育领域各主体之间的关系,保证不同形式、不同性质和不同层次的教育的协调发展,以形成一个合理的、符合社会发展需要的现代教育结构。在一个国家的法律体系中,不同的法律部门有其特殊的调整对象,不同的调整对象有不同的矛盾运动,因而解决不同领域矛盾的立法具有各自特定的内容。教育法是以教育领域各主体之间的权利义务关系为调整对象的,从一个国家的整个法律体系来看,教育法是以宪法为依据又区别于调整其他领域的法律体系而相对独立的法律体系。从内部体系结构来看,教育法又是由调整不同阶段、不同形式、不同性质的教育法律、法规组成的,遵循共同的基本原则形成一个有机统一的法律规范体系。为了建立一个适应社会需要和发展的教育系统,科学地制定教育法并形成能够有效规范不同主体的权利与义务、积极促进教育事业发展的教育法体系具有十分重要的意义。

我国的教育立法活动是在国家整体法治建设的背景下进行的。宪法有关国家发展教育事业、保护公民受教育权的规定,为教育法的制定和体系的完善提供了宪法依据。为落实教育优先发展的原则,从1985年中共中央发布《关于教育体制改革的决定》提出加强教育立法工作开始,国家就着眼于建立比较完整、科学的教育法律体系[①],从法律体系的整体出发进行考虑和设计。目前,我国初步建立起以《中华人民共和国宪法》确立的基本原则为基础,以《教育法》为教育基本法,以《中华人民共和国学位条例》《中华人民共和国义务教育法》《中华人民共和国教师法》《中华人民共和国职业教育法》《中华人民共和国高等教育法》《中华人民共和国民办教育促进法》等教育专门法为核心,包括教育行政法规、教育规章和地方性法规及规章在内的有中国特色的教育法律体系。教育法律体系的初步建立,以及与教育密切相关的《中华人民共和国未成年人保护法》《中华人民共和国预防未成年人犯罪法》《中华人民共和国国防教育法》《中华人民共和国国家通用语言文字法》《中华人民共和国侵权责任法》等其他相关部门法律的颁布实施与不断完善,推进了教育领域的"有法可依",促进了教育发展。

我国的教育法律体系,根据制定机关的不同和法律形式的不同,可以划分为不同的层次,根据法律规范内容的不同,可以划分为不同的部门。具体地说,从纵向看,我国的教育法体系分为宪法和教育基本法、教育专门(部门)法、教育行政法规、教育部门规章和地方法规纵向5个层次;从横向看,包括《中华人民共和国学位条例》《中华人民共和国义务教育法》《中华人民共和国教师法》《中华人民共和国职业教育法》《中华人民共和国高等教育法》《中华人民共和国民办教育促进法》六个部门或领域。一个具有不同效力、自上而下多层次的,具有中国特色的教育法律体系框架已初步形成。

---

① 胡文斌. 教育立法与教育法学的比翼发展[J]. 上海教育科研,1990(4):43-45.

二、完备的教育法律体系是实现教育治理现代化的基本途径

教育是关乎民生发展的重要领域,其中存在着引发社会重要关切的突出矛盾,影响人民群众根本利益,教育领域的治理方式变革迫在眉睫。教育治理体系和治理能力现代化的推进,需要构建完备的教育法体系,通过教育的法治化,发挥法律制度最强有力的支持和保障、协同作用。

(一)完备的教育法律体系有利于充分发挥法律的功能

探索教育治理现代化,在法律制度层面的追求是解决教育法治的发展还不能适应国家整体法治推进和教育改革发展的步伐和需要这一问题。只有不断完善和建立我国教育法律体系,才能有效发挥法律的规范功能与社会功能,从而积极推进教育治理体系与治理能力的现代化。

法律是一种调整人们行为的规范,这种规范的存在,就是要对人们的意志、行为产生影响,对人们的行为起到规范作用。教育法的规范功能就是通过规范不同主体的行为,确立和调整不同主体的权利义务关系,从而为人们提供标准和模式的作用。在完备的教育法律体系支持下,通过公共教育治理主体合乎正义、公正、公平的法律指向的行为,促进教育治理体系和能力实现现代化的目标。法治,强调必须以法律为依据,强调以法律作为管理和发展教育的依据和最高权威。无论是各级政府及其教育职能部门的管理行为、各级各类学校办学行为,还是教师的教育教学行为、学生在受教育过程中的行为、专业组织参与教育治理的行为,都应符合合法权限、合法程序及合法行为这一法治原则的要求。由于政府及其职能部门、学校、教师、社会及其他利益群体权利与义务缺乏必要的、科学的规范而产生的行为,是当下教育领域很多问题的根源所在。构建完备的教育法律体系的一个重要目标,正是通过科学

立法，对教育公共治理主体的权力（权利）、职责和义务进行明确规定，依法构建与维系多元主体的民主、平等、合作关系，通过"法治"这一途径对教育治理中各方主体的行为起到规范作用。其中最重要的就是推动政府及其职能部门依法全面履行职责，推进其机构、职能、权限、程序、责任的法定化，以政府自身的改革带动教育领域综合改革的全面深化，建立法治政府、责任政府、服务型政府。

任何法律部门均承载着一定的社会功能。正是由于多元的法律部门分别承载不同的社会功能，具有不同的作用，才有整个社会的组织化和整体社会活动的有序化。教育法的社会功能是指教育法作为专门调整教育活动的社会规范，为实现国家和社会一定的教育目标、保障和促进教育事业发展而发挥的作用。教育法治化建设、构建完备的教育法律体系是与我国教育发展战略需求相符的。习近平指出，建设教育强国是中华民族伟大复兴的基础工程；必须把教育事业放在优先位置，深化教育改革，加快教育现代化，办好人民满意的教育。现代教育的发展及教育教学活动的有序开展，需要一个强有力的法律支撑体系的保障。教育法从以下方面，建立教育事业发展和教育教学活动的法律支撑体系，从而保障教育的稳定发展。（1）教育事业发展规划的法律规范。从教育事业发展规划的管理及其动态运行的角度看，主要由编制、审批、执行和监督等环节构成，涉及教育立法对国家各级权力机关、各级政府及其职能部门的授权，相关行政程序的规定以及社会监督权利的保障等。（2）教育经费管理的法律规范。教育事业规模的发展，国家财政支出占有十分重要的比例。因此，对教育经费的调控成为国家教育职能的重要内容。关于教育经费的取得、分配、保障，经费管理的原理、原则和使用方式，教育经费效能的发挥均属于教育法律手段的调节范围。

(3)学校教育教学工作、管理的法律规范。其主要包括：学校课程计划的编定和实施；教科书的编写、审定和使用；学生的学籍、纪律管理；学校招生、选拔工作的管理；毕业及学位授予工作的管理；教师教育与管理等。完善的法律体系可以为教育事业稳定、优先发展提供更好的平台，消减教育发展中的负面元素。

（二）目前我国教育法律体系尚不完备

经过40年的探索和发展，我国教育立法取得了前所未有的成就，有力地保障和推动了教育事业的改革和发展。但是，教育法律体系的构建不能仅仅从表象、形式出发，必须从全局角度考虑，把握教育立法的科学性、合理性与完备性。由于教育领域涉及主体的多元性及教育事业内部因素的复杂性，再加上我国教育立法起步较晚，从整体上看，我国现有的教育法律体系尚不能适应国家整体法治推进和教育改革发展的步伐和需要。尤其是教育立法通常涉及国家财政经费以及人事、编制等问题，导致我国教育法律体系构建较为缓慢。一方面，教育领域一些急需调整的重要内容、重要领域、重要事项没有列入立法范围，教育事业发展中一些重要的教育法律、法规没有适时制定。这使得一些重要领域依然存在无法可依的状态。另一方面，一部好的法律必须具有可操作性、可执行性。由于我国地域辽阔，各地教育发展很不平衡，立法通常遵循"宜粗不宜细"的原则。这使得教育立法原则化，存在条文过于简单概括、操作性不强、执行力不够的问题。而且，现有教育法中教育行政处罚权力涉及的范围十分狭窄，处罚对象大多局限于教育系统内部，处罚时对实权部门的依赖性太大，自身缺乏处罚的强制力量，以致教育法强制执行的可行性大为降低。虽然教育法也规定了对教育违法行为给予行政处分、处罚，甚至追究刑事责任，但在实践中很难保证这些惩罚性规范发挥应有的作用。此外，法律必须反映社会的需要，还要繁简适度，易于理解和执行。我国已有的教育法律常有空白或语焉不详的问题，因此一部法律往往需伴随大量的立法解释和颁布部门规章，导致法律体系的冗余，法规规章名称混乱、法条内容冲突或重复等问题。必须从依法治国、科教兴国的高度重视和完善教育立法，加强教育立法的理论研究，发挥教育法律体系在保障和促进教育治理现代化中的应有作用。

改革开放初期，我国认识到教育对个体和社会的重要意义，在恢复学校教育秩序的基础上，引入市场机制，大力发展教育事业。始于20世纪80年代中期的中国教育体制改革，总体上看是通过分权、择校和学校自主办学等改革措施，围绕发挥市场作用，促进学校提高效率展开的。通过引入市场机制向社会提供教育服务，改变我国长期以来形成的政府管得过多过死、学校缺乏活力、教育服务单一和不足的状态，已成为我国公共教育体制改革的重要思路。然而，由于衡量成功学校的标准是其在教育市场中的绩效，这使得市场机制中的学校注重追求可被测量的方面，而忽视教育这个特殊领域中一些极为重要的其他方面，如合作精神，扩大了强势群体与弱势群体之间的距离所导致的社会不公正和社会分裂；市场所具有的不确定性有可能导致办学者将承担较大的市场风险，作为举办者之一的国家也将承担责任；由于教育的市场化、产业化运作，其最终受益者很可能仍是那些有能力支付这种教育的社会阶层，经济富裕的家庭有可能从教育资源中获得更多的益处，但对于家庭处境困难的学生来讲，可选择性仍是一个遥不可及的梦想，并使原本就存在的阶级、种族、性别等方面的不平等更加严重。另外，教育的市场化运作赋予办学者更大的自主权，也给学校追求"营利性"预留了空间，但如果缺乏规制，教育的质量就难以保证。我国虽然初步建立了教育法律体系，但基本上是在政府自上而下的推动下建立起来的①，总体上看是为了实现改革目标、实现"以法治教"而制定的，缺乏与教育内在价值的呼应。由于并未考虑教育立法的内生价值，我国教育立法并不能发挥社会所期待的、应有的社会功能和规范功能。从教育治理的视角及要求来看，我国教育立法在内容上存在如下问题。

一是立法未对政府的教育投入作具体的规定和要求，国家对于教育优先发展的财政支持缺乏明确的规定，导致前期教育改革过程中政府对于学校的放权、将学校交由市场，更多的是基于经济原因的考虑。公共教育投入未能体现为社会每一个人提供平等的、最基本的教育服务的要求，而且教育资源不均衡、包括义务教育在内的不平等加剧。教育公共治理的宏观目标缺乏法律体系的保障。

二是立法未具体规定政府的教育管理职责和法律责任，国家干预不力。在存在"搭便车"和规避责任的诱惑环境中，政府对教育的作用因市场的介入而弱化甚至退出，未对教育发展障碍和不良环境进行有效的引导、监控，乱收费、招生与择校黑幕、教育质量下降、高校巨额负债与腐败等问题凸显，公共利益未得到有效维护。教育公共治理中，公民有序参与教育治理的能力和动力不足。

三是权力缺乏制约而体现社会整体利益的法律缺失，未体现以社会为本位。重管理权力和秩序、轻权利和社会诉求表现明显。除7部教育法律外，16部教育行政法规及70多部教育行政规章（清理后）都是由行政机关制定，以管理为主要内容的立法占90%以上，体现出对管理、秩序的偏好，对自由、权利的疏离。参与教育治理多元主体间的互动、

---

① 余雅风. 法律变迁与教育的公共性实现[J]. 教育学报，2005（2）：51-56.

合作机制缺乏。

1978年,党的十一届三中全会提出加强法制建设,提出了"有法可依,有法必依,执法必严,违法必究"的十六字方针。法律是治国之重器。随着中国特色社会主义法律体系的形成,"有法可依"的问题基本解决。1997年,党的十五届一中全会提出"依法治国,建设社会主义法治国家",把治国基本方略和目标提升为"法治",强调依照法律来治理国家和社会,法律是社会生活的最高权威和最高裁判,是衡量国家、政府、社会组织和个人行为的根本标准。2014年,党的第十八届四中全会以全面推进法治国家建设为主题,审议通过的《中共中央关于全面推进依法治国若干重大问题的决定》,提出了"科学立法、严格执法、公正司法、全民守法"的法治工作新十六字方针。该决定分析了全面推进依法治国若干重大问题,将"深入推进科学立法、民主立法"作为完善以宪法为核心的中国特色社会主义法律体系的重要方面。2017年,党的第十九次全国代表大会进一步强调,"全面依法治国是国家治理的一场深刻革命,必须坚持厉行法治,推进科学立法、严格执法、公正司法、全民守法",要"推进科学立法、民主立法、依法立法,以良法促进发展、保障善治"。

从法律之治转型升级为良法善治,这是法治现代化的实质所在,也是国家治理体系和治理能力现代化的必然要求①。在教育法律体系构建的模式下,必须明确一个能够统摄教育法律体系的价值观念或理性法则。而且,这个价值观念或理性法则必须是稳固的、确定的,应该符合教育规律,能够维护和提升教育的公共性。市场背景下各类主体对利

---

① 张文显. 法治与国家治理现代化 [J]. 中国法学, 2014 (4): 5-27.

益、效率的追求、管理倾向和效率取向的日渐泛滥，使得社会公共利益也难以得到有效保障，教育逐渐偏离公共精神，降低了教育的公共性。当前，我国社会主要矛盾已经转化为人民日益增长的美好生活需要和不平衡不充分的发展之间的矛盾。2017年，习近平在十九大报告中指出，保障和改善民生要抓住人民最关心最直接最现实的利益问题，并把优先发展教育事业放在今后任务的首位。未来教育发展的任务和要求，同时也给我国教育立法提出了任务和要求，即进一步完善教育法律体系，解决我国教育发展的不平衡不充分的现实问题。公共性作为教育的基本特性，决定了教育法的属性。它是教育法的终极目的所在，是教育立法的内生价值和评判教育立法的基准价值，也是教育立法分析的基本理念和核心精神。就我们国家而言，教育改革的重要方向就是重建我们的教育制度，使其承担起实现教育正义的责任[①]。通过法律促进教育的快速发展，以促进社会、更多的人的发展；通过法律对政府、学校、教师、学生及其他相关主体进行规范，以使其在享受权利的同时履行法定义务。让教育回归公共性，是未来我国教育法律体系建构的重点内容。

三、科学立法，努力构建完备的教育法律体系

教育治理体系和治理能力现代化，主要表现为制定完善的教育法律法规、建立有效的教育保障机制、构建协调发展的教育法律体系，从而促进教育事业的健康发展，培育国家、社会所需要的具有国际视野的专业创新人才。教育立法是促进教育功能实现的一种手段，其目的是把根

---

① 金生鈜. 什么是正义而又正派的教育：我国教育改革的症结［J］. 教育研究与实验，2006（3）：1-7.

据教育规律确定的教育工作规律上升为一般的强制性规则，以此调节教育法律关系，避免教育工作的随意性及其他人为因素对教育的干扰，从而为教育功能的实现创造一个相对稳定的环境。立法是执法、司法、守法的基础，良法才能保障严格执法、公正司法、全民守法。十九大报告将依法立法与科学立法、民主立法并列为立法原则，是立法原则上的一大变化。依法立法要求立法部门在立法时，一定要遵守宪法法律设定的程序和实际权力的授权界限。良法是能够反映社会发展规律的，能够反映经济社会利益诉求的。只有做到科学立法、民主立法、依法立法，才能真正实现宪法法律至上，法律面前人人平等，最后实现通过良法促进发展、保障善治。

（一）适应教育改革发展需要，推进重大问题的单项立法

法律在组织和调控教育发展方面的作用，表现在它规定了国家机关在管理文化教育方面的职权和职责，保证了各种国家机关在组织和调控教育方面的职能的实现，使教育事业真正做到有序发展。实现教育治理的现代化，必须把国家的行政管理置于牢固的法治化的基础上，也只有借助于法律，才能实现治理有序化和科学化。随着现代教育治理体系的建立及未来信息社会、知识经济的到来，国家教育事业发展过程中涉及的内外关系及相关部门的职责、权利与义务的关系越来越复杂，需要从国家层面制定法律和行政法规，对多元治理中的权责关系进行协调。

构建完备的教育法律体系，不是为了好看，而是要解决社会问题。教育立法是教育治理现代化和教育发展的制度基础。因此，一方面，教育立法要明确政府权责边界和行为规范，对政府越位、缺位行为，建立责任追究制度。完善教育信息公开制度，依法保障公众对教育的知情

权、参与权和监督权。另一方面要科学地进行教育立法的预测和规划，加强教育宏观形势分析，深入研究全国教育大会提出的新理念新思想新观点，围绕社会关注、群众关切的问题，精心设计，统筹整合，发挥专家学者理论研究基础优势，提升立法的供给水平。真正做到在我国教育事业发展各领域、各方面的有法可依，正确地适用法律解决各种社会矛盾和纠纷。

目前，我国已颁布了《中华人民共和国教育法》《中华人民共和国学位条例》《中华人民共和国义务教育法》《中华人民共和国教师法》《中华人民共和国职业教育法》《中华人民共和国高等教育法》《中华人民共和国民办教育促进法》，但如果从建设终身教育体系的角度来看，在教育的重点领域如学前教育、高级中等教育、特殊教育、终身学习等均尚无必要的立法。如果从完善现代教育治理体系并使法律体系涵盖各类教育活动、问题来看，则缺学校法、家庭教育法、社会教育法、在家教育法、教育经费（投入、使用、绩效评估）法、教育督导评估法、国家教育考试法等法律，这些法律的制定都需要大力推进。目前，学前教育法被纳入十三届全国人大常委会立法规划一类立法项目，《中华人民共和国职业教育法》《中华人民共和国教师法》《中华人民共和国学位条例》的修订被纳入二类立法项目，家庭教育法被纳入继续研究论证的立法项目，相关主体需要进行深入研究、论证，适应教育改革发展需要，适时进行法律、行政法规的制定和修订工作。

（二）鼓励部门和地方先行先试，制定部门规章和地方法规、规章

教育领域综合改革中的一个主要问题就是集中管理和分散管理的差别和关系问题。要处理好这些问题，立法才是最重要的保障。地方教育

的改革和发展需要在多方面得到推进,而推进的主要方式就是通过立法方面的变化加以调整。构建完备的教育法律体系要从中国教育发展的国情出发。第一,我国是一个社会主义发展中国家,人口多,底子薄,各地政治、经济、文化发展很不平衡。例如,经济发达地区已经在考虑普及高中教育,而中西部地区的一些地方普及九年义务教育尚存在困难。一些省市在落实国家法律法规中尚存在困难,这不仅给教育工作带来很多限制性的障碍,也使地方经济社会和教育的发展难以与本地的实际结合起来。第二,虽然教育改革尚在进程当中,既需要大胆探索,又需要保持谨慎态度以维护法律的权威。因此,国家教育行政部门需要进行必要的前期调研、试点和经验总结,制定部门规章,并在成熟的基础上上升为法律制度。部门规章的制定和地方教育立法,是通过国家赋权,促进教育法律体系的整体协调,实现教育法律体系积极、主动和有创建性的发展。

1. 抓紧制定教育法律的配套法规

教育行政规章是国务院教育行政部门依据法律授权制定的规范性文件,属于法律的配套立法,国务院等有关国家机关根据法律条文的明确规定,为保证该法律的有效实施而对其中不具有操作性的原则性规范或概括性规定予以细化而制定的法规、规章和其他的规范性文件中的一种。随着我国教育法律体系的初步形成和不断完善,教育法律的配套规定在法律的贯彻实施中的作用和地位愈发重要和突出,配套立法的任务也相应地日趋紧迫和繁重。教育行政规章不仅是我国法律体系的组成部分,而且是依法行政、依法司法的重要参考。然而,立法实践中教育法律的配套规定却通常难以与法律同步实施或尽早出台,在很大程度上弱化了教育立法目标的全面实现和教育法律的有效实施,影响了教育法治的顺利推进。为了确保教育法律体系对于治理现代化的保障,教育法律的配套立法应从以下两方面入手。

一是抓紧制定在法律体系中起支撑作用的新法和及时修改、清理与经济社会发展不相适应的旧法。例如,《中华人民共和国民办教育促进法》第二次修正的核心是实施民办学校的分类管理,确立分类管理的法律依据和原则。这就要求及时修订极其重要的《中华人民共和国民办教育促进法实施条例》,对两类民办学校的利益关系进行协调、规范。二是抓紧出台在法律体系中承担细化和补充功能的配套规则。习近平总书记指出,执法是行政机关履行政府职能、管理经济社会事务的主要方式,多次强调要推进严格规范公正文明执法。一直以来,教育部门不擅长执法,有些人甚至认为教育部门不是执法部门,没有行政执法权。当前和今后一个时期,教育法治工作面临的重要任务就是维护执法权,通过有效执法,使尊法守法护法成为自觉行动。这就需要为严格执法提供依据和准则,积极开展教育行政执法的法规制定工作。目前,虽然《学校食品安全与营养健康管理规定》《教育统计管理规定》《未成年学生学校保护规定》等已颁布或正在积极研制,但相较于教育法律自身立废改的积极推进,配套立法却没有明显的实质进展。因此,应抓紧制定教育法律的配套法规,切实解决因教育法律配套法规的缺失影响法律有效实施的问题。

2. 鼓励地方教育立法

地方教育立法对国家层面的教育立法具有重要的探索和推动作用,而且更有针对性,可以使我国教育法律体系更加丰满、更有层次、更具操作性。当前我国的教育管理体制,存在条块分割、权力不清、教育经费不足等问题。而解决这些问题的突破口,应该是地方教育立法先行先试。地方人大、政协,以及党委和政府,应该主要关注那些与地方社会整体发展相关的重要问题和关键因素①。诸如政府的责任和义务,及其管理和服务的方式;地方的各类教育资源的分析和挖掘;与社会整体发展相关的各类影响因素,如传统、习俗、宗族关系、地方及民族文化、行业、学校、社会团体和组织(包括非政府组织)、人们社会地位及社会分配、社会舆论和社会共识等;人力资源的基本状况;发展规划和可持续发展的动力等。地方政府及其民众更准确地认识自己的问题、特点、潜力和发展的突破口与增长点。

在全国统一的大格局之下,不同的地方通过立法可以使自身的特点和优势得到良好的发挥。需要注意的是,地方教育立法必须与国家宪法、法律法规的基本精神和原则保持一致。第一,要重点进行配套性法规的立法,对于已有国家教育立法的,优先纳入地方配套性法规立法规划。要对现有规范性文件进行清理,符合当地教育发展规律、不违背上位法的规范性文件,通过地方人大审议上升为地方性法规,对于违背上位法的要予以废除,建立适应地方教育发展的较为完善的地方性教育法规体系。第二,地方立法也必须遵守立法程序,除了前期必要的调查论证,编制立法规划、研究草案,还要经过法律议案的提出、讨论审议、通过到最后公布等阶段。第三,地方立法部门应当对法规的执行情况进行调查,及时开展立法质量评估,及时完善,提高地方教育立法质量。同时,地方教育立法要为地方社会的整体发展提供区域推进的法律保障,也应关注立法的实际操作问题。

《中华人民共和国立法法》规定地方立法不得与上位法相抵触,不

---

① 程方平. 地方教育立法意义不可忽视[J]. 民主,2014(7):13-15.

得"越权立法",但这并不意味着地方教育立法一定要和国家教育立法环环相扣。地方教育立法只要不违背上位法的内容及其原则与精神,可以针对地方的教育发展需要做出具有地方特色的规定。近年来,不少地方在民办教育、家庭教育、民族教育、环境教育等地方立法方面做了有益的尝试,取得了良好的效果。对于纯属地方的教育事务,国家没有必要进行专门立法,可由各地根据实际需要进行立法。地方性教育法规不是国家教育法律法规的简单重复,而是体现在其较强的针对性,是为解决本区域内的具体教育问题、推进区域教育发展而制定的。当国家教育立法没有规定,但根据本地区实际需要又必须、应该加以立法规范时,或者为了解决本地区的突出教育问题而国家立法不适宜做出规定时,可以通过地方立法予以规范。

(三)努力提高立法质量

教育是一种超越任何利益集团的由公共价值导向的以扩大公共利益为目的的实践。教育治理现代化的实质与重心,是在治理体系和治理能力两方面充分体现良法善治的要求。作为公共事务,必须关注教育如何才能实现社会正义、社会进步的政治生活的需要问题,关注公民的公共精神的健全发展[①]。习近平总书记在2013年2月23日十八届中央政治局第四次集体学习时指出:人民群众对立法的期盼,已经不是有没有,而是好不好、管用不管用、能不能解决实际问题;不是什么法都能治国,不是什么法都能治好国;越是强调法治,越是要提高立法质量,通过科学规范,促进教育发展、推进教育治理现代化。法治是国家治理的基本方式。所以,推进教育治理现代化内在地要求推进教育法治现代化,唯

---

① 金生鈜. 保卫教育的公共性[J]. 教育研究与实验,2007(3):7-13.

有现代化的教育法治才能匹配现代化的公共教育治理。努力构建完备的教育法律体系，将是未来教育法治建设艰巨而又极其重要的任务。

立法是全面依法治国的前提和基础，立法质量直接关系到法治的质量。当前，我国教育领域综合改革已进入攻坚期和深水区，推进深化改革必然涉及一些重大利益关系的调整，必然涉及牵动教育领域的敏感问题和重大问题。因此，必须在法治下推进教育改革、在教育改革中完善法治，不断提升教育立法质量，积极发挥立法引导、推动、规范、保障教育改革与发展的作用，做到重大教育改革于法有据。

1. 系统协调

法律体系的概念不仅包括一个国家的法，而且包括法在实际生活中的运作、法律实践、本国法律文化传统、占主导地位的法律意识、法律职业、法律角色等。它将一个国家法律现实的一切基本因素统一地相互联系地概括起来，形成一个有机联系的整体[①]。法律体系的一个重要特征是系统协调性。构建完备的教育法律体系，就需要加强法律法规规章的协调衔接，保证教育法律体系的内部协调一致。尽管我国的教育法律体系已经基本形成，但频繁的立法使得教育法律体系的清理与协调还很欠缺。一方面由于教育法律法规规章、地方立法的不断涌现，法律文本之间、条文之间的不协调问题也越来越多，仍然存在上下位法衔接落实不到位、法律法规之间交叉重复甚至相互冲突的现象。同时，教育法律法规条文用语不严谨，导致语义模糊，甚至产生歧义的现象还不时出现。对此，应注意根据新法清理、修改不合时宜的旧法。在制定新法时要加强沟通与协调，避免纵向和横向的冲突，不能在相同的事项上

---

① 朱景文. 比较法社会学的框架和方法：法制化、本土化和全球化[M]. 北京：中国人民大学出版社，2001：62.

作出不一致的规定。另一方面，我国法律体系内部不同的法律部门在对相同社会关系进行调整时缺乏协调与沟通，一些规定难以解决教育实际中的问题，导致了法律体系内部的冲突和裂痕。例如，《中华人民共和国民法典》专门用了三条规定学校事故的处理原则。但由于缺乏对教育及学校这一教育法律关系主体的深刻认识，其与教育和教育制度存在一定脱节，使得学校和教师依然处于教育管理学生的两难境地。加强教育立法与其他部门立法之间的协调与沟通，亦是未来立法需要考虑的。

2. 先行先试

法律体系构建过程中一个十分重要的环节就是法律规范的试行，通过实践检验法律规范的合理性与可行性，同时跟踪执行情况，收集、听取利益群体意见与建议，根据反馈的结果加以改进、完善。因此，教育法律体系的建构并非一蹴而就，需要遵循循序渐进的原则。（1）试行是指在特定时间内颁布试验性法律法规，检验其可行性与效果，同时为后期正式立法提供参考，这种方式具有一定的灵活性。（2）试点是指在一定的区域内试行相关法律规范，试点立法有以点带面的作用，有效降低了法律失败的风险。（3）先行先试是前两种方式的结合，是指在一定区域内试行的法律规范，验证其效果。基于我国经济社会发展的不平衡性和复杂性，以及教育改革与发展的不确定性因素，国家及地方教育行政部门应结合教育领域的问题及地方、区域的特殊性，制定部门规章和地方法规规章先行先试，既使得相关领域、区域的教育发展有法可依，提高立法的及时性、针对性，又为提高立法质量、完善我国教育法律体系奠定基础。

第二节　建立健全教育纠纷的多元化解决机制

治理现代化的一个重要特征就是确立多元主体的主体地位，发挥多元主体的能动作用。随着我国教育事业的迅速发展及教育领域综合改革的全面推进，教育纠纷也日渐增多。教育纠纷具有专业性、特殊性和复杂性，影响教育纠纷解决方式选择的因素具有多样性。一般来讲，主体权利遭受侵害一是来自地位平等的主体，二是来自不平等主体的公权力机关。在教育治理过程中，公权力是国家机关拥有的对公共教育的管理权，公权力机关与其他治理主体不具有平等的地位，因此公权力机关对相对人权利的侵害，与来自平等主体的侵害就有很大的不同。公权力机关对相对人权利的侵害既可能是个案，即侵害的是特定人的权利，也可能具有普遍性，如行政机关发布的具有普遍效力的行政文件。在行政机关侵害特定人权利的救济方面，我国自改革开放以来逐步建立了行政诉讼、行政复议等法律制度，但实践表明仍然缺乏对遭受损害的权利的有效救济。实现教育治理体系和治理能力的现代化，需要构建一种多元化的教育纠纷解决机制，及时化解和妥善疏导教育纠纷，以维护学生、教师和学校等多元主体的合法利益，体现对各方主体地位的尊重。

一、教育纠纷的多元化解决机制的内涵

纠纷，是与秩序相对应的范畴，也称为争议、争端、冲突，是特定的主体基于利益冲突而产生的一种双边或多边的对抗行为。其不仅是一

种个人之间的行为,而且是一种社会现象,因此,它具有社会性①。教育纠纷是指教育法律关系的主体(政府、教育行政机关、学校、教师、学生及其他社会组织、公民)之间在教育过程中所发生的争议,表现为各主体相互之间权利义务的冲突与矛盾。教育纠纷具有极端复杂性,表现在教育纠纷种类的多样性及产生原因的多样性。而且教育纠纷的主体具有多元化特征,涉及政府及其教育行政部门及其他职能部门、各级各类学校、教师、学生,以及社会组织和其他公民等,可能是双方当事人,也可能是多方当事人。在所有法律问题中,教育纠纷可以说是最具综合性的,涉及对象极具多样性和广泛性,不仅要求有多元化的纠纷解决机制,还要有专门化的纠纷解决途径②。

教育纠纷的解决目前仍然是一大难题。一方面,教育纠纷当事人双方利益失衡,尤其是影响涉及政府权力的纠纷,双方当事人的地位不对等,导致纠纷很难解决。另一方面,现行教育纠纷解决机制尚存在诸多问题,解决纠纷的能力不高,影响社会和谐。部分政府或学校存在花钱买平安行为,虽求得一时安稳,却使得社会整体教育纠纷的解决更加艰难,校闹事件频发,最终反而加剧了社会矛盾。如何妥善、高效地解决教育纠纷已经成为人们普遍关注的问题。因为其不仅关系到公民受教育权的保护、国家教育目标的实现,而且还涉及教育治理中多元主体权利的保护、对公民积极参与教育治理的鼓励。

多元化纠纷解决机制,是指在一个社会中,多种多样的纠纷解决方式以其特定的功能和运作方式相互协调地共同存在,所结成的一种互补

---

① 范愉. 纠纷解决的理论与实践[M]. 北京:清华大学出版社,2007:70-73.
② 陈久奎. 我国教育仲裁制度的建构研究:一种解决教育纠纷的新途径[J]. 教育研究,2006(5):50-54.

的、满足社会主体多样性需求的程序体系和动态体系①，即社会各种纠纷解决方式、制度的总和或体系。

教育纠纷的多元化解决机制主要是指针对众多教育纠纷，利用各种诉讼和多种非诉讼纠纷解决方式，在其各自功能特点上形成互补，以满足不同社会主体需求的程序机制和调整体系。多元化是相对于单一性而言的，其意义在于避免把纠纷的解决单纯寄希望于借助某一种程序如诉讼并将其绝对化，主张以人类社会价值和手段的多元化为基本理念，不排除来自民间和社会的各种自发的或有组织的力量在纠纷解决中的作用目的在于为人们提供多种选择的可能性选择权，同时以每一种方式的特定价值如经济、便利、符合情理等为当事人提供选择引导②。多元化解决纠纷机制广义上可分为诉讼和非诉讼两种方式。多元化纠纷解决机制的建构已成为我国当前社会治理的重要课题。

从治理的视角看，教育纠纷频发的深层次原因是源于教育管理缺乏对学校、教师、学生等主体地位的尊重，仍采取传统的"命令－服从"式管理模式。例如，非诉讼方式纠纷解决程序中当事人的权利缺失、当事人解纷的选择权缺乏明确规定。如果在设计教育纠纷解决机制时能够充分重视相对人的主体地位并落实到具体制度和实践中去，不但可以充分发挥法律的教育作用，还可以在一定程度上弥补教育管理中的不足，尊重和保护相对人权益，提升各教育主体参与治理的积极性、主动性。由于教育与人们社会生活关系的日益密切，围绕着学校所产生的各种教育法律关系更加错综复杂，涉及教育行政机关、学校、教师、学生之间的教育纠纷案件大量涌现。教育纠纷内容广泛、类型多样、性质复杂，

---

① 范愉. 非诉讼纠纷解决机制研究［M］. 北京：中国人民大学出版社，2000：468.
② 朱文瑜. 我国体育纠纷的多元解决机制研究［D］. 北京：中国政法大学，2008：10.

单凭以往的经验较难确认，而且单从法律视角看待教育纠纷，容易忽视其中最重要的教育关系。要针对校生纠纷的特殊性，构建科学、系统的诉讼和非诉讼相衔接的多元化纠纷解决机制。

二、建立健全教育纠纷多元化解决机制的意义

任何法律制度和司法实践的根本目的都不应当是确立某一主体的权威，而是解决实际问题，调整社会关系，使各种关系比较协调。我国市场经济体制改革及教育领域综合改革的深入，形成许多新的利益群体，令教育领域的利益格局呈现出鲜明的多元化状态，各利益群体为了维护和保证自身的权益和诉求，容易产生冲突和矛盾。从根本上解决问题，很重要的一点是建立有效的纠纷化解机制，并且从源头上加强法治建设。多元化的纠纷解决机制可以根据各种教育纠纷的复杂性、特殊性及当事人的主观意愿，给予充分分配与其相适应的纠纷解决程序，尽最大可能地保护各主体的利益，发挥法律的教育和规范功能，维护教育治理秩序。公平、公正、高效地解决教育纠纷，也有利于筑牢教育大厦的基石，有助于教育事业的健康发展和社会的和谐稳定。

（一）建立健全教育纠纷多元化解决机制有利于保障主体权益，提高多元主体参与治理的积极性

教育纠纷作为法律纠纷的一种，一般来说，是因为违反了教育法律规范而引起的。教育法律关系的主体违反了教育法律义务规范而侵害了他人的合法权益，由此产生了以教育法中的权利义务为内容的争议。教育纠纷不断发生且呈上升趋势，主要有以下两个方面的原因。一是立法的缺失。虽然我国初步建立了教育法律体系，但其调整的范围并没有涵盖教育领域里的一切行为。而且随着教育事业的发展和教育改革的深

入,新问题新事物不断涌现,出现了较大的立法空白和不适应问题,导致一些教育管理行为于法无据、无法可依的情况产生。二是教育领域各方主体权利意识的差异。部分职能部门和学校为达到管理目的,存在不合法或者不合理使用权力的情况,侵犯了相对人的合法权利。实施依法治校,把学校管理纳入法治轨道,这就需要不断完善学校办学的法律支持体系。构建一种多元化的教育纠纷解决机制,不仅可以适应纠纷当事人利益、纠纷主体价值观、文化多元化的要求,而且是尊重教育活动规律和法治社会中多元主体的权利的表现。

1. 维护学校权益,健全学校办学法律支持体系

《中华人民共和国教育法》第二十八条对学校及其他教育机构行使的权利作出规定,并强调学校依法自主办学,国家保护学校及其他教育机构的合法权益不受侵犯。自2003年《教育部关于加强依法治校工作的若干意见》颁布以来,我国推进依法治校取得了不少成就,但是深度和广度都还不够,远未真正重视和做到依法治校。依法治校不是为了宣传,而是为了提高学校的治理水平。党的十八届三中全会提出"推进国家治理体系和治理能力现代化",四中全会提出"全面推进依法治国",要求学校和教育工作者按照法治精神与原则,转变学校管理的理念,深化现代学校管理改革。落实这两项任务,就必须推进治理现代化。推进学校治理现代化的关键在于推进学校治理法治化。依法治校在很大程度上可以说是教育理论中的学校管理理论研究和依法治校实践研究的结合。一方面强调学校的办学自主性、主体性;另一方面强调政府对学校的管理在管理理念和管理方式上要去行政化,不能采取管理下级政府、机关和工作人员那样的模式。

2. 保护学生权益，促进学生健康发展

为了保证学校完成教育任务，实现培养国民素质的社会功能，《中华人民共和国教育法》和《中华人民共和国高等教育法》规定了政府及其教育行政机关及学校行使的多项权利。仅从学校的权利看，涉及学生管理权的法律规范，主要有《中华人民共和国教育法》（第二十九条第二、四、五款）、《中华人民共和国高等教育法》（第四十一条第四款）、教育部颁发的《普通高等学校学生管理规定》等，这些规定是学校对学生行使管理权的法律依据。然而，实践中相关主体在行使教育管理权，组织和实施教育教学活动时对学生侵权行为频发，有的侵犯了学生作为公民的基本权利，有的影响了学生的受教育权利。《国家中长期教育改革和发展规划纲要（2010—2020年）》明确提出，要"保障学生的受教育权，对学生实施的奖励与处分要符合公平、公正原则。健全符合法治原则的教育救济制度"，为我们切实保障学生受教育权、健全教育救济制度、推进依法治校指明了方向。

3. 保护教师权益，促进教师专业发展

《中共中央 国务院关于全面深化新时代教师队伍建设改革的意见》指出，"教师承担着传播知识、传播思想、传播真理的历史使命，肩负着塑造灵魂、塑造生命、塑造人的时代重任，是教育发展的第一资源，是国家富强、民族振兴、人民幸福的重要基石"。基于教师在教育发展及社会进步中的重要作用，该意见要求，要"确立公办中小学教师作为国家公职人员特殊的法律地位，明确中小学教师的权利和义务，强化保障和管理。各级党委和政府要切实负起中小学教师保障责任，提升教师的政治地位、社会地位、职业地位，吸引和稳定优秀人才从教"。1993年全国人大常委会制定了《中华人民共和国教师法》，对教师的权利义务、资格和任用、培养和培训、考核、待遇、奖励、法律责任等作出全面规定。然而实践中侵犯教师权益的情况时有发生，而现有的救济手段并没有使教师权益得到有效救济。

（二）现有教育纠纷救济制度难以对多元主体的权利实施有效保护

教育治理强调多元主体共同参与教育事业的发展与决策，在兼顾不同利益主体权利需求的过程中，实现民主化的管理。随着学校办学体制、内部管理体制改革的深入发展，在校学生规模日益扩大，加之办学形式逐渐多样化，师生权利意识逐步增强，教育纠纷呈现增加的趋势，诸如学生状告母校，教职工与学校、教育行政部门争议的案例频繁见诸报端，给和谐校园的建设带来了全新的挑战。如果不能妥善解决这些纠纷，势必影响学校正常的教学秩序，对教育体制的进一步改革形成掣肘。权利保障的缺失，亦不利于教育治理多元主体积极性的发挥。现行法律、法规虽设置了教育纠纷的解决途径，但实践证明程序严密、衔接有序的多元化教育纠纷解决机制尚未真正形成，手段还比较单一，未能实现其预设目标。

1. 教育申诉程序中行政相对人的主体地位难以彰显

教育申诉是教育法专门给学生和教师两类特殊主体设立的救济制度，包括学生申诉和教师申诉。学生申诉是依据《中华人民共和国教育法》《普通高等学校学生管理规定》设立的。虽然《普通高等学校学生管理规定》对学生申诉权的行使作了较为细致的规定，但由于没有严格的程序，与诉讼之间的衔接不畅，救济成本较高，受理申诉管理机关管辖规定的空白容易导致申诉无门现象，对申诉的结果不能申请行政复议，致使申诉当事人的权益不能得到最大程度的救济[①]。教师申诉是依据《中华人民共和国教师法》设立的，该法只是确立了教师向教育行政部门和人民政府提出申诉的权利，但教师申诉的受理范围、程序性规范、处理决定的形式规定及教师申诉与行政复议、行政诉讼的关系均不明晰。无论是学生申诉制度还是教师申诉制度，存在的共性问题均是制度设计过程中没有充分认识并考虑尊重教师和学生在教育治理体系中的主体地位，当事人的程序启动权、知情权、程序参与权及寻求其他救济的权利缺乏明示，由于缺乏具体细致的制度设计及与其他救济制度的有机衔接，常常流于形式而陷入尴尬的困境。

2. 彰显争议当事人意志自由的教育仲裁制度尚未真正确立

教育仲裁是一种更具专业性、中立性和权威性的纠纷制度。仲裁独特的优势在于在充分尊重当事人主体意志的前提下由专业的、中立的第三方裁判，使得裁决结果更容易为当事人接受，也因此能够经济、彻底、迅捷地解决纠纷。1995年国家教委颁布的《关于开展加强教育执法及监督试点工作的意见》规定："教育仲裁是指通过仲裁机构，裁断平等主体间教育纠纷的制度。可提请教育仲裁的范围为平等教育法律关系主体之间的合同争议和财产性纠纷。教育领域中平等主体间的合同纠纷的范围，包括办学合同、委培合同、贷学金合同和产学合作合同以及教职员的聘任合同和校内用工合同、出国留学合同、合作办学合同等。"可见，该意见所述教育仲裁仅适用于平等教育法律关系主体之间的合同争议和财产性民事纠纷，不包括实践中大量出现的教育行政管理纠纷。《人事争议处理规定》规定，"事业单位与工作人员之间因解除人事关

---

① 胡天生，高峰. 构建高校与学生纠纷的多元解决机制[J]. 教育发展研究，2011，31（8）：67-71.

系、履行聘用合同发生的争议"可以申请人事争议仲裁。《中华人民共和国劳动争议调解仲裁法》以及最高人民法院颁布的劳动争议司法解释都作了类似规定。这些规定为教师因辞职、辞退及履行聘用合同发生的争议向劳动人事争议仲裁委员会申请仲裁提供了依据。但由于适用范围的限制,其对于教师在职称、级别评定、任免奖惩等方面大量的纠纷则无能为力。可见,我国目前的仲裁制度对于激发教育主体主观能动性、治理积极性的职称、级别评定、任免奖惩等教育纠纷并没有起到应有的作用。

3. 人民调解制度和行政复议的救济效果极其有限

事实上,当事人和解、调解等方式在实践中有广泛运用,在申诉、民事诉讼过程中调节也是重要的手段。但是,当前的教育纠纷人民调解工作机制存在很大的不足,主要体现在以下几方面。一是专门的调解组织的空白。教育纠纷人民调解缺少专门的调解组织建立制度,调解人员专业性不高且人数不稳定。二是缺少规范化的操作程序制度,纠纷调解程序随意性较大,规范化缺失带来的公平危机,虽然可能纠纷表面上趋于暂时平缓,但可能会带来非正义的结果。三是居中的调解者不能在合理的范围内做到不偏不倚,一些"和稀泥"的方式其实为教育纠纷解决方式的发展埋下了隐患[1]。四是调解结果权威性和认可度低[2],调解协议的效力不明,导致当事人对调解结果的执行随心所欲。同时由于缺乏一定的制约,纠纷当事人易反悔,一定程度上增加了调解的成本。行政

---

[1] 吴钦. 中小学教育纠纷非诉讼解决机制研究:以湖南会同县为样本[D]. 长沙:中南大学,2012:12.

[2] 汪莉. 中小学教育纠纷多元化法律解决机制的适用与完善[J]. 天津市教科院学报,2017(6):50-53.

复议制度在教育纠纷处理实践中适用较少，主要原因有两方面。第一，《中华人民共和国行政复议法》仅仅明确将行政机关没有履行相对人申请保护受教育权的法定职责的情形纳入行政复议的范围，学校对学生的行政管理权并不在行政复议的范围之内，仅将被申请人限定为教育行政机关而非学校，审查范围一般限于对教育行政机关的具体行政行为而非学校的管理行为，这使得权利救济效果十分有限。第二，与教育申诉制度一样，行政复议受理机关是学校的主管部门，学生、教师等作为行政复议申请人，在与教育行政机关对抗过程中处在劣势地位，复议的公正性受到质疑。

4. 教育管理中相对人诉讼权的行使受到限制

20世纪90年代末期以来，行政诉讼的大门开始向教育领域敞开。尤其是在高等学校学生因对学校的处分行为不服或是认为学校的行为侵犯了自己的受教育权利而提起行政诉讼的纠纷解决方面，教育行政诉讼的司法实践取得了突破性的发展。行政诉讼制度是针对教育行政机关设置的，虽然2014年11月《中华人民共和国行政诉讼法》第一次修正将原法规定的受案范围兜底条款"侵犯其他人身权、财产权"的行为改为"侵犯其他人身权、财产权等合法权益"的行为，"合法权益"的范围大于人身权、财产权的范围，将宪法规定的公民受教育权等其他权利归属于扩大的范围之列，但此类规定依然存在对于教育纠纷法院受理的范围不明确问题。同时学校作为行政诉讼被告主体资格不确定及对学校管理行为的司法审查界限不明晰。而且各地法院对是否受理此类案件的态度大相径庭，司法实践缺乏统一的标准，导致相似的案件裁判结果截然不同的现象时有发生，形成了对行政相对人诉权保护极不平衡的局面，不利于司法权威的维护和对主体的平等保护。在民事诉讼中，我国民事法律只有人身权和财产权的规定，没有受教育权的规定，民法理论上也没有受教育权的概念，造成公民受教育权的救济处于十分尴尬的境地。

三、建立健全教育纠纷多元化解决机制的建议

教育纠纷的有效解决和教育主体权利的充分保障迫切要求建立健全多元化的纠纷解决机制。教育是一种特殊的社会活动，在教育活动中产生的纠纷也不同于一般的社会纠纷。这是由教育活动的内在规律所决定的。教育纠纷解决机制的建立，应该尊重教育活动的内在规律，受教育活动的内在要求制约。教育纠纷解决方式的选择不仅应该立足于单纯的定纷止争，还要慎重考虑其后消极影响的防微杜渐。而且，教育纠纷解决方式自身都存在着局限性，因此教育纠纷解决制度的选择和设立，应该考虑是否最大限度地维护了纠纷主体的主体地位和权益，有效、便捷地解决教育纠纷。

随着我国教育体制改革的深入、公民权利意识的增强和法治建设的推动，教育纠纷也急剧增加，并呈现出利益多元化、专业技术性强等特点。教育纠纷的各种解决方式间的良性衔接，对争议的有效解决非常重要。《中共中央关于全面推进依法治国若干重大问题的决定》明确指出，要"健全社会矛盾纠纷预防化解机制，完善调解、仲裁、行政裁决、行政复议、诉讼等有机衔接、相互协调的多元化纠纷解决机制"。从已有的教育纠纷解决机制来看，其大致包含诉讼和非诉讼解决两种方式。诉讼解决主要是对政府及其职能部门、学校提起行政诉讼由法院进行司法审查，非诉讼解决的手段主要包括申诉、和解、调解、仲裁、行政复议等。要建立有效衔接、全方位应用，各种救济途径配置得当的多元化教

育纠纷解决机制，也主要是围绕着这两大类方式展开的。应该强调的是，作为教育纠纷解决的两大重要组成部分，诉讼与非诉讼解决方式之间的衔接配合直接影响到纠纷解决机制功能的充分发挥。因此，在进行制度设计时，一方面要加大司法程序对非诉讼解决方式的尊重与支持力度，赋予非诉讼解决方式一定的拘束力和强制执行力；另一方面，要充分重视诉讼对非诉讼解决方式的监督和审查，确立司法对非诉讼教育纠纷解决形式的司法审查制度。

（一）适应教育纠纷的复杂性与专业性特征，充分发挥非诉讼纠纷解决机制的作用

法治国家固然必须有司法权威，保证司法的最终性，但这并不意味着由司法垄断所有的纠纷解决。事实上，法院不可能解决所有的社会问题，也不可能解决所有的教育纠纷[①]。我国关于教育纠纷的解决很突出的问题在于立法的缺失和滞后，通过非诉讼途径解决教育纠纷缺乏具体的法律制度作为支撑。强调教育纠纷非诉讼解决机制的重要性，主要是由教育纠纷的特点决定的。

一方面，教育纠纷的主体特征及纠纷双方地位的失衡态势，决定了纠纷解决机构的中立性，并要求纠纷解决应采取温和的手段。由于政府、教育行政机关是行政纠纷当事人一方、行政权所具有的支配性等原因，处理行政纠纷机构的中立性、独立性就成为有效化解行政纠纷的重要因素。各级各类学校的学生，正处于社会化过程中的人格塑造阶段，难以客观认识和正确对待外界的干扰与纷争，激烈对抗的解决方式可能会对其成长产生消极的影响。同时，师生关系是教育领域最重要的关

---

① 陈久奎. 我国教育仲裁制度的建构研究：一种解决教育纠纷的新途径[J]. 教育研究，2006（5）：50-54.

系，影响着学生的健康发展。传统心理及"尊师重教"的学风，也不希望通过极端对抗的方式解决教育纠纷。另外，由于政府是公立学校的举办者，教育行政机关对各级各类学校具有法定的管理、监督权，在纠纷解决过程中，教育主管机关常常同时扮演球员和裁判员的角色，这导致纠纷的解决受到较大行政管理部门指令的影响。

另一方面，教育纠纷内容的专业性要求采取专门化的手段，建立专门化的解纷机构。例如，高校学术管理是高校教育管理的重要组成部分，学术的纷繁复杂性、多样性、不确定性及高度专业性，决定了学术管理的特殊性。基于高校学术管理所产生的权力就是学术权力，当学术权力在学术活动中作为一种管理手段，特别是当其借助或通过行政权力发挥作用时，由此而产生高校教育学术纠纷，如学生考试成绩评定，学位或毕业论文专业水准的评定，教师的资格授予和职称评定等引起的纠纷。这样的纠纷具有高度的专业性，需要有专业化的人事参与纠纷的解决。从学校运作的层面，如教师的职务、职称评定纠纷，其牵扯的不仅仅是非法与合法的问题，还涉及教育秩序和教学活动的顺利进行，司法机关处理此类纠纷存在较大的棘手问题。构建一种多元化、便捷化、专门化的解决机制，已经成为一种理论界和实务界的共识。

非诉讼解决方式所具有的优势在于，它不仅可以降低纠纷解决的成本，在程序上也少有刚性的约束，更为灵活，而且有助于缓解当前我国基层司法机关巨大的诉讼压力。更为重要的是，非诉讼解决纠纷方式使纠纷双方有更多对话与沟通的机会，充分彰显了教育纠纷相对人的主体地位，使多元主体的参与权、话语权得到保障，有助于维持教育活动各方主体之间融洽的关系。考虑到申诉制度和行政复议制度存在的问题及实践中被虚置的情况，可考虑建立教育调解、和解制度，完善教育仲裁制度。非诉讼教育纠纷解决机制，应当从以下两方面进行构建：一是要提高非诉讼解决方式的规范化程度；二是要强化各种非诉讼解决方式之间的相互协调，允许纠纷当事人在各种不同的解决方式之间进行选择。

1. 建立教育调解、和解制度

调解是指当事人双方在自愿的基础上，将纠纷交由第三方从中调停促使当事人双方和解的纠纷的解决方式。可在立法上明确规定教育调解制度，赋予师生申请教育调解的权利。立法应明确规定可以适用调解和不可适用调节的范围，对涉及相对人重大利益和公共利益关联较大的纠纷，不宜适用调解。设立由教育专家、教师、教育行政机关代表、专业人士等组成的独立的第三方调解机构，对学校与教师、学校与学生、教师与学生、学校与其他社会组织的纠纷进行先行调解。调解程序的启动和终止由当事人自由选择。行政法理论上认为行政纠纷不能通过调解解决的主要理由是，调解过程是一个双方协商、让步的过程，政府及其职能部门代表的是国家利益，无权放弃国家利益。计划经济体制下，学校是政府附属单位，本身没有自主权和独立的法律地位，代表政府对学生实施管理、教育。然而，在市场经济体制及教育体制改革的背景下，在现行法律制度下，我国学校已从政府附属机构的范畴剥离，只是依照教育法律的授权行使一定的教育管理职权的事业单位，与行政机关的法律地位并不相同。而且学校的教育纠纷并非全部基于法律授权管理的范围。当下，学校领域诸如安全保护、宿舍管理、考试纪律、工作考核等纠纷与很多属于办学自主权的范畴，完全可以适用调解的手段。应从调解机构的设立、调解的启动及其程序制度、教育纠纷调解的范围、调解协议的效力、调解组织的运作资金储备等方面，建立明确清晰的制度①。

和解是纠纷的当事人约定互相让步或者一方让步,以解决双方的争执的活动,属于私力救济方式。发展一定比例的私力救济方式解决教育纠纷,可作为诉讼之外公共权力的衡平与补充。与调解不同,和解是当事人之间自愿协商,达成协议,只有双方当事人自己参加。其特征为:第一,与程序复杂、成本较高、持续时间长的司法程序相比,具有明显的程序简易性;第二,解决教育纠纷时不需要严格适用实体法,可以适用包括现行法、行政法规和部门规章、地方法规规章、自律章程、惯例等较为多元的实体规则;第三,当事人以非对抗的方式解决纠纷,有利于教育关系及工作关系的维护,有利于促进学校教育教学秩序和教育事业的和谐发展;第四,当事人互相作出理性的妥协,能够达到教育纠纷处理结果的双赢。可建立不同的促使当事人协商、和解的手段,在和解程序中引入第三方调解模式。作为独立第三方的调解机构,与纠纷双方都不会产生利益关系,使和解协议更有可能达到客观公正。

2. 完善教育仲裁制度

教育仲裁就是教育纠纷当事人向中立的第三者提出申请,由中立的第三者对教育纠纷的事实作出判断并作出裁决的一种法律制度②。教育仲裁是一种准司法活动,能保证教育纠纷低成本地简便、快速依法裁决。仲裁员是由各高校和科研机构中的专家学者组成,具有高度专业和技术水平,能保证教育纠纷客观、公正地裁决。教育仲裁的特点是保证学校在对教学活动进行依法独立管理的前提下,既能保证教师、学生等

---

① 杨瑜. 教育纠纷的人民调解路径分析 [D]. 沈阳:沈阳师范大学,2016:29-33.
② 曹扩青. 仲裁制:解决高校教育纠纷的理想途径 [J]. 当代教育论坛(宏观教育研究),2007(3):65-66.

主体的合法权益，又能发挥国家教育主管部门的监督管理与指导权能。

可在立法上明确规定教育仲裁制度，赋予师生申请教育仲裁的权利。中立的第三者是通过法律授权的形式，在教育行政部门内成立的教育仲裁机构，教育仲裁机构应独立于教育主管部门，组成人员应考虑不同利益群体。立法应明确规定教育仲裁机构的受案范围包括所有类型的教育纠纷，争议任何一方均有权启动程序。教育仲裁机构专门受理教育学术纠纷、教育管理纠纷。它对教育纠纷的仲裁不受行政机关、社会团体和个人的干涉。仲裁本身是一种居间裁决，具有独立性和中立性。因此，对仲裁不服，不得对仲裁机构起诉以保证解决纠纷的及时性和有效性。

（二）建立与教育仲裁制度有机衔接的教育行政诉讼制度

诉讼方式包括民事诉讼和行政诉讼。对于学校与学生、教师等主体的纠纷，在总体架构上应当以非诉讼解纷方式为主，诉讼方式作为最后的手段。司法是纠纷解决的最后手段，应在其他手段失灵时才适宜启动诉讼方式。基于教育领域的特殊性，对于教育纠纷更应秉承这个原则。通过适当的司法途径正确处理在学校发生的教育纠纷，化解教育活动产生的矛盾，对维护教师和学生的合法权益、促进教育制度改革和实现"依法治教"及推动我国教育事业的健康发展具有深远意义[①]。

然而，不能排除通过司法程序对教育纠纷的解决的必要性，特别是在政府与学校等其他主体的行政法律关系中产生的纠纷。行政诉讼是教育行政管理过程中的权利主体按照法律预设的程序请求法院对有关教育纠纷作出公正裁判的程序活动，其唯一目的在于保护作为行政相对人的

---

① 罗了一. 学校教育纠纷的司法解决途径探析 [J]. 陕西理工学院学报（社会科学版），2007（1）：65-68.

学校、教师、学生的合法权益。应建立与教育仲裁制度有机衔接的教育行政诉讼制度，将涉及师生重大权益的纠纷明确纳入行政诉讼的受案范围内，允许当事人对仲裁裁决不服可以提起行政诉讼，或者不经仲裁直接向法院起诉。另外，当教育管理相对人权利遭受来自公权力机关实施的具有普遍效力的行为的侵害时，法律救济的主要方式是司法审查，即对立法机关制定的法律和行政机关颁布的法规、规章和命令进行是否存在着侵害权利的规范审查。未来应考虑将行政机关的抽象行政行为纳入行政诉讼受案范围的可能性。加快这方面的法律制度构建，是保护多元治理主体权利的必要条件，也是健全教育法律体系的必要条件，是实现治理体系现代化的当务之急。

第二章　健全教育法律实施和监督机制

习近平总书记强调，教育是国之大计、党之大计。教育是全党全社会的共同事业，加快教育现代化、建设教育强国是一个长期的过程，必须一张蓝图绘到底，持之以恒，久久为功。全面推进依法治国，教育法治居于重要的地位。《中国教育现代化2035》提出了坚持党的领导、坚持中国特色、坚持优先发展、坚持服务人民、坚持改革创新、坚持依法治教、坚持统筹推进七个方面的基本原则。坚持依法治教，就是注重运用法治思维和法治方式推动教育改革发展，加强教育法律法规体系建设，完善行政执法体制机制，大力推行依法行政、依法办学、依法治教，为实现教育现代化提供法治保障。在民主法治建设历史进程中，从"人治"到"法治"，从"法制"到"法治"，中国法治体系逐渐走向完备、趋向成熟，健全教育法律实施和监督机制是实现新时期教育现代化的基本要求。

改革开放40多年的历程，也是我国法律体系建设的历程。1980年《中华人民共和国学位条例》的颁布，标志着我国教育法律体系建设的起航。经过40多年的发展，教育法律已覆盖了我国教育基本领域，体系已基本形成，现在进入了全面完善中国特色社会主义教育法律制度体系的新阶段。十八届四中全会提出建设中国特色社会主义法治体系，建设社会主义法治国家的总目标。中国特色社会主义法治体系，包括：完备的法律规范体系、高效的法治实施体系、严密的法治监督体系、有力的法治保障体系,形成完善的党内法规体系。只有建立了法治体系,静态的法律体系才能实现动态的法治化运行,逐步实现法治目标。依法治国是建设社会主义法治国家的本质要求和根本保障,是完善我国法治体系、提高法治治理能力的前提条件,法治国家的建设事关每一个群众能否在诉讼过程中感受到法律的公平正义,事关和谐社会和中国梦的实现。

第一节 教育法律实施:教育治理的关键路径

法律实施也称为法的实施,是指人们在社会生活中施行法律、运用法律的活动。教育法律实施是教育类法律在教育这一特殊社会关系类型中的具体化表述。法作为一种行为规范,包含两种状态,即应然状态的法和实然状态的法。处于应然状态的法只是作为文本存在于书本层面。法要真正发挥功效,就需要法的实施,使法律从书本上的法律变成行动中的法律,从抽象的行为模式变成人们的具体行为,从应然状态进入实然状态,成为实然状态的法。

一、教育法律实施的内涵

法律规范的制定颁布,并不是为了将其作为一个范本加以供奉,而是要通过行政机关对法律的执行、司法机关对法律的适用和公民对法律的遵守等活动来使法律规范中的权利、义务得以具体落实,这是一个漫长而复杂的过程。① 关于教育法律实施的理论内涵,应当体现两个统一:

---

① 周旺生,朱苏力. 北京大学法学百科全书:法理学·立法学·法律社会学[M]. 北京:北京大学出版社,2010:189.

一是程序上贯彻实行与实体内容实现相统一；二是实在法的实现与法的应然精神和价值的实现相统一。其含义包括三个思想层次：其一是教育法律规范程序上的贯彻实行，包括法律规范实施的主体、实施行为、实施方式和方法，以及实施活动过程；其二是教育法律法规实体内容的实现，主要体现为现行立法所规定的权利义务转变为现实，并按照现行立法的要求形成具体的社会关系和社会秩序；其三是教育法的应然精神和价值切实得到体现。教育法律实施，实质上就是文本上的教育法律向具体教育实践中的法的转向，表现在将法律规范中权利、义务的要求转化为现实中人们具体的行为。这个转化过程是一种动态，而不是静止不变的事实，在现实中就体现在行政人员的执法、司法人员的适用法律和公民、社会组织的守法活动之中。[1] 教育法律实施的方式和其他法律实施的方式一样，可以根据不同的标准进行分类。例如，按照法作用于社会关系的具体化程度不同可以分为通过具体法律关系的法的实施和不通过具体法律关系的法的实施；按照法律调整方式的不同可以分为权利（权力）的行使、义务的履行和责任的承担；按照实施法律主体的不同可以分为法的遵守、法的执行和法的适用等方式。[2]

二、教育法律实施的意义

"良法"是实现"善治"的前提。党的十八大特别是十八届四中全会确立了全面依法治国、建设社会主义法治国家的目标。习近平总书记明确提出"四个全面"的战略布局，以全面推进依法治国为根本保障，

---

[1] 周旺生，朱苏力. 北京大学法学百科全书：法理学·立法学·法律社会学［M］. 北京：北京大学出版社，2010：189.
[2] 沈宗灵. 法理学［M］. 4版. 北京：北京大学出版社，2014：301.

为中国特色社会主义保驾护航。我国对于《教育法》《中华人民共和国高等教育法》《中华人民共和国民办教育促进法》的适时修改,是全面推进依法治国、完善中国特色社会主义现代教育制度的具体体现,也标志着我国依法治理教育事业在已有法律制度框架下步入新的阶段。法律的实施关键在于建设法治政府,推进政府依法定职能、权限、程序行政。为此,必须完善行政组织法、行政程序法和行政责任法。

(一)教育法律实施是维护教育法律权威的重要保障

法律实施是指法在社会生活中被人们的实际施行,在教育法律领域,主要包括教育执法、教育司法和教育守法。法在被制定出来后、付诸实施前,只是一种书本上的法律、字面上的法律。法律的实施才能使书本上的法律变成行动中的法律,使其从抽象的行为模式变成人们的具体行为。教育法律实施的目的在于使教育法律发挥应有效力,使教育法律涉及的各类关系向其预设的方向发展,使教育法律的一定教育目标或教育功能获得实现。从教育法律体系的整体实现的程度及其实现的社会效果来看,法律实施的目标预设包含两个维度:法律实施的目标是实现应然效力和实然效力、道德效力的统一,进而维护教育法律的权威。教育法律的实施是实现立法目的的前提,是实现法的价值的必由之路。教育立法的目的是明确教育行政主体及其相对方的权利和义务,保障各级各类教育机构和受教育者的合法权益,促进教育事业的改革和发展。教育法律实施的状况如何,关系到教育法律、法规的实施效果,以及教育立法目的能否实现。中华人民共和国成立以来尤其是改革开放以来,我国教育立法工作取得了较大成就,教育法律体系的初步建立,使"有法可依"成为可能,但同时也出现一些教育法律法规实施效果并不理想的新问题。这就无法真正发挥出法律调节社会基本利益关系的功能,也会损害法律的权威性和公信力。提升教育法律实施实效，把教育法律实施的重要性提高到前所未有的高度，反映出教育领域对全面推进依法治国更深刻的理解和认识。教育法律实施水平在很大程度上还与教育行政机关和广大教育工作者的法律意识有关。如果法律没有真正深入到人们的日常生活中，也很难由此衍生出对法律与公平正义抽象意义的真正理解。我们首先要重视构建一个社会的法律文化，由内向外地推进法治文化、法律意识、法律信仰，从而更好地推进法律实施。必须弘扬社会主义法治精神，建设社会主义法治文化。

（二）教育法律实施是强化教育行政执法应有之义

依法行政是行政机关运作方式的基本特征。教育行政部门、政府有关部门依法行政，是实现依法治教的关键。教育法律实施是提高教育行政执法的内在动力。教育行政执法的内在要求，就是教育行政要实现法治化和制度化，教育行政必须确保统一性、连续性和稳定性，政府的教育职能要由微观向宏观转变、由人治向法治转变、由管制向服务转变等。教育行政执法是转变政府教育职能、提高行政效能的重要推动力。教育法律实施是推进依法治教的关键。对于各级政府及其教育行政部门等而言，教育行政执法是由最经常、最普遍、最直接的具体行政行为所构成，是管理国家教育事务的重要手段。要实现依法治教的目标，首先就是要使各级政府及其教育行政部门做到依法行政，严格按照法律的规定来行使权力。如果有关行政机关的教育行政执法活动不能做到依法开展，依法治教的目标是不可能实现的。教育行政执法是各级政府及其教育行政部门推行依法行政，实现依法治教的关键。各级教育行政部门要努力转变领导方式和管理方式，转变已经不能适应依法治国、依法行政要求的观念、工作习惯、工作方法，善于运用法律引导和保障教育的改革和发展，尊重、落实和维护学校的自主权。严格依据法律法规的规定，明确本部门及各职能机构行使行政权力的权限与程序，保证行政决策、行政行为符合法律的规定与原则。逐步实行政务公开，向社会公布涉及群众切身利益事务的办事规则、程序及监督途径。依法理顺政府与学校的关系，明确各教育主体的权利和义务，依法管理学校。促进学校法人制度的建立与完善，并逐步建立健全对学校的监督与评估机制。依据保障教育优先发展战略地位的法定原则，落实教育经费三个增长、提高教师待遇等法律规定。要依据有关的法律法规，明确对社会力量办学的管理职责，健全审批程序，规范管理行为，保障社会力量办学的健康发展。同时，教育法律实施有助于教育守法文化的形成，教育法律实施的目的是让广大教育管理人员成为"法治的忠实崇尚者、自觉遵守者、坚定捍卫者"。教育守法环境的形成需要有一个良好的法治环境，教育守法环境由很多因素构成，如教育领域上的法与权、法与情、法与礼、法与文件、法与政策等，强调教育法律实施的有效性，从而推动教育工作者守法意识的提升。

（三）教育法律实施是建设社会主义法治国家的重要保证

法的生命在于实施，在于运用到社会生活之中规范人们的行为，调整社会关系，解决冲突，缓解矛盾。教育法律实施实现了法律从静态文字转为动态执行的过程，从而进行规范和落实权利义务，对保护公民的各项利益，建设社会主义法治国家起着至关重要的作用。如果制定的法律不能在社会生活中得到遵守和执行，那必将失去立法的意义。法律是一种普遍的抽象的权利义务关系的行为模式，是一种可能性的规定，要使这种可能性转化为现实性，就必须使法律规范真正落实到社会关系和人们的行为中。法律条文对确定人们的权利与义务起到了一定的导向作用，告诉人们在社会生活中应该做什么、怎样去做、禁止做什么，以及如果做了要承担什么样的法律后果等，借以规范人们的行动。教育进入法律调节领域，这是现代社会与现代教育的必然要求。法在维护办学秩序，提高办学质量、维护受教育者权利方面起着至关重要的作用。第一，在我国教育法治建设的40多年中，教育立法从空白到初步成型，教育行政从主要依靠政策向依法治教转变，教育司法从排斥到逐步接纳，取得了巨大成就。教育法律在实施过程中，对维护受教育者权利，推进教育法治发展起着重要作用。第二，广大人民群众密切关注着教育的发展，对接受高质量、多层次的教育，有着越来越强烈的需求。随着我国社会主要矛盾的改变，人民对美好生活的向往使得教育日益成为民生重大关切，对于教育的期望从"有学上"到"上好学"，从"机会公平"到"过程公平"和"结果公平"。教育法律在实践过程中得以不断修改、完善，保障了公民的受教育权，保障公民通过各种途径和形式参与管理教育事业，既是贯彻依法治国方略的必然要求，也是在教育领域发扬社会主义民主、建设社会主义法治国家的具体体现。

三、教育法律实施的现实困惑

法治要求健全的法律体系。经过40多年的教育法治建设，我国的教育法律体系已初步形成了一个以宪法教育条款为核心，教育法为母法，涵括教育法律、教育法规、地方教育法规和教育规章在内的教育法律体系。但相对于教育法治的要求，现有的教育法律体系仍须完善。

（一）教育法律实施体系不完备

长期以来，我国教育领域存在着"政策很丰满，法治很骨感"的突出问题，以高等教育领域为例，2015年修订的《中华人民共和国教育法》与2018年修订的《中华人民共和国高等教育法》在高等教育治理方面也并无太大作为，高等教育治理到目前为止仍多停留在政策推动层面，立法比较欠缺。① 从总体上看，教育法仍然没有受到全社会应有的重视，一提到"法"，人们首先想到的还是刑事法律、民事法律。对于教育法，人们一般没有多少清晰的认识。人们对教育法的作用、目的、性质的认识等存有重大分歧，以致教育立法中关于教育行政处罚的规定缺乏应有的力度，往往对教育违法行为缺乏必要的规范和约束。② 具体而言，主要体现在以下方面。

第一，立法界限不明确。立法的界限是指在什么方面该立法、在什么方面不该立法。在我国教育立法实践中，法律万能主义盛行，倡导一切教育活动都要有法可依。有学者认为，教育法治建设不仅关系到教育管理，也关系到其他所有方面，当前中国教育的方方面面都亟待法治化。然而，教育问题盘根错节、层出不穷，诸多问题是社会整体或系统性的问题在教育领域中的呈现。我国教育立法的界限不明确，严重影响着教育的法治化。

第二，立法节奏较慢。立法的节奏是指立、改、废、释，以及配套立法的步伐和速度，是指在应该立法的那些方面，及时跟进事物的发展，适时制定法律；对于不符合事物发展的规定，及时加以修改；对于严重过时、修改困难的，应当加以废除；对于需要解释的条款，予以解释；对于需要制定配套规定的，及时制定。在我国，部分教育法律缺失，如学校法、教育投入法、终身学习法、学前教育法、高中教育法、特殊教育法、家庭教育法等领域立法空白，不利于我国教育制度建设和

---

① 叶齐炼. 完善我国教育法律体系的思考［J］. 中国高教研究，2019（2）：16-20.
② 汤林春. 教育法治促进教育现代化［N］. 中国教育报，2018-08-23.

厘清教育法律关系。同时,教育法律修订不及时,部分教育法律已经严重落后于经济社会的发展,如《中华人民共和国学位条例》《中华人民共和国教师法》《中华人民共和国职业教育法》等。此外,与上位法配套的下位法滞后,妨碍了上位法的有效实施。例如,《中华人民共和国教师法》明确规定应由下级机关制定的法规或规章至今尚未出台;《高等教育自学考试暂行条例》《普通高等学校设置暂行条例》《中华人民共和国学位条例暂行实施办法》等以"暂行""试行"形式施行的法规及规章未及时进行清理和完善等。

第三,立法条款确定性不高,可操作性较差。一方面,条款内容笼统。政策性语言如"鼓励""积极""支持""扶持"等和不确定概念如"及时""按时""增强""加大""加强"等,较一般立法运用更多。另一方面,规则的逻辑结构不完整。主要表现在两个方面:规定了某种权利,却没有规定保证这一权利有效行使的必要义务;规定了某种行为模式,却没有规定相应的法律后果,特别是没有规定相应的法律责任,如《中华人民共和国职业教育法》和《中华人民共和国高等教育法》。

第四,立法民主存在局限。一方面,行政机关基本上主导了教育法律的法案草案和修正案草案的起草过程,除《中华人民共和国通用语言文字法》《中华人民共和国民办教育促进法》由全国人民代表大会教育科学文化卫生委员会牵头起草以外,其他教育法律的起草机关均是国务院教育行政部门。草案由行政机关起草,有利于吸取行政机关的执法经验,也能够取得行政机关的认同,以便顺利执行,但是也具有过多反映行政意志的弊端。另一方面,教育立法过程虽然注意倾听意见和建议,但实际上主要倾听了学术界、利益相关部门的意见和建议,最广大的利益相关者即千千万万的家庭和学生基本上是沉默的。在为倾听意见和建议而举行的会议上不见他们的身影，在公布征求意见稿而征求来的意见和建议中，也缺少他们的声音。

第五，对立法评估重视不足。改革开放以来制定了大量的教育规范性法律文件，教育部确立的目标是到2020年形成完备的教育法律制度体系。这些规范性法律文件质量如何，实施效果如何，还不够清楚。全国人大及其常委会的执法检查不能代替立法评估，学者的分析批评也不能代替立法评估。尽管目前出现了学校法治工作标准或评估指标，并尝试开展了评估活动，但是这与教育立法评估还是两回事。教育立法评估是针对教育立法的立法前和立法后评估。到目前为止，还没有形成成熟的教育立法评估机制，没有形成科学的教育立法评估指标体系，没有形成有效的教育立法评估方法，甚至很少进行教育立法评估活动。

（二）教育法律有法不依，执法不严

改革开放40多年来，教育规章和规范性文件大量产生，具体教育行政行为的类型化也基本完成，我国教育行政从主要依靠政策向依法治教转变。一方面，中央教育行政规章体系基本形成。我国教育规章涉及职权立法和授权性立法、执行性立法和创制性立法等诸多方面。针对各级各类教育和教育基本制度，均制定了一部或多部专门教育规章，形成了较为完备的中央教育规章体系。这些教育规章，对已有的教育法律和行政法规，起到了较好的执行和补充作用。另一方面，具体教育行政行为的类型化或模式化基本完成，既包括适用于各管理领域的行政许可、行政处罚、行政确认、行政检查、行政奖励、行政给付，也包括教育领域独有的教育督导。十九大报告提出的加快推进法治中国建设的要求，在全面建成小康社会、基本实现社会主义现代化时期，教育法治的目标就是要实现全面依法治教。然而，教育法的实体法和程序法失衡，以及教育法律规范的三个要件时有分离的现象，造成教育执法和守法中的问题，教育行政执法和守法意识薄弱。具体而言，主要体现在以下方面。

第一，教育行政执法人及其相对人的法治观念淡薄。执法者以言代法，把自己的话变成法上之法，严重损害了法律的严肃性和政府的形象；以权代法，超越规定的职权范围，乱下指示，乱批条件；干预教育行政执法，违法干扰执法，给违法者讲情，说好话，开脱责任。

第二，普通群众法律意识不强。有的群众缺乏权利意识，不重视也不关心维护自己的权利；有的群众缺乏义务观念，没有认识到自觉遵纪守法，支持和配合行政机关的执法活动是自己应尽的义务，对行政机关执法活动不配合。

第三，有法不依、执法不严现象大量存在。一方面，由于法律责任规定的缺乏，存在没有明确的罚则而形成有法不依、执法不严的现象；另一方面，有的虽已明确法律责任，但对权力机关的违法行为制约不够，从而产生有法不依、执法不严的现象。例如，《中华人民共和国义务教育法》规定地方政府用于义务教育的财政拨款要做到"三个增长"，但有些地区还存在较严重的"三个增长"未落实的情况，却没有受到任何制裁；又如，《中华人民共和国教师法》规定"教师的工资应不低于或者高于国家公务员的平均工资水平，并逐步提高"，但目前我国教育行业平均工资水平标准偏低，而且长期低于公务员的平均水平；再如，《中华人民共和国义务教育法》明文规定的"学校不得分设重点班和非重点班"，但在义务教育学校分"重点班"和"非重点班"的现象还比比皆是。

（三）教育行政执法能力较弱，机制不畅

党的十八届四中全会特别强调法律实施体系建设。习近平总书记多

次强调加强法律的实施，指出法律的生命力在于实施，法律的权威也在于实施。在现有教育法律法规中，教育行政处罚权力涉及的范围十分狭窄，处罚对象大多局限于教育系统内部，处罚时对实权部门的依赖性太大，自身缺乏处罚的强制力量，以致教育法强制执行的可行性大为降低。如此一来，虽然教育法也明确对教育违法行为给予行政处分、处罚，甚至追究刑事责任，但在事实上，很难保证这些规定发挥应有的作用。当前，我国教育领域存在着教育行政执法薄弱的突出问题，与维护教育秩序和师生权益的需求不相适应。目前，教育法律在实施过程中存在很多问题，主要体现为教育执法体制机制不健全。

第一，教育执法强制性不足。近年来，民办高校、教育机构"集资诈骗"频发，与教育部门缺乏强制手段不无关系。在已类型化的具体教育行政行为中，缺乏重要的一类，即教育行政强制，包括教育行政强制执行和教育行政强制措施。目前，并无法律、行政法规赋予教育行政机关以强制权的规定，在教育行政部门可做出的具体行政行为中，教育行政强制尚未成型。一方面，我国教育行政处罚种类较少，且执行困难。教育法规定的较为严厉的行政处罚是罚款、责令停止招生，但罚款需要申请法院强制执行，责令停止招生需要公安机关配合，这就造成了教育行政执法偏"软"的现象。另一方面，教育执法机构普遍缺位。由于长期以来国家办学模式的惯性，教育行政机关主动执法意识不强，既缺乏专门的执法与监督队伍，执法实践也不多，执法职能往往由内部各业务部门分别行使，力量分散，法律素质、执法能力与专业执法人员有很大差距。同时，发生在教育领域的执法，最关键的执法机关往往不是教育行政部门，而是同级政府和规划、国土、财政、人社等职能部门，需要政府及其各职能部门主动履职、联合执法。联席会议、联合执法的方式不但成本巨大，也使得不依靠其他部门的强制执行权，教育行政部门就很难执法。

第二，教育执法不及时，权益保障不到位。一方面，教育领域的违法行为不能及时有效地查处。有的学校办学行为不规范，有的学校侵犯教师、学生合法权益，有的地方教育市场混乱，长期得不到有效的治理，执法具有滞后性，往往导致严重后果才能引起重视。另一方面，学校和师生权益的法律保障不够有力。政府对学校和教师的要求多、管制多、监督多、考核多、检查多、处罚多，在对学校、校长、教师的评价中设置了许多一票否决的指标，但同时，政府对学校和教师的服务、支持、保障还不够，教育执法的意识和现状难以跟上依法治教的发展步伐。众所周知，徒法不足以自行。教育执法是"依法治教"的重要实施环节，是推进教育治理体系和治理能力现代化的重要环节。因为教育执法可以使教育法从文本规定内化为实际行动，从"法定权利"变为"实有权利"，使教育秩序从静态设计转化为动态建构。但在传统教育管理体制中，政府主要依靠行政命令和检查手段管理学校，教育类型有限，执法意义也不突出。然而，新时代的教育体系类型多样、形态复杂，营利性教育、跨境教育、线上教育等教育新业态大量出现，它们满足了公民多元化的教育需求，但同时因质量良莠不齐，在校舍、卫生、消防、食品安全等方面存在诸多隐患，且在师资、收费、管理等方面也存在违规问题。这些问题不仅侵害了受教育者的合法权益，也给行政管理造成了严峻压力，须通过教育行政执法来解决。而我国多数地区并没有实质性的教育执法，教育法的实施流于形式，教育治理乏力。

四、推进教育法律实施，促进教育法治现代化

教育法治的关键在于坚决维护宪法法律权威，落实党和国家的教育方针，依法维护人民权益、维护教育公平正义、保障教育秩序安全稳定，为实现教育现代化提供有力法治保障。

（一）加强重点领域立法，完善教育法律体系

依法治教的总体目标是形成系统完备、层次合理、科学规范、运行有效的教育法律制度规范体系；形成政府依法行政、学校依法治校、教师依法执教、社会依法支持教育发展的教育法治实施机制；形成政府依法监管、学校自我监督、第三方评估与社会监督等相结合的严密、有效的教育法治监督机制；形成健全的教育法治工作机构、队伍，完善的纠纷调处和权利救济机制，能够为教育改革发展提供有力支持的教育法治保障机制；教育行政部门领导干部、校长、教师依法治教的理念、意识与能力显著提升，青少年学生法治教育体系健全完备。[1]

在现实层面上，要把握完善教育法律体系的有利契机，提升教育法律在我国法律体系中的地位，将填补立法空白作为重点，不断优化教育法治实践，积极回应教育法律体系建设的现实需求。健全教育法律制度规范体系是实现依法治教的基础和根本：要坚持立法先行，坚持教育立法和改革决策相衔接，做到重大改革于法有据，以法律规范引领和推动教育改革、保障和促进教育发展；要重视立、改、废、释并举，结合依法治国的总体要求和教育改革发展的新形势、新要求，突出针对性、实效性、计划性，及时修订、完善教育法律和制度规范；要健全立法和规范性文件制定程序，务必坚守以民为本、立法为民理念，建立公正、公

---

[1] 孙霄兵, 翟刚学. 中国教育法治的历史回顾与未来展望[J]. 课程·教材·教法, 2017, 37 (5): 4-14.

平、公开的程序和机制，着力提高法律和规范性文件制定质量。按照《中国教育现代化2035》的要求，根据经济社会发展和教育改革的需要，修订《中华人民共和国教育法》《中华人民共和国职业教育法》《中华人民共和国高等教育法》《中华人民共和国学位条例》《中华人民共和国教师法》《中华人民共和国民办教育促进法》，制定有关学校、终身学习、学前教育、家庭教育的法律。目前，《中华人民共和国教育法》《中华人民共和国高等教育法》《中华人民共和国民办教育促进法》已经完成修订工作，其他立法项目也在积极推进。同时，还要积极推动制定教育行政法规，目前不能制定法律的，可以先起草行政法规。要加快教育部门规章及相关配套文件建设，根据实践需要，按照及时、系统、有效、针对性强的要求，在招生考试、师生权益维护、学校管理、教材选用、教学行为规范等涉及群众和公共利益的重要领域，整合管理措施，统筹考虑制度安排，制定、修订相应的综合性部门规章、地方政府规章，推动管理措施、改革举措的稳定化、规范化。

（二）提高教育法律意识，明确治理主体地位

在具体的教育法律实施过程中，要增强法律意识、遵纪守法，严格依法办学、依法行政、依法执教、依法受教育、依法参与学校管理，否则要追究法律责任。要加强教育工作人员的学法懂法，认真理解实体法的内容，特别是实体法中所规范的法定条件、行为准则和法律后果，准确把握与实体法相配套的操作程序。不懂得教育实体法的规范内容和程序法所规范的程序，执法和守法只是空谈。以往出现的执法不严、违法难究的现象，与不清楚教育法实体法律规范的内容和教育程序法的操作程序规范有关。要增强法律意识，执法必严，违法必究，这不是一般意义上所讲的执法和守法的重要性，而是要深刻认识法律本身的重要性。

对于一定社会和生活在社会中的人,要制定法律规范和道德规范两个规范。只有遵循这两个规范,人和社会才能正常有序地发展。法律规范是维护人的发展和社会发展的最重要的规范之一。因为作为社会的人,每个人都有自己的权利和义务,所以需要法律来保护。人的自由发展,也需要法律来保护,以限制人的无节制的发展,否则人的自由发展也是不可能的。因此,我们每个人自觉地执法和守法既是人自身发展的题中应有之义,也是法律本身的题中应有之义。对行政执法也要自觉维护,因为这种执法,也是在保护执法相对人的权利和义务及其自由的发展。而不执法及破坏执法的行为,就必然受到法律的惩罚。

首先,确立教育治理主体法律资格。目前存在的问题主要是我国公立学校事业单位法人资格不利于其独立性的发挥,同时,社会主体的法律资格大多未获得法律的确认,其确认与取得存在困难。因此,应当通过法律对学校与社会参加治理的法律资格进行确认,并确保符合条件的主体能够顺利取得法律资格。其次,确定各个教育治理主体间的法律关系。不是所有的教育治理关系均需要法治化。只有那些重要的、稳定的教育治理关系才需要法治化。这就需要对教育治理中的关系进行衡量与筛选,对需要法治化的教育治理关系进行法治化,并上升为教育治理法律关系。再次,教育治理权责法治化。在确定教育治理法律关系的基础上,要对教育治理法律关系的内容,即教育治理权责进行法治化。而在分配教育治理权责时应遵循均衡分配原则、分权治理原则、清单管理原则。最后,实施教育治理过程与结果的法律规制。教育治理存在失序可能,这就需要通过治理法律程序的过程控制与法律责任追究的结果控制对教育治理进行法律规制。因此,应当重点对教育治理程序中行政管理方面的程序、重大行政决策参与程序、招投标程序、纠纷解决程序等进行法治化,并建立教育治理法律责任制度。①

(三) 推进教育行政执法,全面落实依法治校

依法行政是依法治国的基本要求。行政机关是国家机关中对经济和社会发展影响最大的、与公民关系最密切的部门。行政机关能否依法办事,能够直接为广大人民群众所感受到,直接关系着依法治国的成败。1993年国务院明确指出,各级政府都要依法行政,严格依法办事,确立了依法行政原则。1999年11月《国务院关于全面推进依法行政的决定》印发,2004年《全面推进依法行政实施纲要》印发。《全面推进依法行政实施纲要》提出,要经过十年左右坚持不懈的努力,基本实现建设法治政府的目标,并提出了依法行政的6个基本要求,即合法行政、合理行政、程序正当、高效便民、诚实守信、权责统一。教育系统依法行政是国家推进依法行政、建设法治政府的重要组成部分,也是教育系统改革发展的内在需求。教育执法制度体制构建要体现"以人为本"。规章制度是理念向实践转化的载体,新的理念和新的执法手段要得到落实,有赖于系统化的行政执法制度的支撑和保障,需要制度化而使之定型。首先要"制度先行",不断加强制度建设,创新工作机制,要以保障人的发展、人的受教育权为目的设计好教育执法体制机制,这是切实维护教师、学生的合法权益的前提。各级教育行政部门按照法治政府的要求,探索教育行政执法体制机制改革,落实教育行政执法责任制,通过教育执法,依法维护学校、学生、教师、校长和举办者的合法权益。通过完善学生和教师申诉制度,健全行政复议的受理与处理机制、行政调解制度。公民、法人、社会组织在受到处理的时候,行政机关要告知

---

① 周娟. 我国高等教育治理法治化研究[D]. 南昌:南昌大学,2017.

对方其有相应的救济权利和渠道。

依法治校，是指依据法律规定，通过法治思维和法治方式，实现学校治理的法治化。需要强调的是，依法治校不是"以法治校"，更不是"以罚治校"，可以理解为不能仅仅把法律作为工具和手段来治理学校，而是把法律作为管理学校的依据和最高权威，把法治的精神贯彻在学校管理运行的全过程。依法治校所依之法：内涵上不仅是法律的具体规定，而且是法治的精神和理念；范围上不仅包括教育法律法规，而且包括其他相关法律法规。依法治校之"治"不是强制、管制、统治之意，而是治理之意，范围上包括外部治理和内部治理。因此，依法治校的提出，意味着教育改革更加注重学校自身的制度建设。依法治校是：在学校落实依法治国基本方略的客观需要；教育法治的重要组成部分；推进政校分开、管办分离，构建政府、学校、社会之间新型关系，使学校真正成为独立办学主体，实现依法自主发展和自我约束的必然要求；完善学校内部治理结构、提高管理水平与效益，处理好学校内部权利义务关系，实现管理的制度化、规范化和法治化，提高管理水平与效益，办人民满意教育的迫切需要；适应教育发展新形势、人才培养新要求，转变管理理念方式、创新管理体制机制、建设现代学校制度的根本途径。在依法治国的大背景下，依法治校的实现路径也是依法治校精神的题中之意，应当通过依法定位学校、依法治理学校、依法评估学校、依法助益学校等路径予以实现。其实现依赖于下列方面：一是对依法治校有所认知，即有依法治校的观念和理念，这是依法治校实施的前提条件；二是有依法治校的相关制度，这些制度是法律权利和义务存在的基础，也为法律的权利和义务的运作提供了框架，因此依法治校必须有相应的制度支撑，如信息公开制度、重大决策的合法性审查制度、行政问责制度、权力清单制度等;三是有组织地实施依法治校,所有参与到学校治理中的主体,都有进行组织的义务,如教育行政主管部门、学校的相关管理主体等。①

---

① 关保英. 依法治校:价值、内容与实现路径[J]. 华东师范大学学报(教育科学版),2018,36(2):38-45,154.

第二节　教育法律监督：保障教育治理的主要依托

　　法律监督也称为法的监督、法律监管。教育法律监督是教育类法律在教育这一特殊社会关系类型中的具体化表述。关于"法律监督"的内涵，目前在我国法学界存在广义和狭义之说。广义的法律监督，是指由所有国家机关、社会组织和公民对各种法律活动的合法性所进行的监督。狭义上的法律监督，是指由特定国家机关依照法定权限和法定程序，对立法、司法和执法活动的合法性所进行的监督。①

一、教育法律监督的内涵

　　教育法律监督，也有广狭两义。广义泛指各类国家机关及各政党、社会团体、组织和人民群众对教育法的实施情况进行的监督活动。以监督的主体为标准，可划分为国家权力机关的监督、司法监督、行政监督和社会监督等。狭义专指国家专门法制监督机关即人民检察院对教育法的适用和遵守情况进行的监督活动。教育法律监督是维护教育法的统一和尊严的重要措施，保证教育法得到普遍、正确和切实实施的重要环节，防范教育行政权异变的必要手段。②

　　无论是广义的法律监督，还是狭义的法律监督，二者都是以法律实施和人们行为合法性作为法律监督的基本内容。法律监督是法律发挥其应有功能的重要保障，建设中国特色社会主义法治国家，除了要完善以宪法为核心的法律体系，同时也要建立完善的法律监督制度，

---

① 沈宗灵. 法理学［M］. 4版. 北京：北京大学出版社，2014：381.
② 顾明远. 教育大辞典［M］. 上海：上海教育出版社，1998.

保障法律实施。特别是对于教育法律而言尤为重要，缺乏有效的法律监督，一直是教育法律效力被边缘化的重要问题所在。教育法律监督的种类，也和法律监督一样，可以根据不同的标准进行分类，包括纵向监督、横向监督、内部监督、外部监督、事前监督、事后监督、层级监督等。法律监督的形式主要根据监督主体的差异，分为国家监督（国家性监督、权力机关监督、行政机关监督、司法机关监督）、社会监督（非国家性监督、党政监督、社会组织监督、群众监督、舆论监督）等方面。

二、教育法律监督的意义

法律监督体系对于法律的运行至关重要，主要包括六大环节。首先是人大监督，这是最重要的监督。法律监督体系的其他各个环节分别是纪委监察监督、审计监督、行政机关内部的督察监督、舆论监督和司法监督。教育治理要实现法治化运行，就必须完善教育治理法律规范体系，并将教育治理法治实施体系与法律监督体系、法治保障体系的内容纳入教育治理法律规范体系，通过依法治教，来构建于法有据、科学合理的各级教育治理体系，全面提升教育质量。

（一）教育法律监督是教育法律实施的基本保障

在全面推进依法治国的进程中，法律监督在保证权力规范运行、维护法律统一方面的地位和作用更加凸显。十八大以来，党中央的重要文献和习近平总书记对法律监督、法律实施提出的一系列新观点、新论断、新要求，形成系统而全面的关于法律监督的重大法治思想，归纳为检察机关要加强法律监督，要健全完善检察机关行使法律监督权的法律制度，要着力提升法律监督能力。教育法律监督是保证教育法律真正实施的重要条件，教育法律监督是对教育法律实施中严重违反国家法律的情况所进行的监督。教育法律监督不包括对立法活动的监督，而只是对法律实施情况的监督。教育法治要求建设科学的民主决策、执行、管理与监督体系，做到既相互制约又相互协调。教育法律监督跨领域内各类监督机制，例如审计监督、群众监督和社会监督，都能够对教育法律实施形成强大的权力制约。教育法律监督可以使教育法律法规制定程序更加规范透明。我国教育法律监督体系的构成主要包括国家机关（国家权力机关、行政机关和司法机关）实施的教育法律监督，同时也包括各级党组织、民主党派、人民政协和社会组织、舆论组织及广大人民群众实施的教育法律监督。这些机关和组织的参与能够进一步完善教育法律制度，推进教育法律的具体实施。教育法律监督保护了教育者和受教育者的基本权利。国家机关、社会组织和公民是教育法律监督的主要客体。一方面，他们参与教育活动的合法性受到教育法律监督。另一方面，他们同时承担着对宪法中的教育条款、教育法律和教育法规的合法性监督，从而保障自身的基本权利，巩固教育法律的具体实施。

（二）教育法律监督是全面推进依法治校的必然要求

教育法律监督是推进依法治校进程的重要保障机制，尤其是各级人大依法对教育法律实施情况进行的监督、行政部门的层级监督、监察和审计机关等进行的专项监督及司法监督等，对推动教育法治的实施起到了积极的作用。依法治校的顺利推进离不开教育法律监督，通过制定一整套完备的规章制度体系，监督管理者的管理方式，保障教育管理者具有内在自觉制约。依法治校不仅取决于相关法律法规的保障，而且还要根据法治要求建设科学的决策、执行、管理与监督体系，做到既相互制约又相互协调。实施法律保障，意味着法的典则、法的实施及法的监督要建立在一定的物质或者精神基础之上。这些物质或者精神的因素是法的实施的内外在条件。人们将它们归到保障体系的范畴。依法治校与法治国家的上述内涵是相辅相成的。在新时代,各级各类学校要求提高依法管理学校的意识,依据法律、法规的规定,尽快制定、完善学校章程,经主管教育行政部门审核后,按章程依法自主办学。同时,强化教育法律监督能保证各级学校建立校务公开制度,明确学校重大事务和涉及教职工切身利益事项的议事、决策与监督程序,发挥教职工代表大会在学校民主管理和监督中的重要作用。依法规范校内各种管理制度,切实保护学校、教职工和学生的合法权益,积极协助有关部门对侵权行为进行查处。在没有法律监督的行为中,行为人实施的行为既具有随意性,也不会带来后续的麻烦或者其他后续的结果,而法律监督则改变了这种随意性的格局。就依法治校而论,学校实施的行为在没有进入依法治校的状态下,往往是随意的。例如,某些"拍脑袋"做出的学校决策不需要通过论证,不需要通过合法性审查。对于带来的结果,决策主体也不承担相应的责任。与之相适应,学校的管理主体如教育行政管理部门也不会因此受到约束。一些政府行为纯粹是行政行为,并且是不受法律监督的行政行为。依法治校的法律后果构成使得相关主体的行为一旦实施,就一定要承担法律的后果,接受教育法律监督。

(三)教育法律监督是社会主义民主政治的重要组成部分

当前,我国已经建立起一套包括国家权力监督、行政机关监督、司法监督、执政党监督和社会监督在内的教育法律监督体系。监督的主体具有广泛性和多元性,广大社会成员被纳入监督体系之中,不仅调动了公民的参与性,也体现了我国教育法律监督体系的民主性。建立监督体系,不仅能够有效发挥监督机制的作用,纠正教育法律实施中的违法工作，保障教育法的实施，更有助于保障教育事业合理有序发展，促进社会主义民主政治。一方面，在我国，国家的一切权力属于人民。人民行使国家权力的机关是全国人民代表大会和地方各级人民代表大会。国家行政机关、监察机关、审判机关、检察机关都由人民代表大会产生，对它负责，受它监督。国家权力机关的监督，是各级人民代表大会及其常务委员会为全面保证国家法律的有效实施，通过法定程序，对由它产生的国家机关实施的法律监督。在现代社会，人们越来越重视教育，在教育监督上强化了法治，逐步建立和完善了法律法规、规章制度，并建立了比较严密的教育督导体系。教育督导机关组成人员依据国家的教育方针政策、法律法规对下级教育工作进行监督、检查、评估、指导。丰富的教育督导政策和制度结构，为加快教育法治进程提供了必要保障。同时，随着社会发展，新的行政问题不断涌现出来，这些问题需要及时纳入法律治理的框架中。行政诉讼案件受理范围的不断扩大，及时保护了公民的合法权益。总体来看，教育法律监督从制度上、程序上根本保障受教育者和教育工作者的合法权益。另一方面，我国宪法规定，中华人民共和国的一切权力属于人民。人民依照法律规定，通过各种途径和形式，管理国家事务，管理经济和文化事业，管理社会事务。教育是一项关于人发展的事业，其发展不能脱离社会和人，所以每个人都有责任和权利关心教育事业的发展。同时，人才的培养是国家发展的动力，而人才的培养在于教育。通过教育获得发展是每个公民的权利，每个人应该通过学习增加知识技能，为国家的发展添砖加瓦。教育法律监督是普通公民参与民主政治的重要方式，普通公民可以通过行使自己的监督权利及其他监督方法参与国家的政治生活，实现自己的政治权利。

三、教育法律监督的关键问题

由于我国整个法律监督体系还不完善，教育法律监督中存在监督机构多、功能重叠、监督法规不完备、缺乏明确的监督标准、监督不力等问题。特别是教育行政执法制度还不完善对教育执法造成了很大影响。教育行政执法主要是依靠行政监督、舆论监督，而我国教育法律监督制度中缺乏国家权力机关的监督与检查的规定，致使人们对教育行政执法中教育法的执行不够重视。[①]

（一）行政指导过分，监督机制不健全

目前，《中华人民共和国教育法》《中华人民共和国义务教育法》《中华人民共和国高等教育法》《中华人民共和国民办教育促进法》等教育法律对政府内部不同主体规定较为详细，并对其管理职权进行了规定。但其对政府进行的是概括性授权，难免会造成政府拥有广泛的、无边界的行政管理权，从而为政府干预高校办学自主权提供了法律上的理由。此外，当前教育法中政府的权力与责任规定也比较欠缺，而缺少权利的规定会导致政府难以参与平权治理，缺少责任的规定，则难以据此第一性责任界定政府的第二性责任。在现代社会，任何法律的规定都需要兼顾利益相关者的责权利，而不能只偏向社会中的强势方，忽略弱势方。在教育的相关利益群体中，所谓"强势方"主要是指政府及各相关管理部门；而学校、教师、学生、家长等都不同程度地成为"弱势方"。二者基本权利的保障与其必须担负的责任常常不相匹配，且在立法、执法、监督、听证、评判等各个环节，弱势方都缺少基本的参与和称职的代言。具体而言，其主要体现在以下方面。

---

① 孙绵涛，郭玲. 新时代教育法治建设的新探索[J]. 复旦教育论坛，2018，16（1）：28-34.

第一，监督方式单一，缺乏科学性。从目前教育法律监督的实践来看，监督方式过于单一，未能发挥其应有的整体作用。例如，在一般监督、专门监督和职能监督中，人们往往只重视专门监督的作用；在对行政机关的监督和对行政机关工作人员的监督中，更为注意后者的作用而忽视前者的作用；在对抽象行政行为的监督和对具体行政行为的监督中，也是偏重后者的作用忽视前者的作用；在事前、事中和事后监督中，主要采用的是事后监督，表现为揭弊纠错，查处违法案件；在经常性、定期和不定期监督中，经常性监督往往不被重视；在单向监督和双向监督中，往往重视自上而下的监督，而忽视自下而上的监督；在合法性监督和合理性监督中，更多地注重合法性监督。上述种种情况表明，我国教育法律监督的方式，在运作过程中还是不够科学的。

第二，监督结果处理不到位。主要表现为当监督部门对监督对象提出处理意见时，往往因各种各样的原因，或大事化小，或小事化了，或不了了之，尤其是当监督处理意见对国家行政机关首长或行政机关本身不利时更是如此。这一方面是由于监督主体面对手中握有强大的国家行政权（特别是能够直接或间接影响人、财、物的得失与调度）的被监督对象，往往会产生明哲保身、知难而退、多一事不如少一事的畏难情绪，致使监督结果处理不到位；另一方面是国家教育行政机关的权力意识和等级观念严重，错误地认为来自同级机关、下级机关和人民群众的批评监督有损自己的权威和脸面，因而对监督部门的处理意见，或采取不配合态度，或拖而不办，或避重趋轻。产生这一现象的根本原因是监督主体缺乏必要的处理权，使许多已查清的案件处理不下去。

（二）权责归属不清，监督对象失衡

一般而言，实现法律监督必须具备五个要素，即法律监督的主体、法律监督的客体、法律监督的内容、法律监督的权力与权利、法律监督的规则，换言之就是由谁来监督、监督谁、监督什么、用什么监督和怎样监督。这五个要素缺一不可，共同构成一个完整的法律监督机制。①在教育法律监督过程中出现的权责归属不清问题，主要是指由于约束法律监督的法律规制不健全，法律本身关于监督主体的权力和权利不明确，导致教育法律在实施的过程中出现了监督内容、监督主体的错位和缺位，表现在该管的不管，不该管的乱管。经过近40年的法治建设，我国目前已经形成了以8部教育法律为统领、包括16部教育法规和一批部门规章、地方性教育法规规章在内的比较完备的教育法律体系，基本实现教育事业各个领域有法可依。②教育事业发展进入了法治化轨道，但是在法律监督方面有待进一步健全和体系化。我国每年发布的关于教育的法律、行政法规、地方性法规很多，但对于这些法律法规的合法性及实施过程却没有必要的规定和具体的制度进行审查和监督。因此，在法律监督的规制上，应该明确规定国家机关、社会团体、学生、家长等监督主体的监督权力和权利，以及相应的责任和义务。

同时，教育法律监督应当是普遍的，这种普遍性在监督对象上的反映，就是要求监督不应当仅仅针对教育行政相对人，针对教师、学生、教育组织、社会团体、教育行政机关工作人员，还要针对国家机关，针对国家教育行政权力的整个运作过程。具体来说，就是既要监督教育行政相对人遵守教育法律的情况，又要监督各级政府和政府的各个部门执行和遵守教育法律的情况；既要监督重大教育决策的制订，又要监督决

---

① 沈宗灵. 法理学 [M]. 4版. 北京：北京大学出版社，2014：383.
② 陈宝生. 全面推进依法治教 为加快教育现代化、建设教育强国提供坚实保障：在全国教育法治工作会议上的讲话 [J]. 国家教育行政学院学报，2019（1）：3-9.

策的执行；既要监督外部行政，又要监督内部行政等。现代监督学的一个重要原理就是，监督的有效性必须建立在监督对象的均衡性基础之上。如果在监督活动中，有的成为监督对象，有的不被作为监督对象或很难真正成为监督对象，那么就无法保证有一个良好的监督效果。我国教育法律监督的实践中，存在严重的失衡现象，往往是监督学校、教师、学生、各级各类教育组织、社会团体、企事业单位、公民较多，监督政府及其各部门较少；监督下级较多，监督上级较少；监督一般工作人员较多，监督领导干部较少；监督具体行政行为较多，监督抽象行政行为较少；监督滥用权力较多，监督失职不作为较少等。所有这些，极大地削弱了教育法律监督的效果和权威。

（三）主体地位不平等，监督力度不足

当前，我国教育法律监督主要有行政机关监督、司法机关监督、执政党监督、社会组织监督、社会舆论监督、人民群众监督等。然而，由于法律对某些监督内容的规定过于抽象，对于监督的法律规定，原则性较多，监督的依据和实施标准均不够明确，缺乏详细的实施细则，难以进行实际的操作等，教育法律监督主体存在强势与弱势之分，监督流于形式，难以有实质性的落实。同时，教育法律监督力度还不够，部分关系尚未理顺，标准不明确，且权威性较差。其具体体现为以下几方面。

第一，教育法律监督主体法律地位的不平等。该方面在社会组织监督、社会舆论监督、人民群众监督表现尤为突出。个人因其地位最弱，人微言轻，其监督力度之弱自不待言。工会、共青团、妇联组织等社会团体也因其地位弱等原因，其监督力度也大为削弱。以新闻舆论监督为主的舆论监督，目前因新闻媒体尚未完全非民间化，新闻审查、传统的报喜不报忧等观念，也削弱了新闻舆论监督的力度。同时，教育审计和

教育行政监察很难发挥应有的监督作用，究其原因，主要是这两大专门监督机构实行的是双重领导体制，致使行使监督权的主体受制于监督客体，难以依法独立地行使职权，权威性大打折扣。

第二，教育法律监督合力不足。我国教育法律监督机制经过近十余年的发展，已经形成了由上述六种形式组成并呈辐射状的监督网络，犹如一个庞大的监督系统。根据现代系统论结构性原理和功能性原理的要求，该系统内的各组成要素之间只有保持协调和统一，并相互配合，才能促进监督系统发挥其应有的整体功能。但在实践中，不仅各种监督形式自身存在不少问题，就是在各监督形式之间，也经常发生不协调甚至相互掣肘的现象。这不仅降低了监督的效能和权威，而且使监督对象疲于应付，无所适从甚至有隙可乘。

第三，部分教育法律监督的方式存在弊端，影响了监督的实际效果。例如群众写举报信，经层层转办，最终仍可能转回被举报单位，使监督最终失去意义。又如，有些视察、访问和调查研究等缺乏深入细致的调查，难以掌握第一手资料，从而更难以实现监督到位。上述所例当前教育实践中存在的各种问题，是我们教育的举办者、承办者和实施者所面临的共同挑战，这些问题的存在，将难以真正推行依法治校，也难以达到提高治理水平的目的。

四、健全教育法律监管，明晰治理主体权责

教育法律监督就是对宪法中规定的有关教育的条款、教育法律、教育行政法规、教育规章在全国范围内的统一监督，以及对地方性教育法规、规章在本地域范围内的正确使用、遵守、执行进行的监督。教育法律监督是推进依法治教进程的重要保障机制，尤其是各级人大依法对教

育法律实施情况进行的监督、行政部门的层级监督、监察和审计等机关进行的专项监督及司法监督等，对推动教育法治起到了积极的作用。

（一）健全教育法律监督体系，加强教育行政权力监督

第一，健全教育法实施监督体系，强化对政府落实教育法律法规和政策情况的督导检查，强化各级人大及其常委会对教育法律法规执行情况的监督检查及司法机关的司法监督，健全社会监督，整合各方监督力量，建立健全层级监督机制。在教育治理中，政府掌握着较为完整全面的信息，应当能够从宏观和微观上为高校和社会提供更为理性的行政指导。政府对学校的监督关系，具体指的是政府在法律规定范围内的监督关系。《中华人民共和国教育法》第三十条规定，学校"依法接受监督"。我国相关部门对高等学校的法律监督内容主要体现在《中华人民共和国高等教育法》第四十四条"教育行政部门负责组织专家或者委托第三方专业机构对高等学校的办学水平、效益和教育质量进行评估。评估结果应当向社会公开"和六十五条"高等学校应当依法建立、健全财务管理制度，合理使用、严格管理教育经费，提高教育投资效益。高等学校的财务活动应当依法接受监督"。然而，《中华人民共和国教育法》和《中华人民共和国高等教育法》中所提及的政府对公立学校的法律监督，缺少对政府监督权行使方式的有效规定，会造成监督权的滥用。截至目前，依然经常出现政府制定指导性政策，但在具体执行过程中演化为"运动式改革"的情况。此时，行政指导已失去其本意，变成具有强制色彩的行政命令或行政决定。这与我国教育体系外部行政化与内部行政化密切相关。因此，要完善教育法律监督体系。在监督主体上，要完善国家权力机关（人民代表大会）监督、国家司法机关监督、行政监督、政党监督、社会监督、行业专门监督，并制定相应监督主体的监督

标准，明确不同监督主体监督的共性和监督的差异性，避免各监督主体间监督职能的重复、交叉。在监督方式上，要注意直接监督和间接监督相结合，自上而下、自下而上的纵向监督和同一层面、同一级别的横向监督相结合，内部监督和外部监督相结合。在监督的时间上，应做好事前监督、事中监督和事后监督相结合，经常性监督、定期性监督和不定期性监督相结合。当前，要加快国家监察法的立法建设，根据监察法的精神，制定有关教育行政监督条例。

第二，全面建设法治政府。依法明确政府权责边界和行为规范，制定各级政府教育权力清单，完善政府规范性文件合法性审查机制。对政府越位、缺位行为，建立责任追究制度。政府必须坚持在党的领导下、在法治轨道上开展工作，创新执法体制，完善执法程序，推进综合执法，严格执法责任，建立权责统一、权威高效的依法行政体制，加快建设职能科学、权责法定、执法严明、公开公正、廉洁高效、守法诚信的法治政府。① 政府在教育治理权力或权利的行使与责任的履行过程中，还应当尽到接受监督的责任。就行政权的监督而言，我国目前有人大监督、政府内部监督（上级监督、监察监督、审计监督）、检察监督、司法监督、纪检监督、社会监督（行政相对人的监督、社会中介组织监督、利益相关者的监督、媒体舆论监督等）。"权力导致腐败，绝对的权力导致绝对的腐败"，不受监督的政府权力可能会导致政府异化为非理性行政人。因此，应当将"权力关进牢笼"，用制度制约权力，用权力制约权力，用权利制约权力。从宏观的中国特色社会主义法治体系来讲，政府应当依照法治监督体系接受监督，这一点高等教育与其他方面

---

① 王丹中，孙淑萍. 以人为本：教育法制建设的价值理念［J］. 学校党建与思想教育，2015（9）：88-90.

的法治监督并无不同,在此不作讨论。就高等教育治理而言,只要将高等教育治理模式进行法治化,就会形成其自身独特的高等教育治理法治监督体系。也就是说高等教育治理中的政府、高校、社会之间也会形成相互之间的法治监督,包括政府对高校和社会的法治监督、高校对政府和社会的法治监督、社会对政府和高校的法治监督。就对政府的监督而言,学校、社会(包括企事业单位、教育中介组织、高等教育利益集团组织、新闻媒体、其他利益相关者)均有权监督政府,政府也负有接受监督的责任。

(二)明晰政府与学校权责,促进教育信息公开

政府的权力应当进行正面清单管理,相关法律应当对政府的宏观管理权进行详细的列举,并删除概括性授权规定。政府权力主要包括立法权、规划权、拨款权、行政管理权(必须明确具体内容)、纠纷解决权、临时接管权、决策权,其权利包括理事权利、监事权利、契约权利;政府的责任应当包括与其权力相对应的责任,以及提供信息服务、行政指导、行政奖励、吸收利益相关者参与、确保高等教育公平等责任。应当优化政府服务职能,充分发挥地方人大和政府的作用,将一部分职权和职责下放到地方,赋予地方人大和政府在教育领域的立法、司法、执法和监督权,以使教育法的运行更符合地方实际情况。① 在把该放的权放掉、该管的事管好的同时,要把该服务的服务到位。各级教育行政部门不断增强服务意识和能力,把增加教育公共产品和公共服务供给、增强教育公共服务的公平性和可及性作为政府基本职责。教育部及很多地方政府都实现了教育行政审批一个窗口受理和网上受理,提供高效便民服

---

① 王宏. 促进高等教育公平的法制建设研究[J]. 教育发展研究,2014,34(5):55-59.

务。学校的权利清单必须以法律、法规、规章进行明确列举式规定。各级教育部门要依法进一步明确自身的机构、职能、权限、程序、责任，制定并公布权力清单、责任清单、有效性规范性文件清单。依法清理、精简行政权力，重点梳理在行政许可、行政处罚、学校管理等方面的职责，纠正不作为、乱作为的问题；要根据依法行政的需要，推进内部机构的整合、调整，优化权力运行流程，提高权力运行效率，加强权力运行风险防控，切实提高监管能力和服务水平。建立部门内部权力集中岗位清单，实行分事行权、分岗设权、分级授权、定期轮岗，强化内部流程控制，防止权力滥用。

大力推动教育行政信息的公开，健全信息公开渠道，加强政府信息公开，保障社会和公众对教育行政部门工作的知情权、参与权、监督权，这样既能维护学校、教师、学生等的合法权益，又能促进教育行政部门依法行政。各级教育行政部门按照《中华人民共和国政府信息公开条例》的要求，健全了信息公开的渠道，设立新闻发言人制度，利用部门网站、新闻媒体等，形成了完善的政府信息发布网络，有效保障了公民和社会组织有效行使教育管理的知情权、参与权、监督权。在基础教育领域、高等教育领域，教育法律应当确立政府出资为主的高等教育中介组织的独立行政法人资格，还应继续加强教育法治宣传力度。当前各教育法律在实践中贯彻落实不理想的一个重要原因，就是教育行政管理部门、学校管理人员的法律意识不强，依法治教、依法治校的观念还没有广泛地建立起来。① 在社会组织权利方面，教育评估中介组织拥有对基础教育、高等教育部分权力的监管权，另外，同样应对其拨款权与部

---

① 王丹中，孙淑萍. 以人为本：教育法制建设的价值理念［J］. 学校党建与思想教育，2015（9）：88-90.

分监管权进行正面清单管理。社会组织的权利主要包括教育中介组织与教育利益集团组织自主管理权利、社会参与政府教育重大决策的权利、高等教育评估中介组织提供评估服务的权利、社会参与基础教育、高等教育中介组织理事会决策权利、教育中介组织提供咨询服务的权利等。社会组织在行使权利时，非经相对方同意，不得参与政府、学校中介组织、教育利益集团组织具体的自主管理事项。社会组织承担通过合法途径与形式参与的责任以及完善教育治理结构的责任，教育中介组织要对其专业性负责，并应对其所产生的过错承担责任。

（三）强化教育法律监督力度，树立教育法律权威性

要保证教育法的顺利贯彻实施，实现依法治教，就必须建立健全法律监督机制，加大监督力度，对教育法的执行进行有效的监督，这是实现依法治教的重要保证。当前，我国教育法律监督力度不足，严重影响着我国依法治教的进程。强化教育法律监督力度，树立教育法律的权威性，对于深化教育事业改革和发展、推进教育法治建设，具有重要意义。具体而言，应从以下方面入手。

第一，促进教育法律监督常态化。充分发挥权力机关监督、行政监督、检察监督、党的监督、审计监督、群众监督和社会监督的作用，要使各种监督手段形成一股强劲的力量，保证监督做到经常化、制度化。特别要充分发挥各级人民代表大会的法律监督作用，各级教育部门和其他有关部门要配合同级人大机构做好严格的监督检查工作。

第二，强化教育督导工作。我国之所以建立教育督导制度，就是为了加强对教育工作的行政监督，其主要任务就在于对下级人民政府的教育工作和下级教育行政部门和学校的工作进行监督、检查、评估、指导，保证国家有关教育的法规、方针政策的贯彻执行和教育目标的实

现。通过督导机构的专门的监督、视察、指导，可以充分发挥对教育法实施的行政监督作用。对于违反教育法的行为，督导机构或督学有权予以制止。因此，各级督导组织、督导人员应依据《教育督导条例》，将教育督导纳入重要议事日程，研究解决教育督导工作中的重大问题。各部门要加强协调，积极配合，整合资源，建立联动的工作机制，形成教育督导机构为主、多部门齐抓共管的工作格局。要加大舆论宣传力度，组织多种形式的宣传活动，宣传《教育督导条例》的基本内容和重大创新，宣传教育督导的新成果、新经验和先进典型，营造良好社会环境。

第三，发挥社会力量监督作用。一方面，将教育法律监督的重点放在充分发挥社会力量的监督作用上，包括政协及各民主党派和各社会团体的监督、社会舆论的监督、人民群众的监督，尤其是人民群众的监督。另一方面，加紧制定人民监督法，为人民参与监督的性质、地位、作用、基本原则和方法、途径提供系统的法律依据和法律保障，以提升教育法律的权威性。同时，在有关监督的法律规定中，应加强对程序性规范的补充规定和具体的实施细则，使监督更具有操作性，保证监督机制的有效运行，推进教育法律的有效实施。

第四，依法追究违法者的法律责任。法律面前人人平等是我国社会主义法治的重要原则，教育法治同样必须遵循这一原则，对于违法者，无论是谁，不论其职务、级别，都要依法追究其法律责任，绝不允许任何人凌驾于法律之上。要实现依法治教，不仅需要依靠司法机关、教育行政机关，而且必须依靠社会团体和广大人民群众。教育法只有受到全社会的高度重视、自觉遵守和强有力的监督，全面依法治教才能早日实现。

第三章　提升政府管理服务水平

改革开放40多年以来，特别是党的十八大以来，转变政府职能、提升政府管理服务水平一直是我国教育管理体制改革的中心问题与关键举措。2019年，中共中央、国务院印发《中国教育现代化2035》明确提出"提升政府管理服务水平"，并将其作为实现教育治理体系和治理能力现代化的重要内容。这毫无疑问体现了国家对转变教育治理理念、推进政府自身职能变革、优化教育公共服务、履行教育公共管理职责、增强教育治理能力与水平的高度重视；同时，这也是进一步推进中国教育发展与改革对政府教育治理能力、水平和方式提出的新要求、新挑战。当前，政府是公共教育服务最主要的提供者、监督者、管理者和规范者，对于提升教育质量、促进教育公平发挥着不可替代的主导性作用。因此，政府部门不断创新，进行自我改革、调整和优化职能、强化服务能力和水平是实现教育治理现代化的应有之义。《中国教育现代化2035》明确列明了提升政府管理服务水平的三大主题：一是转变政府管理方式，二是加大政府教育统筹力度，三是推进政府科学决策。本章将围绕这三大主题，分别进行解读和阐释：在教育领域，特别是中国教育现代化的语境下，提升政府管理服务水平的内涵是什么，具有什么现实意义，应采取什么方式和途径提升政府管理服务水平。

第一节 转变政府教育管理方式

2019年2月,中共中央、国务院印发《中国教育现代化2035》,重点部署了面向教育现代化的十大战略任务,明确了"推进教育治理体系和治理能力现代化"的战略目标,并将转变政府管理方式作为提升政府管理服务水平的主要途径之一。

一、转变政府教育管理方式的内涵

改革开放以来,特别是作为我国教育行政管理体制改革开端的《中共中央关于教育体制改革的决定》(1985年)发布以来[1],转变政府教育管理方式、推动政府职能转变一直是我国教育管理体制改革、教育现代化治理体系建设与完善的重要内容(见表3-1)。

表3-1 转变政府教育管理方式的改革历程

政策文件	改革思路与内容
1985年《中共中央关于教育体制改革的决定》	通过改革来更好地调动各级政府、广大师生员工和社会各方面的积极性;改革管理体制,在加强宏观管理的同时,坚决实行简政放权,扩大学校的办学自主权;实行基础教育由地方负责、分级管理的原则;等等
1993年《中国教育改革和发展纲要》	教育体制改革要采取综合配套、分步推进的方针,加快步伐,改革包得过多、统得过死的体制,初步建立起与社会主义市场经济体制和政治体制、科技体制改革相适应的教育新体制;改革办学体制;深化高等教育体制改革……逐步建立政府宏观管理、学校面向社会自主办学的体制;政府要转变职能,由对学校的直接行政管理,转变为运用立法、拨款、规划、信息服务、政策指导和必要的行政手段,进行宏观管理;等等

---

[1] 范国睿,孙闻泽. 改革开放40年教育体制机制改革的历史与逻辑分析[J]. 教育研究,2018,39(7):15-23,48.

续表

政策文件	改革思路与内容
2001年《国务院关于基础教育改革与发展的决定》	推进办学体制改革，促进社会力量办学健康发展；基础教育以政府办学为主，积极鼓励社会力量办学；加强对公办学校办学体制改革试验的领导和管理；等等
2010年《国家中长期教育改革和发展规划纲要（2010—2020年）》	转变政府教育管理职能。各级政府要切实履行统筹规划、政策引导、监督管理和提供公共教育服务的职责，建立健全公共教育服务体系，逐步实现基本公共教育服务均等化，维护教育公平和教育秩序。改变直接管理学校的单一方式，综合应用立法、拨款、规划、信息服务、政策指导和必要的行政措施，减少不必要的行政干预；等等
2015年《教育部关于深入推进教育管办评分离促进政府职能转变的若干意见》	为进一步提高政府效能、激发学校办学活力、调动各方面发展教育事业的积极性，必须深入推进管办评分离，厘清政府、学校、社会之间的权责关系，构建三者之间良性互动机制，促进政府职能转变；推进依法行政，形成政事分开、权责明确、统筹协调、规范有序的教育管理体制；推进政校分开，建设依法办学、自主管理、民主监督、社会参与的现代学校制度；推进依法评价，建立科学、规范、公正的教育评价制度；等等
2017年《关于深化教育体制机制改革的意见》	坚持放管服相结合。深化简政放权、放管结合、优化服务改革，把该放的权力坚决放下去，把该管的事项切实管住管好，加强事中事后监管，构建政府、学校、社会之间的新型关系；健全教育宏观管理体制；等等
2017年《国家教育事业发展"十三五"规划》	基本实现管办评分离，形成政府依法管理、学校依法自主办学、社会各界依法参与和监督的格局，教育治理体系和治理能力现代化水平明显提升；改革教育治理体系，深化简政放权、放管结合、优化服务改革，落实学校办学自主权，加快现代学校制度建设；推进政府职能转变；优化政府服务；等等

从历年来关于转变政府教育管理方式的重要政策文件的主要内容来看，"简政放权""放管结合""优化服务"成为转变政府教育管理方式的关键词。"简政放权"强调在中央与地方政府之间，政府与市场、社会之间，政府与学校之间的权力关系和责任边界，把办教育的权限更多地下放给学校；"放管结合"则强调在简政放权的同时加强宏观领导、

指导和管理，建立健全现代教育治理体系，提升教育治理能力和水平，提升政府管理服务水平；"优化服务"则关注政府在教育管理事务中的效能提升，强调政府要为学校依法自主管理创造良好的教育治理环境。为了更好地理解转变政府教育管理方式的内涵和特征，可从如下两个层面对其进行剖析和解读。

第一，转变政府教育管理方式意味着推动全能型政府向有限型政府的转变。新公共管理理论强调对政府行政权力进行规制，推动政府职能转变，引入市场机制与第三部门治理机制，形成多中心治理体系；主张公共事务的治理主体应该实现多元化、公共服务的供给者也应建立起以政府为主导，囊括市场、社会组织等在内的公共服务多元供给体系，以此来克服政府在公共管理过程中出现的"决策失误""低效""官僚化""机构膨胀"等政府失灵（government failure）的难题。[1] 周光辉梳理改革开放40多年来中国行政管理体制机制改革的发展趋势发现，简政放权一直是行政改革的重点领域和主要抓手。[2] 简政放权的逻辑就在于理清政府的权力和职责范围。从行政法视角来看，政府教育管理活动属于典型的政府行政权力。伴随着我国社会主义市场经济体制的逐步完善，在教育领域，政府也应转变以往包办一切、大包大揽的全能型角色，而应对行政权力进行理性收缩，推行简政放权、加强宏观管理、提升服务水平，激发社会和市场的活力，将角色定位为公共教育事业的"治理者""指导者""协调者""服务者"。转变政府教育管理方式就是

---

[1] 陈家喜，杨道田. 有限政府、有为政府与政府改革[J]. 理论视野，2016（1）：18-21.
[2] 周光辉. 构建人民满意的政府：40年中国行政改革的方向[J]. 社会科学战线，2018（6）：10-21，2.

要规范政府教育管理职责和权限,防止在教育行政与管理过程中出现政府"越权""越位"的现象,建立政府-市场-社会三方治理机制,规范政府与学校的管理关系,确保教育治理过程中各方得以各司其职、各尽其责。

第二,转变政府教育管理方式强调应推进效能政府、责任政府的建设。有限政府并非意味着政府退出公共服务、公共治理领域,不再承担公共事务的治理责任。相反,政府职能的转变关键在于"有所为有所不为",有限政府的另一面在于推进有为政府的建设,特别是提升政府治理效能、增强政府治理责任。效能政府强调政府活动应该注重目标的达成,也就是绩效的高低,强调建立高效率的政府治理体系、提升政府治理能力。责任政府则主张政府在公共领域担当服务者的角色,聚焦政府如何保障和增进公共利益。①教育具有公共属性,教育也被定位为重大民生领域。转变政府教育管理方式不仅突出了政府对公共教育服务的职责,更加强调政府应善于提升公共教育治理的能力和水平:改变以往计划指令等强制性的管理管制模式,转变为借助法律、顶层设计、统筹规划、政策指导、政策引导、信息技术、财政拨款等多种创新型治理方式和工具,在履行教育公共服务与管理职责的同时,提升教育治理的有效性。

二、转变政府教育管理方式的意义

(一)转变政府教育管理方式反映了我国建设人民满意的服务型政府的改革目标和方向

习近平总书记在十九大报告中明确提出了我国行政体制改革的总目

---

① 潘照新. 国家治理现代化中的政府责任:基本结构与保障机制[J]. 上海行政学院学报,2018,19(3):28-35.

标和战略部署:"转变政府职能,深化简政放权,创新监管方式,增强政府公信力和执行力,建设人民满意的服务型政府。"而促进政府职能转变、转变政府管理方式是建设人民满意的服务型政府的基本要求。就教育事业的发展与改革而言,在"以人民为中心"的理念指引下,建设服务型政府、构建让人民满意的政府的改革目标直接体现为"办人民满意的教育"。2018年,习近平总书记在全国教育大会上发表重要讲话,明确指出:"加快推进教育现代化、建设教育强国、办好人民满意的教育。"

建设人民满意的服务型政府、办好人民满意的教育要求政府转变教育管理方式,承担起教育公共服务的供给者、引领者、管理者、责任者的角色。公共性是教育的本质特征;作为公共产品的教育,蕴含着公益、平等、共享等特点。教育问题是重大民生问题,教育也被认为是政府承担的公共服务的重要内容,政府负责公共教育服务的供给和管理。服务型政府意味着公共服务目标的高度实现,公共服务均等化成为政府的基本职能,更是中国政府发展的新形态。[①] 鉴于教育的公共产品属性,为了办好人民满意教育,政府须继续努力建立和完善公共教育服务体系,秉持教育优先发展的理念,加大教育投入,不断扩大公共教育服务的覆盖面、提升公共教育服务质量和水平,加强创新公共教育服务新体制、新机制。

(二)转变政府教育管理方式体现了依法治教与教育法治化的理念

治理理论将"法治"(rule of law)作为实现治理和善治的重要手段

[①] 孙涛,张怡梦. 从转变政府职能到绩效导向的服务型政府:基于改革开放以来机构改革文本的分析[J]. 南开学报(哲学社会科学版),2018(6):1-10.

和目标，法治的本质就是将法律作为公共政治管理的最高原则，不仅规范公民行为，更制约政府行为、约束和规范政府权力。① 而在教育领域，教育治理与教育法治两者也呈现彼此互动、相互影响的动态关系。完善现代教育治理体系需要依靠依法治教、教育法治化，在政府教育治理过程中，需要借助教育法律体系来规范教育事业的发展与教育改革的有序进行；而与此同时，教育法治化的实现也需要政府树立治理理念、转变管理方式，将依法治教作为重要的教育管理方式之一。② 劳凯声就指出，在社会转型时期，教育的发展与改革的顺利有序进行离不开法律的积极影响，法律与教育的关系从未这样密切。③ 依法治教甚至被认为是"最规范的、最稳定的，也是麻烦最少的教育治理方式"。④ 因此，转变政府管理方式体现了政府坚持依法治教、推进教育法治化进程的现代教育治理理念。

改革开放以来，我国教育法治建设逐步步入正轨，教育法律制度体系逐渐完善，自1980年《中华人民共和国学位条例》颁布以来，相关教育基本法、教育单行法等陆续颁布和修订。根据教育部政策法规司原司长孙霄兵的总结，截至2015年，我国共颁布了8部基本教育法律，16部国务院颁布的教育行政法规及大量的地方教育行政法规，79部教育部部门规章。⑤ 教育法律制度体系的初步形成为我国依法治教、依法治

---

① 俞可平. 论国家治理现代化 [M]. 北京：社会科学文献出版社，2014：28.
② 袁本涛，孙霄兵. 教育治理现代化：理念、制度与政策 [M]. 北京：经济科学出版社，2018：33-39.
③ 劳凯声. "依法治教"是推动教育改革与发展的重要力量 [J]. 人民教育，2014（21）：1.
④ 马怀德. 教育法治四十年：成就、问题与展望 [J]. 国家教育行政学院学报，2018（10）：10-15，58.
⑤ 孙霄兵. 新常态下依法治教的思考 [J]. 国家教育行政学院学报，2015（7）：19-26.

校提供了更加规范化、系统化和制度化的管理路径,特别是政府的教育管理活动基本被纳入法律规范的体系之中,步入法治轨道。[①]根据行政权力法定的原则,教育行政部门的所有权力均应来自法律的明确规定。转变政府教育管理方式就是要从以往忽视教育法治建设、教育管理活动随意性过大、规范性不足等向法治化、规范化、制度化的治理方式转变。随着我国教育法治化建设的进行,教育法律体系的逐步完善,特别是依法治教、依法治校的理念日益深入人心,政府教育管理活动的开展、职责的履行、权力的行使基本做到了有法可依,被纳入法治轨道。

(三)转变政府教育管理方式有助于建立现代学校制度,推进学校治理现代化

推进教育现代化治理体系的建设离不开现代学校制度的完善和学校内部治理理念、能力和方式的现代化。学校治理现代化是教育治理现代化的重要组成部分。2010年,《国家中长期教育改革和发展规划纲要(2010—2020年)》将建设现代学校制度作为关键改革领域单列一章、重点强调和解读,明确了"落实和扩大学校办学自主权""推进政校分开、管办分离""完善中国特色现代大学制度""完善中小学学校管理制度"等改革目标与内容。2017年,《国家教育事业发展"十三五"规划》明确提出,"改革教育治理体系,深化简政放权、放管结合、优化服务改革,落实学校办学自主权,加快现代学校制度建设"。可见,转变政府职能,推进政府教育管理方式的转变的重要目标在于厘清政府与学校之间的权力关系,扩大、落实并保障各级各类学校的办学自主权,建立现代学校制度,提升学校治理理念、能力与水平。

---

① 马怀德. 教育法治四十年:成就、问题与展望[J]. 国家教育行政学院学报,2018(10):10-15,58.

改革开放 40 多年来，特别是 1985 年《中共中央关于教育体制改革的决定》颁布以来，我国教育管理体制机制改革和创新始终围绕着的一条主线就是：扩大、落实和保障学校的办学自主权，保障学校依法自主办学。[1] 毫无疑问，办好人民满意的教育关键在于学校，学校是公共教育服务供给的主体，也是教育改革与发展的基本单位。"依法办学、自主管理、民主监督、社会参与"是现代学校制度、学校治理现代化的主要特征。但是，建立现代学校制度、推进学校治理现代化并不是学校自身能够完成的，其关键在于国家从制度文化环境、法治保障、物质条件等方面为学校治理现代化创造良好条件。当前，影响现代学校制度的完善、制约学校现代化治理的突出因素还在于制度问题，特别是教育管理制度仍需进一步完善。因此，政府需要进行自我变革，对教育行政管理体制、教育决策机制、教育行政权力与职责、教育管理方式和手段等方面进行深度改革，通过放管服改革、管办评分离改革等具体方式，树立正确的政校关系，保障学校办学自主权，特别是在如何提升学校发展与改革的主体意识，激发学校办学活力，保障宏观指导与管理的同时赋予校长与教师办学自主权，落实校长负责制，借助法律手段推进在依法治教、依法治学、依法治校，完善和创新学校内部管理机制等多个层面下功夫。转变政府教育管理方式无疑是建立现代学校制度、推进学校治理现代化的起点。[2]

---

[1] 范国睿，孙闻泽. 改革开放 40 年教育体制机制改革的历史与逻辑分析[J]. 教育研究，2018，39（7）：15-23，48.
[2] 许杰. 现代学校制度建设的实践逻辑[J]. 教育研究，2016，37（9）：32-39.

三、转变政府教育管理方式的建议

（一）建立健全教育行政管理清单制度，明确政府教育管理的权力与责任边界

建立权力清单与责任清单制度是中国划定政府权力边界，约束行政权力，解决政府权责不对等、权责不公开、权责不明晰等问题的制度化尝试，是中国试图给出的建构现代政府的重要方案。[①] 清单管理模式被视作我国政府推进政府职能转变、简政放权、依法行政，建立服务型政府、法治型政府的重要途径，进一步推动"把权力关在制度的笼子里"，厘清政府行政活动的权力边界、责任边界，进而实现政府权力与责任的规范化、透明化、法定化。

2015年，中共中央办公厅、国务院办公厅印发了《关于推行地方各级政府工作部门权力清单制度的指导意见》对权力清单制度的实施提出了重要指导意见，强调"通过建立权力清单和相应责任清单制度，进一步明确地方各级政府工作部门职责权限，大力推动简政放权，加快形成边界清晰、分工合理、权责一致、运转高效、依法保障的政府职能体系和科学有效的权力监督、制约、协调机制，全面推进依法行政"。

在教育领域，随着中央层面对权力清单制度作为明晰政府权责的工具的明确和指导，以权力清单、负面清单和责任清单为代表的清单管理也成为推进教育治理现代化、转变政府教育管理职能和方式的重要模式。2015年5月，《教育部关于深入推进教育管办评分离促进政府职能转变的若干意见》明确将"推行清单管理方式"作为推进依法行政，形成政事分开、权责明确、统筹协调、规范有序的教育管理体制的重要内

[①] 唐亚林，刘伟. 权责清单制度：建构现代政府的中国方案[J]. 学术界，2016（12）：32-44，322.

容;"建立教育行政权力清单和责任清单制度,……向社会全面公开教育及相关政府部门职能、法律依据、实施主体、职责权限、管理流程、监督方式等事项,……在有条件的地方和学校开展负面清单管理试点,清单之外的事项学校可自主施行,要尽量缩减负面清单事项的范围,更多采取事中、事后监管方式"。可见,清单管理模式能够进一步理顺政府、学校和社会之间的关系,明确政府管理教育的权力和责任范围,解决长期以来政府在教育事务管理过程中存在的越位、缺位、错位等突出问题,提高政府教育管理效能。《中国教育现代化2035》进一步提出要转变政府管理方式,健全教育行政管理清单制度。据此,可从以下三方面完善清单管理模式,使其更好地发挥推动政府职能转变的功能。第一,教育行政管理的清单制度应坚持政府职责的法定化,无论是权力清单、负面清单,还是责任清单,其本质是政府行政管理工具,不能代替法律法规对政府教育管理权限和责任予以明确。这也是依法治教、教育法治化的要求。[①] 第二,教育行政管理权力清单应坚持公开透明原则,将行政目录的公开拓展为行政事项详单的公开,包括将权力的行使主体、法定依据、行使程序、条件和标准、具体行使机构等内容,让教育行政对象能够充分享有知情权,这也是信息公开制度的要求。[②] 第三,权力清单应有相应配套的责任清单,才能使行政主体在教育行政管理过程中做到权责明确、权责统一,并进一步推进教育行政管理的督导问责制度的完善。

[①] 唐亚林,刘伟. 权责清单制度:建构现代政府的中国方案[J]. 学术界,2016(12):32-44,322.
[②] 刘虹,张端鸿. 国家教育行政权力清单的规范研究:以教育部行政权力为研究对象[J]. 复旦教育论坛,2016,14(1):16-22.

(二)加快推进教育行政管理专业化、职业化,加强教育管理队伍能力建设

习近平总书记高度重视人才工作,多次强调优秀人才对于治国兴邦的重要作用,"治国之要,首在用人""发展是第一要务,人才是第一资源,创新是第一动力"等论述鲜明地反映了建设一支素质优良的人才队伍对于实现"两个一百年"的奋斗目标、实现中华民族的伟大复兴的重要性。在教育领域,为了推进教育治理体系与治理能力现代化建设,人才的重要性也不言而喻,并体现为对各级各类各层次的教育领域中领导者、管理者及其他行政人员专业能力的提升。转变政府教育管理方式需要依靠专业化、高素质的教育管理队伍,如何提升教育行政管理人员的管理能力、管理水平和管理素养日益成为重要课题。对此,《国家中长期教育改革和发展规划纲要(2010—2020年)》也做了相应的部署:"造就一批教育家,倡导教育家办学""制定校长任职资格标准,促进校长专业化,提高校长管理水平。推行校长职级制"等。

在世界范围内,提升教育领导者、管理者等行政人员的专业化职业化水平成为许多国家和地区推进教育管理体制改革和学校改进的重要途径;加强教育行政人员的任职资格的要求和限制,并对其角色和工作任务进行专门设置,并重视对行政人员进行培训和进修,成为包括英国、法国、美国等在内的许多国家的普遍做法。[①]但是,长期以来,我国教育行政管理人员的专业化及其能力的提升却不被重视。国家教育行政学院的调查显示,我国市、县教育局局长中没有教育教学实践经历的、来自外行的比例达到了60%,普通高中学校中也有相当比例的校长来自教

---

① 李刚,吕碧华. 地方教育行政人员专业化研究[J]. 教育理论与实践,2015,35(1):23-26.

育部门之外。① 从春侠②对我国地县教育局局长的调查也发现：在工作经历方面，有近一半教育局局长来自教育系统之外，缺乏与教育相关的工作经历和工作经验；在学历与专业背景层面，教育局局长的学历主要在本科层次，而且大多数地方教育局局长并非主修教育专业；而在继续教育层面，地方教育局局长的职后培训明显不足，特别是针对教育行政管理的培训比例更低。可见，我国教育行政人员的专业化和职业化道路仍然任重道远，教育管理队伍的能力建设仍有待加强。

具体而言，加强教育管理队伍能力建设可从以下两方面着手。第一，明确教育行政管理工作的专业地位，进一步确定教育行政人员从业执业的专业标准，以此作为教育行政管理人员任职的标准。对于校长任职条件和专业发展，2013年教育部已经研究制定了《义务教育学校校长专业标准》，但目前我国还没有出台关于地方教育局局长及其他行政人员的任职资格和专业发展的国家标准。因此，借鉴国际先进经验，结合我国教育行政管理的实际情况，必须加快制定教育行政人员的专业标准和任职资格条件，才能让教育管理队伍能力建设有章可循。第二，完善教育行政人员的在职培训制度，推进教育行政人员的专业素养和综合能力的提升。一方面，借助高校科研院所的专业力量，开设专业性和实践性的教育行政课程，满足教育行政人员的在职培训需求，拓宽其专业视野、知识水平和业务素质；另一方面，搭建交流平台，通过组建教育行政人员专业协会等方式，提高教育行政人员的专业身份认同感，通过

---

① 张志勇. 教育家办学制度建设思考[J]. 教育发展研究，2009，29（8）：7-10.
② 从春侠. 教育行政管理人员专业化路径研究：基于对地县教育局长的调查[J]. 教育发展研究，2009，29（6）：17-20.

交流、研讨、分享等方式获取新知、提高素养。① 同时，鼓励并创造条件让教育行政人员在职攻读学位，包括在职教育硕士、教育博士等，进一步实现教育管理的学术知识与实践知识的融通与协同。

（三）提升政府综合运用法律、标准、信息服务等现代教育治理手段的能力和水平

改革开放以来，伴随着我国社会经济实现跨越式发展，同时面对日益复杂的问题和挑战，我国政府管理方式、方法和技术也实现了不断创新，政府现代治理手段和工具更加丰富，政府管理方式倾向于更加便利、更加高效、更加科学。② 在教育管理领域，为进一步提高政府教育管理效能，转变政府职能，丰富政府教育管理方式，须进一步提升政府综合运用法律、标准、信息服务等现代教育治理手段的能力和水平。

第一，法治是现代教育治理的应有之义，应着力提升政府依法治教的能力和水平。我国已经将依法治教、教育法治化作为教育治理的基本模式，法律是政府对教育事务进行治理、提供教育服务的基本手段。在全面推进依法治国、建设法治政府的新形势下，法治方式是教育治理的基本方式。③ 因此，转变政府教育管理职能首先应该坚持依法治教，善于以法治方式推进教育发展与改革，注重教育法律法规体系的完善和执法体制机制的建设。

第二，尽快完善教育领域的国家标准体系，为教育发展与改革提供指引。《国家中长期教育改革和发展规划纲要（2010—2020年）》将

---

① 徐金海. 区域教育改革背景下教育局长领导力刍议［J］. 教育研究，2018，39（10）：64-69.
② 周光辉. 构建人民满意的政府：40年中国行政改革的方向［J］. 社会科学战线，2018（6）：10-21，2.
③ 孙霄兵. 新常态下依法治教的思考［J］. 国家教育行政学院学报，2015（7）：19-26.

"制定教育质量国家标准,建立健全教育质量保障体系"作为推动教育改革与发展的工作方针之一。《国家教育事业发展第十二个五年规划》也提出,要进一步"建立健全具有国际视野、适合中国国情、涵盖各级各类教育的国家教育标准体系"。进一步完善教育领域的国家标准,推动国家教育标准体系的建设,将有助于规范政府的教育管理活动、学校的办学行为以及其他教育领域相关者的意志、行动和理念,进而提升教育现代治理水平。具体而言,在主体层面,应进一步提高教育标准制定主体的层级,加强国家教育标准体系建设的全国统筹;在内容层面,当前我国教育标准体系仍然十分不完善,应该构建包括从学生发展核心素养、教师标准、学校办学条件标准到财政经费拨款等管理标准在内的各级各类教育领域的标准。①

第三,构建信息基础设施建设,服务政府教育管理与决策。信息技术的发展对政府转变职能定位、丰富管理方式提供了前提条件。2017年1月,国务院印发《国家教育事业发展"十三五"规划》,其中明确指出,"运用互联网、大数据提升教育治理水平,更好地服务公众和政府决策"。政府应敢于、善于运用信息科学技术发展带来的新技术、新平台,通过诸如电子政务平台建设、管理信息系统建设、基础信息数据库建设,以及移动教育网络、大数据、云计算等创新型政策工具,提高教育管理效率,促进教育决策和管理过程的公开化、透明化和民主化。

---

① 国家教育标准体系研究课题组,徐长发,孙霄兵,等. 国家教育标准体系的发展与完善[J]. 教育研究,2015,36(12):4-11.

第二节　加大政府教育统筹力度

加大政府对教育的统筹力度是完善我国教育治理体系、提升政府教育治理水平和服务能力的重要途径，同时也体现了转变政府在教育公共服务领域中的角色和职能的基本理念。① 政府教育统筹，特别是省级政府如何发挥统筹和协调省域内各级各类教育的功能，一直以来都是我国教育管理体制改革的重要内容，有助于理顺中央与地方政府教育管理权限、权责和权能范围，实现政府教育治理能力的现代化目标。

一、政府教育统筹的内涵

长期以来，如何进一步明晰中央与地方各级政府等教育管理主体的教育责任、职权和能力范围，如何实现加强统一领导和宏观管理与赋权放权的平衡，成为我国教育管理体制改革的重点与难点。围绕政府教育统筹权限与职责的划分进一步推动教育管理体制改革、提升政府教育管理效能，是新时期我国教育改革发展的重要战略设计和创新思路。② 政府教育统筹进入政策视野并被作为教育综合改革的重要内容和目标并非一蹴而就，而是有着严谨的法律依据、长远的改革部署和厚实的政策渊源。

（一）政府教育统筹的政策渊源

早在1993年国务院发布的《中国教育改革和发展纲要》（中发

---

① 盛明科，朱玉梅. 中国教育统筹发展的政策变迁：问题及改进思路［J］. 当代中国史研究，2014，21（5）：121-122.
② 谢广祥. 如何扩大省级政府教育统筹权［J］. 求是，2014（3）：50-51.

〔1993〕3号）就明确提出要"完善分级办学、分级管理的体制"，中等及中等以下教育由地方政府在中央统一领导和宏观管理指导下，实施统筹管理，而高等教育领域则是在中央和地方关系层面确立分级管理、分级负责的体制，提升高校办学自主权。《中华人民共和国教育法》第十四条规定，"国务院和地方各级人民政府根据分级管理、分工负责的原则，领导和管理教育工作"。可见，分级管理、分工负责是我国教育管理体制的基本特点，中央政府与地方政府根据不同的权限承担相应的教育统筹管理责任。这一规定也成为加大政府教育统筹力度的法律依据。《中华人民共和国义务教育法》第七条规定"义务教育实行国务院领导，省、自治区、直辖市人民政府统筹规划实施，县级人民政府为主管理的体制"，明确了义务教育统筹规划的责任主体是省级政府。《国家中长期教育改革和发展规划纲要（2010—2020年）》在第十五章管理体制改革部分，重点强调了我国教育管理体制改革的两大举措：一是"健全统筹有力、权责明确的教育管理体制"（第四十五条），强调中央政府对国家教育事业的统一领导、管理、规划，并部署相关教育改革，以及地方政府对区域内教育改革、发展和稳定的责任；二是"加强省级政府教育统筹"（第四十六条），明确要求应加强省级政府对区域内各级各类教育的统筹权责和职能。2010年，教育部公布重点领域和省级教育统筹综合改革试点，明确将北京市、上海市、安徽省、广东省、云南省、新疆维吾尔自治区和深圳市确定为省级政府教育统筹综合改革试点地区，要求试点地区从统筹各级各类教育、统筹城乡教育、统筹教育经费与投入等方面入手，深化管理体制改革。2013年党的十八届三中全会明确了扩大省级政府教育统筹权的战略部署，《中共中央关于全面深化改革若干重大问题的决定》（2013年11月）对教育体制改革也作出了重

大部署，强调"深入推进管办评分离，扩大省级政府教育统筹权和学校办学自主权，完善学校内部治理结构"，强调加强省级政府教育统筹对实现教育治理手段与能力现代化的重要意义。随后，2014年，国家教育体制改革领导小组办公室发布了《关于进一步扩大省级政府教育统筹权的意见》，明确了省级政府对区域内各级各类教育事业的统筹权，并进一步扩大了省级政府教育统筹权的主要内容，下放部分管理权限，改进管理方式；同时，也加大对省级政府教育统筹权行使的督导、监督和问责，确保教育统筹能够落实到位。2019年，中共中央国务院印发的《中国教育现代化2035》明确提出，"加大政府教育统筹力度。健全中央层面教育治理统筹协调机制，科学界定相关部门在教育治理中的职责权限。中央层面要加强对区域教育协调发展的统筹，健全教育标准体系，部署重大教育发展改革。省级政府加大省域内各级各类教育的统筹力度，提升政府统筹层级，推动区域、城乡教育资源合理配置，优化布局结构，支持市地、县域内基本公共教育均衡发展"，进一步明确了政府教育统筹的发展方向和主体内容，强调了中央层面与省级政府在统筹管理教育事业发展的职责，并将加大政府教育统筹作为实现教育现代化特别是教育治理现代化的重要内容。

简而言之，改革开放以来，伴随着我国教育事业的不断发展和革新，为了推进教育治理体系和治理能力的现代化，《中华人民共和国教育法》《中华人民共和国义务教育法》《中国教育改革与发展纲要》《国家中长期教育改革和发展规划纲要（2010—2020年）》《中国教育现代化2035》等党和国家的教育方针政策、国家教育法律和教育部的政策文件均对政府教育统筹做了规定。扩大、增强并规范政府教育统筹权的行使一直以来是我国教育宏观治理的重要内容，也是对中央和地方各级政府的教育管理责任进行重新划分、重新配置的重要手段。①

(二) 政府教育统筹的含义

"统筹"一词是我国公共政策(包括教育政策)话语中经常出现的专业词汇,城乡教育统筹、区域教育统筹等经常见诸教育规划等各级各类政策文件,以《国家中长期教育改革和发展规划纲要(2010—2020年)》为例,"统筹"一词在政策全文中共出现25次。从语义层面解读,《辞海》将"统筹"界定为通盘计划、全盘筹划②。而从系统管理学视角来看,统筹往往指代某一主体或组织在特定范围内对资源等内容进行的统一规划、统一考虑、统一安排,协调并兼顾各方利益、意志和行动,实现资源配置效率的最优化,以求达成整体目标的一种管理理念和活动。作为一种现代公共管理理念,统筹活动不仅蕴含着顶层设计观、全局系统观的思想,而且也代表着多元治理主体的协同合作、资源优化整合、信息共享等致力于解决复杂的系统问题的公共治理手段。

尽管目前学界对政府教育统筹还未形成基本共识③,但是在教育政策与管理领域,许多研究者对政府教育统筹的内涵及基本特点做了深入的研究和解读,形成了许多代表性的专业观点。例如,盛明科④认为,教育统筹是将教育置于诸多社会要素系统之中,对各级各类教育的规

---

① 贾永堂,孔维申. 省级政府高等教育统筹权:渊源、内涵、困境及对策[J]. 高等教育研究,2017,38(11):29-38.
② 辞海编辑委员会. 辞海[M]. 上海:上海辞书出版社,2010:1892.
③ 徐琪,刘国瑞. 省级政府高等教育统筹研究的回顾与展望[J]. 现代教育管理,2018(9):1-10.
④ 盛明科. 公共服务均等化视角下省级政府教育统筹发展效果评价研究[M]. 北京:中国社会科学出版社,2017:19.

模、结构、质量等进行综合管理,在城乡、区域、学校之间对教育资源进行合理配置,以实现教育均衡发展。陈彬和袁祖望[①]则对"省级政府高等教育统筹权"做了界定,认为统筹权与决策权息息相关,加大政府教育统筹权意味着政府对本区域内的教育事业的改革与发展面临的重大问题进行"通盘筹划、综合考虑"。周晔和王晓燕[②]在对城乡教育统筹治理的考察基础上将教育统筹上升为统筹理论,认为教育统筹的本质是通过统一的谋划促使各相关行动者完成教育和谐发展任务的运作过程。可见,政府教育统筹,指的是从中央到地方各级政府,特别是中央与省级政府,借助各种政策工具和资源(如制定发展规划、部署重大改革、优化配置教育资源、监督和教育行政规制等)的运用,对相应区域内的各级各类教育事业的协调发展与深化改革进行统一规划、统一部署、统一协调,提升区域教育治理的效能和效率,努力在相应区域范围内实现高质量的教育公平。总体而言,可以从统筹的权力主体与统筹的要素内容两个维度,来理解政府教育统筹。

第一,从统筹的权力主体来看,政府教育统筹的主体囊括从中央到地方的各级政府;同时,随着简政放权、权力下放和政府教育管理职能的转变,教育统筹主体逐步转变为以省级政府为主。将教育统筹的主体限定为政府是因为在现代社会教育具有公共物品或准公共物品的属性,提供充足且有质量的公共教育服务是政府职责所在。[③]根据2011年发

[①] 陈彬,袁祖望. 试论"加强省政府高等教育统筹权"的基本内涵[J]. 高教探索,2000(3):28-32.
[②] 周晔,王晓燕. 城乡教育统筹治理:概念与理论架构[J]. 教育研究,2014,35(8):31-39.
[③] 刘复兴. 教育民营化与教育的准市场制度[J]. 北京师范大学学报(社会科学版),2003(5):12-21.

布的《中共中央 国务院关于分类推进事业单位改革的指导意见》，包括中小学校和高等学校在内的事业单位分类改革的思路中，义务教育属于基本公益服务，不能或不宜由市场配置资源；高等教育属于公益服务范畴，可部分由市场配置资源。尽管在新公共管理理念思潮的影响下，权力重心下移与实施多中心教育治理成为教育治理现代化和转变政府教育管理职能的重点，但是在世界各个国家和地区，政府对教育事业的宏观指导、控制、协调和管理的力度并未消减。① 作为公益服务范畴的教育，需要由政府承担起出资、规划、管理、监督等责任，发挥统筹规划、协调各方、整合资源等作用。另外，作为教育统筹主体的政府并非局限于教育行政部门，而是以政府为主体的行政机关。② 教育事业的改革与发展并不局限于教育行政部门，而是涉及财政、人事、文化、安全等多个部门各个系统。只有政府作为统筹各方资源的主体，才能真正发挥统筹的积极作用，破除条块分割引发的弊端，也才能解决日益复杂的教育问题。

此外，随着简政放权、权力下放和政府教育管理职能的转变，我国教育统筹的权力主体逐步转变为以省级政府为主。改革开放以来，随着我国社会主义市场经济体制的逐步确立，政府教育统筹权的行使就逐渐由中央主导转变为中央与地方协同统筹，并将统筹权力和职责下放至省级政府。③《中国教育现代化2035》明确了中央层面教育统筹的职责，同时，在中央统一领导、监督、协调和部署下，省级政府须进一步增强

---

① 蒲蕊. 公共教育服务体制创新：治理的视角[J]. 教育研究，2011，32（7）：54-59.
② 董泽芳. 论区域教育统筹[J]. 湖北教育学院学报，1994（1）：27-29.
③ 盛明科，朱玉梅. 我国教育统筹发展的政策变迁：问题及改进思路：基于1979年～2013年国家教育政策文本的分析[J]. 理论探索，2014（4）：75-79.

对本地区教育事业发展与改革的统筹能力。《中共中央关于全面深化改革若干重大问题的决定》等政策文件对省级政府教育统筹权的强调进一步表明：扩大省级政府教育统筹权业已成为我国教育综合改革的重要理念和方式。这是因为在我国地方行政建制中，省一级政府属于最高层级，是相对独立的区域经济社会发展的责任单位，在统筹教育事业发展与改革中，具有一定的优势，理应发挥着独特的作用。[①] 谢广祥[②]指出，省级政府对本地区教育进行统筹有两个优势：一是相对于中央政府而言，省级政府更为贴近基层，能够实现就近管理，更好地落实国家教育方针、政策，推动教育改革在本地区的实施；二是省级政府相比于市、县一级政府而言具有较强的财政统筹与行政调控能力，能从体制机制创新、统筹规划、资源调配等方面，解决日益复杂的教育改革难题。

第二，政府教育统筹的要素内容丰富而广泛，涵盖我国教育事业发展与改革的方方面面。董泽芳[③]提出，政府教育统筹应涵盖影响本地区教育事业发展与改革的内外部影响因素。在中央层面，教育统筹的要素与内容主要集中进行顶层设计、确定教育方针、政策，制定国家教育发展规划，部署重大教育改革，促进区域教育协调发展。而在省级政府层面，《关于进一步扩大省级政府教育统筹权的意见》规定"由省级政府管理更方便更有效的教育事项，一律下放省级政府管理"。这表明，哪些教育要素与内容应该由省级政府统筹规划需遵循提升政府教育管理效能这一重要原则。

---

① 李立国. 以省级教育统筹推进教育领域综合改革[J]. 清华大学教育研究，2013，34（1）：14-16.
② 谢广祥. 如何扩大省级政府教育统筹权[J]. 求是，2014（3）：50-51.
③ 董泽芳. 论区域教育统筹[J]. 湖北教育学院学报，1994（1）：27-29.

具体而言，根据《关于进一步扩大省级政府教育统筹权的意见》，省级政府教育统筹权的职责范围包括以下层面。（1）从宏观层面来看，统筹教育与经济社会的协调发展，将区域内的教育发展与经济、社会、科技等其他事业的发展进行统筹规划，要坚持"同步规划、同步实施、同步考核，适度超前部署"的原则，发挥教育对社会经济发展的积极影响和引领作用；同时，统筹区域教育现代化进程，并认真执行和组织落实国家确定的教育方针和政策，进一步深化教育综合改革，同时统筹教育改革发展稳定。（2）在中观层面，统筹各级各类教育在区域、城乡之间的协调发展，具体包括统筹各级各类教育在本地区内的协调发展，统筹的对象包括学前教育、义务教育、高中教育、职业教育、高等教育、继续教育和特殊教育等；统筹本区域内城乡教育协调发展，特别是推动城乡义务教育一体化和均衡化发展。《国家中长期教育改革和发展规划纲要（2010—2020年）》将统筹城乡教育发展作为主线，贯穿总体战略、发展任务、体制改革和保障措施等各部分，力求实现城乡之间教育公平。①（3）在微观层面，统筹师资、经费、办学条件等教育资源在本区域的投入和配置，作为区域内教育事业发展的首要责任人，省级政府通过对教育财政资源的分配、管理、监督和评估，保障本区域内教育资源的充足，并提升资源的使用效率。

二、加大政府教育统筹力度的意义

作为国家教育管理体制改革的突出内容，加强政府教育统筹，特别是省级政府对教育事业的统筹权是我国经济社会发展和教育发展到了一

---

① 张乐天. 新世纪以来我国城乡教育统筹发展政策之审思[J]. 南京师大学报（社会科学版），2014（3）：101-108.

个新阶段的客观要求①，其意义在于解决新时期我国教育改革和发展过程中面临的新挑战、出现的新问题。

（一）加大政府教育统筹力度体现了与简政放权并举的现代化教育治理理念

现代治理理论倡导从统治走向治理，强调"多一些治理，少一些统治"，主张应通过公共领域多元主体的协商过程实现包括教育在内的公共服务的多元供给、多元治理，进而达到公共领域的善治（governance）。而衡量国家治理体系现代化程度的重要指标之一就是"协调"，也就是说，治理体系应该是一个有机的制度系统：从中央到地方各个层级，从政府治理到社会治理，各个制度安排作为一个统一的整体相互协调，密不可分。②加大政府教育统筹力度正是基于系统协同论的视角，通过统筹影响教育事业发展与改革的内外部因素，理顺中央与地方各级政府的教育管理权限、职责与能力范围，在中央统一领导和指导的前提下，赋予地方政府更多的自主管理权限，构建教育现代化治理体系。

加大政府教育统筹关涉中央与地方教育管理权责的划分问题，而这一直以来也是我国教育宏观管理体制改革的重要内容。改革开放以来，我国中央与地方教育管理权限划分与管理体制机制也根据社会经济发展的宏观环境的变化与教育事业的发展状况进行了相应的改革和演变。从我国教育宏观管理体制改革的脉络中，我们可以发现，地方与中央教育责任和权限的划分一直处于动态，将基础教育发展责任转移至地方，特

---

① 袁振国. 加强省级政府教育统筹是历史阶段的新要求［J］. 基础教育改革动态，2011（5）：23-24.
② 俞可平. 论国家治理现代化［M］. 北京：社会科学文献出版社，2014：4-5.

别是县市一级政府,这虽然能调动地方各级政府办学积极性,但同时也导致了政府统筹层级过低、力度不够、能力不足的问题,进一步导致教育在区域、城乡和学校之间发展不平衡,教育公平、教育质量难以保障等问题也日益显现。① 因此,政府教育统筹这一议题逐渐成为我国教育管理体制改革的重要内容,力求实现激发地方办学兴教活力与宏观指导管理的平衡。在现代化教育治理理念的引领下,面对教育事业发展与改革的新要求,在新时期我国逐步形成了"中央统一领导、省级政府统筹、地方分级负责"的教育管理体制。②

《中国教育现代化2035》提出扩大政府教育统筹力度,进一步明确了中央对我国教育事业发展与改革进行统一领导的地位及省级政府教育统筹的权限与职责。这一改革理念延续了我国教育管理体制改革一直以来的着力点,在中央和地方教育管理权限上,将简政放权与宏观指导和管理紧密结合,既重视权力中心下移,赋予地方各级政府自主管理本区域内教育发展与改革,激发地方政府体制机制和改革创新的活力,同时也注重从顶层设计的视角出发提升政府的宏观管理、统筹协调、规划指导、监督评价的服务水平与能力。

(二)加大政府教育统筹力度有助于推进教育领域的综合改革,系统性地解决教育改革的关键问题

从生态系统论的视角出发,教育是嵌套于社会大系统中的一个重要子系统,因此,解决教育发展与改革中出现的问题、加快推进教育现代

---

① 范国睿,孙闻泽. 改革开放40年教育体制机制改革的历史与逻辑分析[J]. 教育研究,2018,39(7):15-23,48.
② 杨润勇. 新背景下我国教育管理体制政策调整问题研究[J]. 教育研究,2011,32(3):26-30.

化的实现不能"就教育论教育",教育改革必须兼顾经济、社会、文化、人口等领域的协同改革。另一方面,教育领域本身也自成一个复杂的系统,包含基础教育与高等教育、职业教育与普通教育、继续教育与特殊教育等各种层级、各种类别的教育类型,而各级各类教育自身又囊括各种复杂并相互联结的核心要素,诸如招生、教师、学校、课程、教学、考试评价等。因此,教育改革的复杂性、综合性就凸显出来,任何一项教育改革,几乎都是综合改革[①]。正是基于这样的考虑,创新体制机制、提升政府教育治理能力成为进一步推动教育发展与改革的重要路径;也正是在这个意义上,在我国教育政策话语中,政府教育统筹逐渐上升为推进教育领域综合改革、系统解决教育改革关键问题的重要手段。

在地方政府层面,特别是在省级政府层面,强化政府教育统筹力度有助于发挥政府主动性、创造性,积极创造和运用政策工具和各种资源,发挥资源动员、资源整合和资源优化配置的功能,统一规划并组织实施本区域内的教育改革和发展,解决区域教育改革的重要问题。改革开放40多年来,我国教育事业取得了历史性的成就、发生了历史性的变革;与此同时,教育发展与改革也逐步进入"深水区"和"攻坚克难"的关键阶段,传统的单项改革思路和方法已经难以取得突破,必须通过体制机制创新,借助综合改革的思路,运用系统性思维和方法论,才能更好地解决改革过程中出现的各类教育问题。例如,作为省级教育统筹综合改革试点,北京市提出了"统筹深化教育综合改革,构建首都教育新生态"的教育综合改革思路,在考试招生制度改革过程中,重新配置和优化优质教育资源,努力实现教育均衡发展和教育公平,推动学

---

① 李立国. 以省级教育统筹推进教育领域综合改革 [J]. 清华大学教育研究, 2013, 34 (1): 14-16.

生负担重、择校等重大教育问题的解决，与此同时，努力实现高质量的素质教育目标。

（三）加大政府教育统筹力度能够促进教育均衡发展，实现更加公平更有质量的教育

党的十九大报告提出，中国特色社会主义进入新时代，我国社会主要矛盾已经转化为人民日益增长的美好生活需要和不平衡不充分的发展之间的矛盾。这反映在教育领域就是人民对优质教育资源的需求和优质教育资源发展不平衡不充分之间的矛盾，即如何实现优质教育资源均衡发展、实现更加公平更有质量的教育的问题。对改革开放40多年来我国教育体制机制改革的总结可以发现，2003年以来，我国教育体制改革逐步由关注数量与规模转向对教育质量和教育公平的追求[①]；特别是《国家中长期教育改革和发展规划纲要（2010—2020年）》把促进公平作为国家基本教育政策，把提高质量作为教育改革发展的核心任务。李克强总理在2019年政府工作报告中也提出，2019年教育工作的目标是"发展更加公平更有质量的教育"。

长期以来，受限于各地区社会经济发展水平、城市与乡村经济发展水平之间的差异，教育资源在区域之间、城乡之间分配不均衡，区域教育和城乡教育发展不平衡的问题十分突出，其中尤以城乡义务教育发展不平衡为典型。对此，2016年，《国务院关于统筹推进县域内城乡义务教育一体化改革发展的若干意见》（国发〔2016〕40号）强调，为了解决乡村优质教育资源紧缺，教育质量亟待提高等问题，需要统筹城乡教育资源配置，推进县域内城乡教育一体化改革与发展。而为了推动城乡

---

① 范国睿，孙闻泽. 改革开放40年教育体制机制改革的历史与逻辑分析［J］. 教育研究，2018，39（7）：15-23，48.

教育一体化发展、促进优质教育资源在城乡之间的均衡配置，需要加强政府对教育资源的统筹规划和优化配置，特别是省级政府的城乡教育统筹。这是因为城乡义务教育均衡发展和一体化改革是一项重大的系统工程，教育部部长陈宝生在《国务院关于推动城乡义务教育一体化发展提高农村义务教育水平工作情况的报告》中指明，应进一步加大政府统筹力度，完善和落实"省级统筹，以县为主"的管理体制。省级政府统筹城乡教育发展是因为省级政府作为最高一级的地方行政单位，相比于县市级政府，有较强的政策规划能力、资源调配和统筹能力、行政执行能力，有助于统筹本区域内城乡教育的均衡发展。①

三、加大政府教育统筹力度的建议

改革开放以来，我国逐步确立了"分级管理"的教育管理体制，中央与地方各级政府在教育改革发展事业中的权限与职责划分日益清晰；加大政府教育统筹，特别是中央与省级政府教育统筹权也成为我国教育宏观管理的重要政策，发挥着协调教育部门与社会、经济、财政、人事、安全、发展等部门的协同改革与发展，统筹各级各类教育协调发展，统筹区域与城乡教育均衡发展，统筹推进教育综合改革和发展稳定等积极作用。但是，加大政府教育统筹仍然面临着统筹层级较低、系统性协同性不高、统筹"碎片化"现象仍然较为明显、统筹法治化制度化不足、政府统筹能力亟待提升等体制机制和宏观管理的难点与挑战。②

---

① 盛明科. 公共服务均等化视角下省级政府教育统筹发展效果评价研究 [M]. 北京：中国社会科学出版社，2017：48.
② 盛明科，朱玉梅. 中国教育统筹发展的政策变迁：问题及改进思路 [J]. 当代中国史研究，2014，21（5）：121-122.

（一）进一步加强顶层设计，推进政府教育统筹的制度化

在中央统筹层面，在加大政府对教育发展改革的统筹力度的同时，党和政府对教育发展与改革的顶层设计也得到加强和升华。2010年8月，国家教育体制改革领导小组成立，主要职责是"审议教育改革发展的重大方针和政策措施，研究部署、指导实施教育体制改革工作，统筹协调教育改革发展中的重大问题"。2018年3月中共中央印发《深化党和国家机构改革方案》，组建中央教育工作领导小组，作为党中央决策议事协调机构，领导小组的主要职责是"研究提出并组织实施在教育领域坚持党的领导、加强党的建设方针政策，研究部署教育领域思想政治、意识形态工作，审议国家教育发展战略、中长期规划、教育重大政策和体制改革方案，协调解决教育工作重大问题等"，这就进一步强化了党中央对教育事业的集中统一领导。显然，中央层面对教育的顶层设计有助于提升我国政府教育统筹改革的站位与层级，提升政府各个部门之间的协同与合作，防止头痛医头脚痛医脚等教育改革"碎片化"现象的出现，也有助于更加系统地、全面地、协同地研究和彻底长远解决我国教育事业发展与改革中出现的综合问题。

在地方政府层面，《中共中央关于全面深化改革若干重大问题的决定》《关于深化教育体制机制改革的意见》《国家中长期教育改革和发展规划纲要（2010—2020年）》《国家教育体制改革领导小组办公室关于进一步扩大省级政府教育统筹权的意见》《中国教育现代化2035》等党和国家的教育方针政策均对地方政府特别是省级政府教育统筹权做了明确的规定，扩大省级政府教育统筹权作为推进教育综合改革的重要途径和手段获得了国家政策的确认，成为教育改革战略部署的重要部分。但是，政府教育统筹的法定管理权限仍未实现法制化和制度化。

刘云生[①]指出,"省级教育统筹"还没有作为一个专门的法律术语而成为我国教育法律体系的重要组成部分。杨润勇[②]也进一步指出,目前教育管理体制的国家政策文本的规定较为"笼统"、不够明确和具体,中央和地方权责划分与地方各级政府的管理责任仍缺乏明确的界定,法律依据也有所欠缺。现代化国家公共治理体系的建立需要对公共权力的运行进行制度化和规范化。因此,为了更好地理顺中央与地方各级政府教育统筹治理的权限、职责、范围,借助政府教育统筹清单制度的建立,明确政府教育统筹的具体事项和内容,在保证因时因地制宜的统筹政策灵活性和自主性的同时,仍需进一步加强顶层设计,提升政府教育统筹的层级;特别是,坚持教育行政管理体制的法治化发展方向,坚持教育管理权限的法定化,通过法律确权来规定中央与地方政府、地方各级政府在统筹教育发展与改革过程中的相应的地位、责任、权力和监督问责机制,提高政府教育统筹的法治化和制度化程度。

(二)进一步赋权增能,提升政府教育统筹治理的能力

现代公共治理体系的建立和完善离不开政府的有效运作和相关职能的高效履行。在治理理论中,"有效性",也就是管理的效率,是衡量治理能力高低的重要标准之一,善治程度越高,管理的有效性就越高。[③]统筹作为一种政策手段和工具,其意义就在于在简政放权的同时,也提升政府宏观管理和指导的能力,增强政府履行公共管理的效能、提供公共服务的能力。加大政府教育统筹力度,不仅体现了中央和地方教育责

[①] 袁本涛,孙霄兵. 教育治理现代化:理念、制度与政策[M]. 北京:经济科学出版社,2018:157-164.

[②] 杨润勇. 新背景下我国教育管理体制政策调整问题研究[J]. 教育研究,2011,32(3):26-30.

[③] 俞可平. 论国家治理现代化[M]. 北京:社会科学文献出版社,2014:29.

任的重新划分和简政放权的管理理念，也蕴含着提升政府对教育发展改革的指导领导、统筹规划、宏观管理、具体实施等的责任，明确了政府在公共教育服务供给与管理中的主导地位。

《国家教育体制改革领导小组办公室关于进一步扩大省级政府教育统筹权的意见》在加强省级政府教育统筹的同时也要求政府必须用好教育统筹权。而如何用好教育统筹权就考验政府对教育事业的统筹治理能力。李立国[①]指出，政府管理教育能力的强弱才是更深层、更根本、更基础的因素，要真正把管理和服务落到实处，提高执行力，提高效率，推动教育改革和发展。因此，为了提升政府教育统筹的管理效能，在加大政府教育统筹力度的同时，应该进一步赋权增能，建立和完善诸如进一步下放审批权等相关管理机制，通过完善财政转移支付、教育经费供给制度等形式完善政府统筹教育发展与改革的政策和财政资源，提升政府教育统筹治理的能力。

（三）进一步完善监督问责机制，增强政府教育统筹的效果

转变政府职能、提升政府管理效能的必要条件之一就在于建立科学、严谨、规范的监督评估和问责机制，将绩效问责同管理与服务型政府、责任型政府的建设相联结，推动政府转变职能。[②]加大政府教育统筹力度也不例外。《国家教育体制改革领导小组办公室关于进一步扩大省级政府教育统筹权的意见》指出，应进一步健全教育统筹工作机制，"明确省级政府加强教育统筹的领导机构及主要负责人"，与此同时，也要强化督导问责力度，"确保地方各级政府教育职责逐一落实到位"。

---

① 李立国. 以省级教育统筹推进教育领域综合改革 [J]. 清华大学教育研究，2013，34（1）：14-16.
② 王浦劬. 论转变政府职能的若干理论问题 [J]. 国家行政学院学报，2015（1）：31-39.

可见，监督问责机制的完善是加大政府教育统筹力度的重要保障，也是增强政府教育统筹效果的重要途径。具体而言，完善监督问责机制、增强政府教育统筹效果可从以下两方面着手。

第一，完善教育统筹的绩效评估标准。制定并完善教育事业发展的国家标准及与之相匹配的地方标准，健全教育统筹管理的绩效评估制度，并辅之以相应的评估标准和具体指标体系，明确地方政府教育统筹的具体职责和绩效事项，对政府行使教育统筹权进行过程性评价和结果绩效的监督，督促地方政府用好、用对教育统筹权。[①] 与此同时，将相应的教育统筹评价效果与领导干部的考核评价相挂钩，发挥评价机制的激励和导向作用，切实推进政府教育统筹力度。[②]

第二，建立和完善地方政府教育统筹的纵向与横向的权力约束机制。[③] 政府教育统筹权的实质是处理中央与地方政府之间、各级地方政府之间教育管理权限和职责的划分；在加强中央与省级政府教育统筹的同时，也应赋予地方政府相应统筹权限。因此，在实施简政放权、激发地方政府主动性的同时，也应建立相应的纵向权力约束机制，对地方政府教育统筹权的行使进行指导和管理，并加大督导问责力度。同时，解决教育问题不能单纯从教育视角出发，政府各部门之间的协同合作是政府教育统筹的应有之义，这也意味着围绕教育统筹权的形式，政府各部门之间也应形成相互监督约束的良性合作关系。

---

① 范国睿，孙闻泽. 改革开放40年教育体制机制改革的历史与逻辑分析［J］. 教育研究，2018，39（7）：15-23，48.
② 盛明科. 公共服务均等化视角下省级政府教育统筹发展效果评价研究［M］. 北京：中国社会科学出版社，2017：190.
③ 李立国. 省级教育统筹的权力约束机制［J］. 国家教育行政学院学报，2015（5）：3-8.

第三节　推动政府科学决策

2017年，党的十九大报告明确指出要"健全依法决策机制，构建决策科学、执行坚决、监督有力的权力运行机制"。2013年，《中共中央关于全面深化改革若干重大问题的决定》也明确提出要"提高改革决策科学性"，进而全面深化各个领域的发展与改革。改革开放以来，伴随着政府职能角色的转变以及建设服务型政府、提高教育治理能力的要求，提高政府教育决策的科学性业已成为我国转变政府教育管理职能的重要内容。这体现在多个党和政府的教育方针和政策文件之中。《国家中长期教育改革和发展规划纲要（2010—2020年）》提出："提高政府决策的科学性和管理的有效性……提高重大教育决策的科学性。"《中国教育现代化2035》同样也将推进政府科学决策视为提高政府管理服务水平的关键内容，着重强调"健全教育政策性文件制定的程序，实行重大教育决策和政府规范性文件出台前咨询、听证、公示制度，完善教育政策落实情况评估机制，提高教育决策科学性。加强教育政策研究，支持建设一批高水平教育智库，健全教育战略咨询机制，加强对重大教育问题的理论和实证研究及政策储备"。可见，提高政府教育决策的科学性是我国改革政府行政管理体制、创新政府管理职能在教育领域的体现，并进一步反映了推进教育治理能力现代化的决心和要求。

一、政府科学决策的内涵

那么，何谓政府科学决策？决策科学性的高低是否有相应的标准进行衡量和评判？对此，公共政策学、决策科学及教育政策学等领域的研究者进行了许多有价值的探索。例如，石亚军[①]主张，政府的科学决策机制应该呈现在三个维度：一是决策主体要多元，二是决策思维要全面，三是决策程序要民主规范。张秀兰等[②]基于对改革开放三十年我国教育决策机制和决策模式的回顾认为，教育决策科学化至少应该包括决策理念与决策技术过程的科学化。任友群[③]则从六个方面来总结教育决策科学化的具体内涵：一是决策基础精确化，二是决策依据多元化，三是决策实施精准化，四是决策过程透明化，五是决策反馈即时化，六是决策监督社会化。刘复兴[④]则主张教育政策制定程序科学化的本质在于决策活动应该合乎理性，也就是决策过程不仅要建立在事实证据基础上，而且要符合科学的精神、方法和原则。

结合我国教育政策制定过程的实际特点，政府教育决策科学性或科学化指的是，作为教育政策制定者的党和政府的相关决策部门，在先进的教育理念的指引下，将教育决策过程建立在充足、扎实的数据和事实基础之上，借助现代管理技术和分析工具等科学方法和过程，遵循严密的系统性、科学性的思维逻辑，经过民主规范的决策程序，使教育政策的内容和形式等各要素均符合和遵循教育及其他领域的客观规律。具体而言，作为政府决策机制创新的重要内容，政府教育决策科学化的内涵

---

① 石亚军. 实现政府科学决策机制的根本转变[J]. 中国行政管理，2006（10）：10-13.
② 张秀兰，胡晓江，屈智勇. 关于教育决策机制与决策模式的思考：基于三十年教育发展与政策的回顾[J]. 清华大学学报（哲学社会科学版），2009，24（5）：138-158，160.
③ 任友群. 以科学决策促进教育现代化[N]. 光明日报，2015-06-02（2）.
④ 刘复兴. 教育政策的价值分析[M]. 北京：教育科学出版社，2003：138.

可从以下几个维度进行理解。

第一，教育决策的主体应从单一主体向多元主体方向发展。[1] 教育政策制定过程的参与主体的多元化是保障教育决策科学性的重要条件。只有将与教育问题相关的主要利益相关者与相关领域的专家、研究者纳入决策范围，并赋之以合理限度的决策权，扩大教育决策的主体，才能够更全面地纳入有效政策信息，提高政策内容的科学性。第二，教育决策过程应是运用科学方法、反映科学精神的过程。教育决策科学性的本质并非强调决策内容的绝对正确性，相反，更侧重强调决策过程应该依靠理性的思考与分析，采用科学的政策制定、实施、评估等分析方法，着重于对教育事实等量化和质化数据的分析与应用。[2] 第三，教育决策的依据应该建立于事实与数据基础之上，而非个人经验和感觉。科学的教育决策过程应该摆脱以个人经验（特别是领导人个人经验）为主要乃至唯一依据的弊端。现代教育决策所针对的是日益复杂的教育问题，涉及复杂的公共教育利益的制度化分配过程。只有依靠对事实和数据的分析，才能够服务教育决策过程，使教育政策内容符合经济社会和教育发展规律。第四，教育决策的程序应该是规范化、制度化的。俞可平[3] 在对中国治理变迁进行考察时指出，尽管我国政府行政管理体制改革取得了重大成就，但是政府决策过程随意性太大、决策程序规范性有待提高等问题也十分突出。教育决策的科学性要求应该对决策过程予以规范化、制度化和法治化，这既是保障政府政策权威性和公信力的要求，也

---

[1] 石亚军. 实现政府科学决策机制的根本转变 [J]. 中国行政管理, 2006（10）: 10-13.
[2] 邓恩. 公共政策分析导论 [M]. 谢明, 杜子芳, 伏燕, 等译. 2版. 北京: 中国人民大学出版社, 2010: 12.
[3] 俞可平. 论国家治理现代化 [M]. 北京: 社会科学文献出版社, 2014: 99, 98.

有助于提高决策内容的科学合理性。

二、提高政府教育决策科学性的意义

改革开放以来,我国教育领域的决策体制机制和教育政策的制定逐步实现了从经验决策向科学型决策演化的过程。提高政府教育决策科学化是努力实现教育现代化,推动教育治理现代化的重要途径和前提条件,同时也是建立现代化教育治理体系的重要标志。[①]

(一)推动政府教育科学决策体现了公共教育服务多元治理的理念,有助于构建教育治理新格局

在治理理论视野下,治理区别于统治或管理的重要特征之一就在于其强调多元化的治理主体;除了政府作为治理的权力主体之外,非政府组织、社会组织、社会团体、公民个体等也是公共治理的不可或缺的参与者;"没有公民的积极参与和合作"就不会有好的治理或者善治。[②]治理理论反映在教育领域,也就是教育治理理念的提出,强调围绕"好教育"的共同目标,以政府为代表的公权力部门与其他非公权力部门的社会组织和个体组成共同治理网络,对教育公共事务进行"合作管理、共同管理、共同治理",也就是以共治求善治,[③]形成多元主体参与的教育治理新格局。

长期以来,我国教育决策主体局限于政府等公权力部门,单一化的决策主体可能会对决策过程和结果的科学性带来消极影响。教育决策主

---

① 任友群. 以科学决策促进教育现代化[N]. 光明日报,2015-06-02(2).
② 俞可平. 论国家治理现代化[M]. 北京:社会科学文献出版社,2014:99,98.
③ 袁本涛,孙霄兵. 教育治理现代化:理念、制度与政策[M]. 北京:经济科学出版社,2018:56-72.

体的单一性可能会限制教育决策过程的价值冲突，最终可能使教育政策决策结果难以具有代表性和针对性，削弱政策的社会合法性基础。① 在现代治理理念的引领与构建现代化教育治理体系的要求下，政府教育决策科学化强调将多元主体纳入政策制定过程，建立政府主导而多元主体共同参与的治理模式。② 第一，政府教育决策科学化强调公众参与在决策过程中的作用，倾听各方声音，集思广益，加强决策过程的集体协商，促进决策过程的透明与公开化，这不仅有助于教育政策内容的宣传与讲解，同时，也有助于作为利益相关主体的组织和公众能够更好地理解教育政策的目标。第二，政府教育决策科学化将各个专业领域的专家知识引入教育决策过程，教育智库在决策中的作用日益提升就是这一过程的突出体现。威廉·N.邓恩指出，伴随着政策分析的职业化和专业化，政策相关知识成为稀缺资源。③ 相应地，作为知识阶层的专家及其所在的组织机构（通常表现为官方、半官方或民间的教育智库）成为教育决策过程必不可少的重要参与力量，形塑着我国教育治理的新格局。

（二）推动政府教育科学决策有助于提升教育决策的可行性，保障教育政策的切实有效执行

教育政策是我国公共政策体系的重要组成部分。教育决策或教育政策的制定与出台，从理论上说，是为了对公共教育利益在不同群体之间进行权威性的分配；而从实践层面来看，教育政策往往代表着政府及其

---

① 刘复兴. 教育政策的价值分析 [M]. 北京：教育科学出版社，2003：155.
② 蒲蕊. 公共教育服务体制创新：治理的视角 [J]. 教育研究，2011，32（7）：54-59.
③ 邓恩. 公共政策分析导论 [M]. 谢明，杜子芳，伏燕，等译. 2版. 北京：中国人民大学出版社，2010：44.

教育行政部门对复杂教育问题的一种解决思路、途径、采取的具体策略。因此，决策可行性或政策的有效性成为衡量政府教育政策的重要维度之一。黄忠敬[①]指出，要判断一项教育决策是否有科学性，首先要考虑该项教育决策的可行性程度，因为可行性是确定教育决策价值的一个前提条件。教育决策的可行性是教育决策实践的条件性。而与政策可行与否密切相关的是教育政策的有效性。每一项教育政策的出台均蕴含着要努力实现的政策目标，而政策结果与政策目标之间是否实现完整准确真实的匹配，就决定了政策成功、失败或偏差，也意味着政策绩效是否得以实现。[②]

但是，我国教育政策长期以来却面临着执行难的问题，在政策执行过程中，政策失真、执行偏差现象屡见不鲜。教育政策在执行过程中出现了"失真"（distortion）现象指的是，教育政策"在实际执行过程中，出现执行活动及结果偏离政策目标的现象"。政策科学研究者总结了导致政策执行偏差或失真的多方面的原因，包括政策环境不良、政策资源不足、政策执行人员素质过低、政策执行组织机构不合理等原因；但其中尤以政策制定过程及政策内容本身存在的问题最为突出。[③] 李孔珍[④]总结了影响公共教育政策执行的多个影响因素，其中排在首位的就是教育政策本身；她进一步指出，教育政策如果具有较高的合理性、合法性和可行性，那么政策执行就会更为顺畅，政策目标也可能更顺利被实现。因此，提高教育政策自身的效力、改善教育决策过程的质量就成为

---

① 黄忠敬. 教育决策科学性的标准 [J]. 教育理论与实践，2000（2）：19-22.
② 刘复兴. 教育政策的价值分析 [M]. 北京：教育科学出版社，2003：155.
③ 陈振明. 政策科学 [M]. 北京：中国人民大学出版社，1998：353.
④ 李孔珍. 我国公共教育政策执行：影响因素、问题和路径选择 [J]. 中国行政管理，2010（11）：53-57.

保障教育政策执行的重要途径。而政府教育科学决策有助于政府等决策主体根据事实和数据，运用科学系统严谨的思维、方法和具体技术，统筹考虑教育决策内容在实践中的可行性，提高教育政策的有效性，保障教育政策的切实有效执行。

三、提高政府教育决策科学性的建议

改革开放以来，我国教育事业、教育发展与改革取得了举世瞩目的成就，但是，当前教育改革也进入深水区和攻坚克难阶段，教育问题的复杂性、综合性、长期性等特点日益突出。如何进行科学决策，如何制定合理、合法、可行和有效的教育政策就成为考验教育政策制定者的重要挑战。为了解决日益复杂的教育问题，提高政府教育决策科学性，离不开与教育发展改革相关的各个领域专家的积极参与，及其所贡献的专业知识与集体智慧。

（一）健全决策咨询制度，建设一批高水平的中国特色新型教育智库，服务教育科学决策

提高政府教育决策科学性要求必须进一步健全决策咨询制度、建设一批高水平的中国特色新型教育智库，提高教育智库服务决策的能力和水平。党和政府历来十分重视完善决策体制机制，着力健全决策咨询制度，谋划智库建设。2015年，中共中央办公厅、国务院办公厅印发了《关于加强中国特色新型智库建设的意见》，明确提出了中国特色新型智库的发展规划与建设目标，强调"中国特色新型智库是以战略问题和公共政策为主要研究对象、以服务党和政府科学民主依法决策为宗旨的非营利性研究咨询机构"。

作为中国特色新型智库的重要组成部分，中国特色新型教育智库的

主要功能在于为党和政府决策服务，是推动实现多元主体教育治理的重要平台，同时也是民主决策、科学决策的重要机制，是提升我国教育治理体系和治理能力现代化水平的重要力量。[①] 加快中国特色新型教育智库的建设应着眼于以下几方面。一是找准定位。智库与治理之间的内在逻辑是，智库作为一种知识机构应为多元主体的分权治理提供知识支撑。[②] 无论是官方智库、半官方智库还是民间智库，均应明确智库的功能与任务在于服务党和政府的重大战略决策，特别要聚焦重大教育改革议题。二是提升专业能力和水平。智库，胜在智，强在库。智，指的是智库所代表的专业知识、智慧谋略；库，指代的是智库超越单兵作战的限制，体现为系统的组织性的力量。[③] 教育智库是专业人员、专业团队的有机联结，完善智库人员知识结构，强调问题研究意识，注重科学政策分析工具的学习和运用，提升政策分析成果的转化及政策建议的针对性、有效性和及时性，真正肩负起教育决策的思想库、智囊团的角色。三是保持独立性和开放性。加强独立性、摆脱附属地位是教育智库推动教育决策科学化的前提条件之一，也是教育智库发扬专业精神、发挥专业能力的基础。而开放性要求教育智库在扎根本土问题的同时，秉持全球视野与合作协同的心态，积极汲取国内外知识与智慧，更好地服务教育决策。

[①] 周洪宇，付睿. 以习近平智库论述为指导加强教育智库建设[J]. 国家教育行政学院学报，2018（4）：3-8.

[②] 袁本涛，孙霄兵. 教育治理现代化：理念、制度与政策[M]. 北京：经济科学出版社，2018：73-92.

[③] 周洪宇. 创新体制机制，建设中国特色新型教育智库[J]. 教育研究，2015，36（4）：8-10.

（二）提升教育政策研究水平，注重教育调查研究和实证研究，为教育决策提供证据支撑

提高政府教育决策的科学性要求决策过程应由经验型、随意性决策转变为以事实证据为支撑、重视政策分析工具和方法的应用的科学型决策。在教育治理与改革的全球风潮中，事实、信息和证据逐渐占据教育决策过程的关键位置，世界各国和许多国际组织（如联合国教科文组织、经济合作与发展组织等）均强调基于证据（evidence-based）或证据驱动的（evidence-driven）的教育改革策略。2007年，经济合作与发展组织发表了《教育中的证据：联结研究与政策》（*Evidence in Education: Linking Research and Policy*），其中明确指明，伴随着对教育绩效和教育效能的关注，许多国家和地区强调将政策决策建立在证据支持之上，构建了所谓的"证据支撑的"（evidence-informed）的教育政策体系。同样地，随着教育改革的日益深入，教育问题的复杂性要求教育决策过程应摆脱经验型决策模式，而更加重视对事实和数据的掌握，更加依赖专业的教育政策研究。袁振国[①]指出，教育决策科学化要求对教育决策的研究理应更加深入，在利益多元、信息丰富的时代，没有充分的、实证的、量化的研究作为基础，很多规定难免粗疏甚至产生偏差。在现代社会，一切决策都应建立在事实和数据之上。因此，提高政府教育决策科学性，应努力提高教育政策研究水平，注重教育调查和实证研究，为教育决策提供证据支撑和源自专业过程的分析结论。

第一，提高教育政策研究水平。第二次世界大战后，随着致力于帮

---

① 袁振国. 教育决策的科学化和民主化是依法治教的关键 [J]. 中国教育学刊，2015（11）：1-3.

助制定有效政策的政策科学运动的兴起，公共政策分析逐渐成为一门专业知识，公共政策制定和社会指导尤其依赖于各种专家创造和应用的专门知识和技术。[①] 教育政策研究不同于纯粹的学术研究，其更强调研究成果的转化和对决策过程的实际影响力。教育政策研究者、教育决策或政策制定者两者应建立信息沟通的制度化桥梁，形成一个有机、开放的整合系统，进而产生良好的互动协同效应。[②] 教育政策研究应以问题为导向，努力提升研究水平和能力，聚焦我国教育发展与改革中出现的复杂问题，服务党和政府重大教育改革战略。

第二，注重教育调查与实证研究。"没有调查就没有发言权"是党和政府决策机制的优良传统的直接体现。习近平总书记就多次强调调查研究对于科学决策的重要性，提高决策科学化水平，必须把调查研究贯穿于决策的全过程，真正成为决策的必经程序。党的十九大以来，习近平总书记对在全党大兴调查研究之风作出重要指示。在教育领域，2018年2月，教育部党组将2018年作为教育系统的"调查研究年"，并发布了《中共教育部党组关于在教育系统大兴调查研究之风的意见》（教党〔2018〕12号），将调查研究作为改进工作方式，确保教育事业发展与改革的部署得以落实的重要机制。因此，提升政府教育决策科学性要求决策摆脱经验主义的束缚，而建立在扎实的证据、丰富的信息数据基础之上，通过调查研究，广泛收集各方意见建议，集思广益，推动教育多

[①] 邓恩. 公共政策分析导论［M］. 谢明，杜子芳，伏燕，等译. 2版. 北京：中国人民大学出版社，2010：43.

[②] 李福华，黄庆丽. 教育研究、教育决策、教育实践的界面管理与协同效应［J］. 清华大学教育研究，2017，38（6）：98-105，113.

元治理体系的完善。①

（三）推动教育决策程序的规范化、制度化和法定化

决策程序的透明化、制度化和规范化并以法治方式予以保障是提高政府教育决策科学性的重要内容。第一，教育决策过程应保障公民参与权。科学决策离不开民主决策。教育政策是对教育公共利益的权威性分配，因此必然涉及复杂多元的利益关系，保障公民参与教育政策制定和决策过程的权利，既体现了人民当家做主的政治理念，也是构建现代教育治理体系的要求。第二，应建立教育决策程序的规范制度，并以法律规定进行保障。政府教育科学决策离不开依法决策，决策科学化与依法决策密不可分，特别是在决策程序的规范层面。决策过程的法治化，一方面，要求对教育决策的主体予以规范，强调决策主体的权限范围和责任范围，特别是明确中央和地方各级政府、教育行政部门与其他行政部门之间的决策事务范围、决策权限大小，坚决贯彻依法行政；另一方面，需要推动决策程序的法治化，建立并完善教育决策的法定程序，而教育政策制定和决策过程必须严格依照法定程序进行，防止决策随意化现象的出现。②

（四）完善教育政策执行监控评估机制，助推教育决策科学化

教育决策过程并非以政策出台或颁布为终点；相反，正如威廉·N.

---

① 袁振国. 教育决策的科学化和民主化是依法治教的关键［J］. 中国教育学刊，2015（11）：1-3.
② 刘福敏，陈井安. 行政决策的合法化：形式合法与实质合法［J］. 社会科学研究，2016（6）：63-67.

邓恩[①]所言，公共政策是一个多系统多要素彼此协调互动的过程，包含从问题构建、议程建立、政策形成、政策采纳、政策执行到政策评估的全过程。相应地，教育政策执行及其监控、评估过程成为政府决策科学化的重要内容。

教育决策科学化过程要求决策建立在对大量信息、事实和证据的分析与整合的基础之上，而服务于决策过程的信息需要在执行过程中不断收集和积累。也就是说，教育决策过程的科学性要求决策过程应注重信息的动态反馈，进而对决策进行不断改进和完善。[②]从主体方面看，教育政策执行监控与评估应该坚持主体多元化，在成立专门的执行监控和评估机构的同时，囊括行政机关、立法机关、第三方评估机构、教育智库、社会和新闻媒体等多种力量，扩大政策执行监控和评估的治理主体。另外，应率先制定并完善教育政策执行监控与评估的程序，并从政策执行信息的获取、共享和分析入手，规范监控与评估机制，反馈于教育决策过程。[③]最后，监控与评估的内容应以政策绩效为主，强调对教育政策目标在不同群体之间的达成程度，并通过执行过程的信息反馈，不断提升决策过程的科学性。

[①] 邓恩. 公共政策分析导论［M］. 谢明，杜子芳，伏燕，等译. 2版. 北京：中国人民大学出版社，2010：11.

[②] 吕京，唐应辉，马川冬. 提高教育决策的科学性［N］. 人民日报，2016-04-01（7）.

[③] 范国睿，孙翠香. 教育政策执行监测与评估体系的构建［J］. 教育发展研究，2012，32（5）：54-60.

第四章　健全教育督导体制机制

在2018年9月召开的全国教育大会上，李克强总理强调，"要深化教育领域'放管服'改革，充分释放教育事业发展生机活力"。教育领域的"放管服"改革凸显出教育督导工作的重要性，突出了督政、督学和评估监测这三项既相互关联又各有侧重的工作之价值。《中国教育现代化2035》就健全教育督导体制机制进行了阐述："完善督政、督学、评估监测'三位一体'的中国特色教育督导体系，健全教育督导体制机制，依法保障教育督导机构独立行使职能。强化督政督学，建设专业化督学队伍，加强督导结果公开和使用，提高教育督导的权威性和实效性。"贯彻落实教育大会精神和《中国教育现代化2035》，下一步亟待完善教育督导体系，依法保障教育督导机构独立行使职能，加强专业化督学建设。

本章从完善督政、督学、评估监测"三位一体"的中国特色教育督导体系，依法保障教育督导机构独立行使职能，以及加强专业化督学队伍建设三个方面，对《中国教育现代化2035》进行深入解读，沿着"是什么、为什么、怎么做"的逻辑逐层展开。第一节对督政、督学、评估监测"三位一体"的中国特色教育督导体系的内涵和意义进行了剖析，进而提出了完善中国特色教育督导体系的建议，第二节对教育督导机构的内涵进行了阐释，并对教育督导机构独立行使职权的意义进行了剖析，并提出了推动教育督导机构独立行使职权的建议，第三节对督学工作的性质和内容进行了阐述，对建设专业化督学队伍的意义进行了分析，并提出了加强专业化督学队伍建设的建议。

第一节　完善督政、督学、评估监测"三位一体"的中国特色教育督导体系

《深化教育督导改革转变教育管理方式的意见》提出，为落实《国家中长期教育改革和发展规划纲要（2010—2020年）》和《教育督导条例》，深化教育督导改革，应坚持决策、执行、监督既相互制约又相互支持的原则，以此作为进一步改革的方向。同时，应强化国家教育督导、深入推进管办评分离的要求，建立督促地方政府依法履行教育职责的督政机制、指导各级各类学校规范办学提高教育质量的督学体制、科学评价教育教学质量的评估监测体系，形成督政、督学、评估监测三位一体的教育督导体系。教育督导工作应坚持以下原则：第一，以提高教育教学质量为中心，紧紧围绕教育教学质量的提升，开展评价和引领工作；第二，遵循教育规律，教育督导不同于一般的行政管理工作，而是要在遵循教育自身规律的基础上进行专业的评价和引领；第三，遵守教育法律、法规、规章和国家教育方针、政策的规定，以《中国教育现代化2035》《加快推进教育现代化实施方案（2018—2022年）》《深化教育督导改革转变教育管理方式的意见》《教育督导条例》《中小学校责任督学挂牌督导规程》《中小学校责任督学挂牌督导办法》等重要文件精神为工作指南；第四，对政府履行教育工作相关职责的督导与对学校教育教学工作的督导并重，突出监督与指导并重的工作思路，而非过度强调

监督，避免对学校正常教学活动和办学自主权设定条框限制；第五，实事求是、客观公正，教育督导工作应当实事求是，建立在事实的基础上进行评价，教育督导工作者应秉持客观公正的原则，实事求是地开展督导工作。在专项或综合督导工作结束后，教育督导机构应当向本级政府提交督导报告，县级以上政府教育督导机构还应向上一级政府督导机构提交督导报告进行备案，并向社会公布督导报告。

一、完善"三位一体"的中国特色教育督导体系的内涵

根据《教育督导条例》规定，我国的教育督导包括以下内容：县级以上人民政府对下级人民政府落实教育法律、法规、规章和国家教育方针、政策的督导；县级以上地方人民政府对本行政区域内的学校和其他教育机构（以下统称学校）教育教学工作的督导。由《教育督导条例》可知，我国的教育督导体系中既包括上级人民政府对下级政府落实教育法律、法规、规章和国家教育方针、政策的督导，也包括地方人民政府对本行政区域内各级各类学校及教育机构教育教学工作的督导。换言之，教育督导工作的主体为县级以上人民政府，而督导的对象既可以是下级人民政府，也可以是各级各类教育机构。此外，在教育改革日益突出决策科学化、管理科学化的背景下，针对区域教育质量和学校教育质量的评估与监测日益成为教育督导的核心内容，以评促建，以评促改，通过专业的评价机构对某一地区或学校的教育质量进行全面客观地评估，及时诊断问题，提出改进方案。

中国特色的教育督导体系包含督政、督学、评估监测三大组成部分。一是督政。督政的核心在于督促地方人民政府依法履行教育职责，是推进教育事业发展的有效办法。建设中国特色的教育督导体系要求建

立地方人民政府履行教育职责督导评价机制，通过严格落实问责制度，引导地方人民政府优先发展教育事业，优先为教育事业发展提供经费、编制和资源保障，提高基本公共教育服务能力和水平。督政工作的重要内容是对义务教育普及水平和均衡发展情况进行督导，以及对各级各类教育的规划布局、协调发展等情况进行督导。二是督学。督学的关键在于指导各级各类学校规范办学提高教育质量，督学的根本任务是督导学校全面贯彻党的教育方针，依法依规办学，全面实施素质教育，切实提高教育质量。督学工作的具体内容包括对各级各类学校实施素质教育的情况的督导，特别是学校的教育教学水平、教育教学管理等教育教学工作情况。同时，针对校长队伍建设情况进行考察，对教师资格、职务、聘任等管理制度建设和执行情况进行监督，对招生学籍等管理情况、教育质量，以及学校的安全、卫生制度建设和执行情况进行考察，并对校舍的安全情况、设施设备的配备和使用状况，以及教育投入的管理和使用情况进行督导。建设中国特色的教育督导体系要求完善督学队伍管理，充实督学队伍，提升督学队伍专业性，实行督学责任制，通过有力的督学工作，监督指导各级各类学校规范办学行为，全面提高教育质量。三是评估监测。评估监测的核心在于科学评价教育教学质量。科学的教育教学评估监测，是发现问题的手段，是有效开展督政、督学工作的前提和基础。建立专业化教育质量评估监测体系，通过教育督导部门归口管理、专业机构提供服务、社会组织多方参与，保证教育质量评估监测的有效性和全面性。对各级各类教育进行科学、系统、权威的评估监测，从而为改进教育教学、管理、决策提供依据和支撑。

二、完善"三位一体"的中国特色教育督导体系的意义

完善督政、督学、评估监测"三位一体"的中国特色教育督导体系，是贯彻党的十九大和全国教育大会精神，落实《中国教育现代化2035》《加快推进教育现代化实施方案（2018—2022年）》《深化教育督导改革转变教育管理方式的意见》《教育督导条例》《中小学校责任督学挂牌督导规程》《中小学校责任督学挂牌督导办法》等重要文件要求，保障教育法律、法规、规章和国家教育方针、政策贯彻执行，全面实施素质教育，促进教育公平、提高教育质量，推动教育事业科学发展的有效保障，具有以下重要意义。

第一，完善督政、督学、评估监测"三位一体"的中国特色教育督导体系，有助于完善中国特色的教育行政管理体系。《深化教育督导改革转变教育管理方式的意见》指出，教育督导是教育管理的重要组成部分，是实施依法治教的重要环节，是保障教育改革发展的重要手段。教育督导工作的主体是县级以上人民政府，教育督导工作的开展有助于各级政府及教育行政部门把握当地教育发展的实际情况，全面掌握区域教育发展的特色、优势与短板，及时调整未来工作思路和方向，完善教育行政管理体系。教育督导体系是教育行政管理体系的重要支撑，是《中华人民共和国教育法》规定的教育基本制度之一，通过教育督导，保障了我国"两基"历史任务的完成，促进了区域、城乡义务教育均衡发展，推动了国家重大教育政策项目的落实，促进了各类大中小学校教育教学水平的提高，督促了重大热点难点问题的解决，并对我国教育质量评估监测提供了有效支撑。完善教育督导体系有助于转变政府职能，建设服务型政府，转变教育管理方式，深化教育综合改革。

第二，完善督政、督学、评估监测"三位一体"的中国特色教育督

导体系,有助于全面推进我国的教育事业发展。我国的教育督导体系涵盖了从地方人民政府到学校两大对象,涵盖了从幼儿园至小学、中学、高校乃至成人教育等各级各类教育机构,完善教育督导体系,有助于指导大中小学幼儿园等各类学校规范办学行为,全面推进素质教育,提高教育教学质量,同时,有助于督促地方人民政府切实履行教育职责,优先发展教育事业,有效推进教育事业发展。完善督政、督学、评估监测"三位一体"的中国特色教育督导体系,开展针对各级各类教育的质量监测与评价,有助于提升各地区、各类学校办学质量,全面推进我国的教育事业发展。

第三,完善督政、督学、评估监测"三位一体"的中国特色教育督导体系,有助于落实《教育督导条例》要求。国务院2012年颁布的《教育督导条例》对于我国的教育督导制度进行了系统的设计,对于教育督导的内涵、范围和程序进行了界定,并为开展各类教育督导活动提供了法律依据。根据《教育督导条例》的规定,教育督导工作包含以下内容:查阅、复制财务账目及相关文件、资料;要求被督导单位就督导事项有关问题作出说明;就督导事项有关问题开展深入调查;向有关人民政府或者主管部门提出对被督导单位或者其相关负责人给予奖惩的建议。完善"三位一体"的中国特色教育督导体系,有助于教育督导机构的完善,有助于督学队伍专业化的提升,有助于教育督导程序的优化,有助于各地区各级各类教育质量的提升,从而落实《教育督导条例》中提出的要求。

第四,督政、督学和评估监测结果的使用意义重大。完善督政、督学、评估监测"三位一体"的中国特色教育督导体系,能够进一步完善教育督导和评估监测报告的发布制度,建立分级发布制度,在国家和省市县层面发布年度教育督导与评估监测报告，面向社会公布督导和评估监测结果并接受社会监督，提升督导结果的权威性和有效性，提升教育督导的社会效益。健全教育督导和评估监测的公示、公告、约谈、奖惩、限期整改和复查制度，能够及时发现各级各类学校教育教学中的突出问题，及时做好整改工作，事前解决问题的效果往往大于事后补救。健全教育督导和评估监测问责机制，有助于强化督导和评估监测结果的社会效益。进一步完善考核奖惩机制，有助于将教育督导和评估监测结果作为教育资源配置、干部任免和表彰奖励的重要依据，提升教育督导结果的有效性，提升各地区和各级各类学校的教育教学质量。

当前，我国在构建督政、督学、评估监测"三位一体"的中国特色教育督导体系，深化教育督导改革方面已形成了扎实的基础。自《国家中长期教育改革和发展规划纲要（2010—2020年）》颁布以来，各地区各部门结合工作经验，积极开展教育督导体制机制改革试点，取得了改革的初步成效。2012年，国务院颁布实施《教育督导条例》，成立国务院教育督导委员会，在法律法规、体制机制两个方面将我国的教育督导体系推上了一个新台阶。2013年，《中小学校责任督学挂牌督导规程》《中小学校责任督学挂牌督导办法》等配套性文件相继颁布，为构建"三位一体"的中国特色教育督导体系奠定了坚实基础。

三、完善"三位一体"的中国特色教育督导体系的建议

深化教育督导改革，是加强教育监督、指导和服务的重要抓手。完善督政、督学、评估监测"三位一体"的中国特色教育督导体系，首先要理顺政府、学校和社会的关系，深入推进管办评分离。对政府教育行政部门而言，既要切实履行教育统筹规划、制度设计和政策引导职责，

也要加强教育监督、指导和服务；同时，通过完善相关体制机制，完善教育督导和评估监测结果使用机制，提高教育督导的权威性和实效性。具体而言，构建督政、督学、评估监测"三位一体"的中国特色教育督导体系应从以下方面入手。

第一，推进督政工作，督促地方政府依法履行教育职责。通过教育督导体系建设，以制度建设为抓手，对政府履行教育职责情况进行综合督导，从统筹规划、政策引导、监督管理和公共教育服务等方面入手，及时诊断问题、凝练特色、探讨原因、稳步优化，提升政府教育工作的整体水平。《加快推进教育现代化实施方案（2018—2022年）》提出，健全地方政府优先发展教育执行情况评价机制，开展省级政府履行教育职责年度评价，指导各地开展市、县政府履行教育职责年度评价，确保在经济社会发展规划上优先安排教育发展，财政资金投入上优先保障教育投入，公共资源配置上优先满足教育和人力资源开发需要，层层压实各级政府教育职责。具体而言，应按照《教育督导条例》要求，由上级人民政府教育督导部门对教育行政部门完成教育改革发展任务的情况进行督导，通过常规督导与专项督导相结合的形式，采取随机听课、查阅资料、列席会议、座谈走访、问卷调查、校园巡视等工作方式，提高各级教育行政部门工作水平。在经常性督导工作结束后，督学应当向教育督导机构提交督导报告，对于发现的违法违规办学行为或校园安全隐患，应及时督促学校和相关部门处理。

第二，针对教育现代化发展中的重大问题持续开展督导工作。一是要建立专项督导制度，针对国家教育改革与发展中的重大问题和教育部门的重点工作（如义务教育择校难、学生课业负担重等教育教学活动中的症结问题）展开专项督导，有效推动教育改革发展中的热点难点问题得到妥善解决，及时回应社会关切。须建立重大教育突发事件督导制度，针对重大的、突发性的教育事件，根据事件性质和级别，合理划分各级各类教育督导部门和人员的职责，督促各级政府、学校和教育机构对教育问题进行妥善应对，促使问题有效解决。二是要针对义务教育均衡发展问题，严格按照教育部《县域义务教育均衡发展督导评估暂行办法》要求，做好县域义务教育均衡发展状况的督导认定，加快推进区域义务教育均衡发展，以督导促落实，推进实现区域教育公平。同时，建立省级义务教育均衡发展工作考核评估制度，在省级政府层面统筹开展义务教育均衡发展工作考核评估。三是要针对各级各类学校教育教学质量、办学条件、规范办学行为和实施素质教育工作，开展常规和专项督导评估，督促指导学校全面贯彻党的教育方针，坚持立德树人，做好德育、智育、体育、美育、劳育等各项工作，促进学生全面发展、健康成长成才。教育督导工作一方面要着眼于大局，解决改革发展中的重大紧迫问题，另一方面也要关注细节，从中小学课堂教学、学校管理、校园文化建设等具体问题入手，通过督学队伍日复一日、年复一年的细致工作，在一线教育教学活动中及时发现问题、解决问题，夯实基础，实现教育质量的整体提升。

第三，有效开展学校教育教学工作督导，指导各级各类学校规范办学，提高教育质量。通过督学工作，监督指导各级各类学校全面贯彻党的教育方针，依法依规开展办学活动，全面实施素质教育，提高教育教学质量。各省市各地区需结合本地工作实际情况，推进督学责任区制度建设，合理规划督学责任区、配备督学队伍、完善工作机制。在各类学校建立责任督学挂牌督导制度，实现中小学幼儿园责任督学挂牌督导全覆盖。同时，加强学校视导队伍建设，建立学校视导员制度，进一步强化学校内部督导工作。在对学校开展的督导工作中，应要求学校按照督导机构和督学的指示进行自评，提交自评报告，并由督导小组对学校自评报告进行审核，对学校进行现场考察。此外，应注意征求公众对被督导学校的意见，通过座谈会等形式听取学生、家长及教师对学校办学和教育教学工作的意见，广泛听取吸收各利益相关主体的意见和建议，共同促进学校办学质量的提升。

第四，科学开展教育质量评估监测工作。各级人民政府应统筹规划各级各类学校的教育质量监测工作，培育和扶持一批专业评估机构，扩充教育质量监测人员队伍，深化教育质量评估监测成果。各级人民政府应依托教育行政部门、教研院所和高等院校，培育一批高水平的教育质量评估监测机构，依托高校培养教育质量评估监测专业人员，吸收一线教育工作者、教育管理者和教育研究者进入教育质量评估监测队伍，产出一批优质的教育质量评估监测成果，辅助各级政府教育督导工作。在教育质量评估监测工作的内容与形式方面，应根据各级各类教育的发展现状、特点与问题开展评估监测，特别注重对义务教育阶段学生学习质量监测，以及学前教育、高中阶段教育质量的评估监测，并针对高等教育、职业教育办学状况与教育质量情况进行重点监测。在全国范围内依托各地教育评估监测机构开展相关工作，强化评估监测结果的应用，突出成果对于教育决策、区域教育发展规划和学校管理的影响。

第五，加强对构建督政、督学、评估监测"三位一体"的中国特色教育督导体系改革工作的组织领导。加强各级党委组织领导，保障督政、督学和评估监测工作经费，结合本地实际统筹推进。地方政府应重视教育督导改革工作，将改革列入政府重要议事日程，及时解决当前存在的教育督导体制机制重大问题。应把教育督导经费列入财政预算，保障教育督导经费实际到位，为深化督导改革、全面加强督导工作提供保障。同时，应健全和完善教育督导体制，合理划分各级人民政府内设机构职责，整合力量，完善各级政府教育督导委员会及办公室组织机构与人员构成，确保督导室按照督政、督学、评估监测三大职能开展工作，有效履行督导职责。

第二节 依法保障教育督导机构独立行使职能

一、教育督导机构的内涵

根据《教育督导条例》的规定，国家实行督学制度，国务院教育督导机构和县级以上人民政府教育督导机构在本级人民政府领导下独立行使督导职能，教育督导机构指派督学实施具体督导职权。在督导工作的层级分工方面，国务院教育督导机构承担全国的教育督导实施工作，制定教育督导的基本准则，指导地方教育督导工作，其具体职能包括：研究制定国家教育督导的重大方针政策，审议国家教育督导总体规划，统筹指导国家教育督导工作，聘任一批国家督学，定期发布国家教育督导报告，等等。县级以上政府教育督导机构承担本区域内教育督导实施工作，与本级教育行政部门密切配合完成教育督导工作。

在教育督导机构的层级方面，我国自1986年以来建立了国家、省、地、县四级教育督导机构，形成了较为完备的教育督导机构体系。在教育督导活动的频率方面：县级以上政府应至少每5年对下一级政府实施一次综合督导或专项督导；县级教育督导机构应每3—5年对本行政区域内学校实施一次综合督导；督学应每学期对责任区内学校实施至少2次经常性督导。

我国教育督导机构的运行机制包括以下几个方面。第一，在组织机构及分工方面，国务院教育督导机构承担全国的教育督导实施工作，制定教育督导的基本准则，指导地方教育督导工作，县级以上政府教育督导机构承担本区域内教育督导实施工作。第二，在经费保障方面，县级以上政府需要将教育督导经费列入财政预算，为教育督导工作提供充足的经费保障。第三，在人员队伍建设方面，县级以上政府应根据工作需要为教育督导机构配备专职督学，同时，教育督导机构可以根据自身工作需要聘任兼职督学，兼职督学每一届的任期为3年，如连续任职，则期限不得超过3个任期。担任督学者需从事教育管理、教学或者教育研究工作10年以上，具有较强的专业能力、较高的品行节操和较强的组织协调能力。

二、教育督导机构独立行使职能的意义

《教育督导条例》明确了教育督导机构应在本级政府的领导下独立行使教育督导相关职能，确立了教育督导机构独立行使职能的原则。《教育督导条例》的规定保障了教育督导机构的相对独立性，保障了教育督导工作的权威性和科学性，为完善我国的教育行政监督制度提供了法律依据。保障教育督导机构独立行使职能具有以下意义。

第一，保障教育督导机构独立行使职权是《中华人民共和国义务教育法》与《教育督导条例》等法律法规与重大政策的要求。《中华人民共和国义务教育法》确立了由地方政府承担基础教育办学责任的原则，赋予地方政府在基础教育管理方面的自主权限。贯彻落实《中华人民共和国义务教育法》的精神，《教育督导条例》对教育督导机构的法定地位和独立性作出以下规定：国务院教育督导机构和县级以上地方人民政府负责教育督导的机构在本级人民政府领导下独立行使督导职能。这一规定明确了教育督导机构作为一个能独立行使职能的政府机构的法定地位。《国家中长期教育改革和发展规划纲要（2010—2020年）》则进一步提出"探索建立相对独立的教育督导机构，独立行使督导职能"，明确了教育督导机构独立行使职能的原则。因此，保障教育督导机构独立

行使职权是《中华人民共和国义务教育法》与《教育督导条例》等法律法规与重大政策的内在和必然要求。

第二，保障教育督导机构独立行使职权有助于形成有效的权力制衡管理机制，提升教育督导的权威性和公信力。当前，教育督导机构的独立性仍然有待提升，对于当地人民政府和教育行政部门的依赖性有待进一步破除，例如避免一些教育督导机构成为教育行政部门的"老干部局"，成为接收和安置二线和离退休干部的机构。尽管教育督导工作与教育行政管理工作密不可分，拥有丰富教育行政工作经验的老干部也往往能够胜任督学工作，然而需要注意的是，教育督导机构不仅需要保证人员的专业性，同时也要保障自身相对于教育行政部门的独立性。由于教育督导机构所开展的工作往往是针对下一级政府教育部门或本区域内的各级各类学校办学水平的，其督导的结果往往对于教育行政部门具有直接影响，因此，若不能保障教育督导机构的独立性，则很难保证督导工作的客观中立，进而制约着教育督导部门的权威性和公信力。在未来的教育督导体制机制改革中，应注意保持教育督导机构的相对独立性，改变教育督导机构从属于教育行政部门的关系，从而更有效地推进管办评分离，改进教育督导体系的内部管理体制与运作机制，理顺教育督导与教育行政部门之间的关系，明晰教育行政管理体制中决策、执行、监督三大系统的职责与权力，提升教育督导的权威性与公信力。探索教育领域管办评（督管办）分离的管理体制改革，从组织架构上分离两大机构是先决条件。这样才能形成结构合理的组织体制及有效的权力制衡管理机制，防止因制度设计缺失而造成权力设租寻租现象，使决策、执行、监督协调一致，从而提高机构的行政治理能力、公信力、执行力和行政效能。①

第三，保障教育督导机构的独立性有助于提升督导工作的专业性和实效性。教育督导是一项专业性工作，主要包括对于教育行政部门和学校教育教学工作的监督、指导、评估和反馈，以上工作均需要由懂教育、懂管理的专业人士进行主导，依照教育评估的标准进行操作，同时需要尊重教育活动的规律和教育管理的特性。对于教育督导机构而言，专业性与独立性密不可分：提升教育督导机构的专业性离不开教育督导机构自身的相对独立性，只有强化教育督导机构自身的主体地位，才能够有效避免其成为教育行政系统安置退居二线干部的机构。只有打破教育督导机构对教育行政部门的依附，才能够更全面地吸纳具有丰富实际经验的一线教育工作者、管理者加入督导队伍，把好任职标准、专业水平认证、督学资格评定关，建设一支专业素质过硬、年龄结构合理的专业教育督导队伍，按照教育督导工作的规律组织相关人员开展工作，提升教育督导工作的专业性和实效性。

三、推动教育督导机构独立行使职能的建议

推动教育督导机构独立行使职能，提高教育督导的权威性和实效性，应当从督政督学机构、评估监测机构、督导结果入手。

第一，加强专业化督政督学机构建设，为教育督导机构独立行使职能提供平台保障。加强专业化督政督学机构建设，通过整合教育学会、教育教学研究室、其他具有教育评估监测职能的机构和资源，实现教育督导部门归口管理，形成地方政府领导下的独立性、专业化的督政督学

---

① 乐毅. 地方政府教育督导机构改革应从依附走向独立［J］. 中国教育学刊,2015(2): 17-23.

机构。其中，教育学会作为社会团体，能够有效汇集一线教育工作者、教育管理者、教育研究者和教育决策者，沟通理论与实践、对接政府与学校，形成合力，为督政督学工作提供专业化的智力支持。与此同时，作为非官方机构，教育学会对于教育行政部门的依附性往往并不深，因而有利于在督政督学工作中保持客观性，站在中立的、专业的立场开展督导工作。教育教学研究室作为教育行政部门的内设或下属机构，自身工作涉及对区域教育发展和各级各类学校发展的评价，因而能够发挥督导功能，为督政督学工作提供支撑。未来应系统规划教育教学研究室的改革方向，扩展深化其督导功能，推动教育督导机构的独立性和专业化。

第二，加强第三方教育评估监测机构建设，提供独立性、专业化的教育评估监测服务。教育领域的"放管服"改革凸显出区域教育发展与学校发展第三方评价的重要性。当前亟须成立专业研究机构，提供专业化、高水平的评价服务，提升教育决策和学校管理的科学性；下一步须加强第三方教育评估监测机构建设，凝聚多学科专业化评估监测团队，以科学研究为基础，以服务区域教育发展和学校发展为导向，从事区域教育评价、学校管理效能、办学水平评价、教师教学评价、学生发展评价等领域的评估监测工作。第三方教育评估监测机构的建设有助于系统开展教育质量评估监测，健全教育质量监测指标体系，完善教育质量监测标准和工具，建立县域义务教育均衡发展监测制度，建立地方政府发展教育事业监测制度，在全国范围内统筹开展教育质量评估监测工作。具体而言，教育质量监测指标体系的建立应立足于教育测量与评价、大数据分析等理论与方法，回应教育现代化发展、义务教育均衡发展等政策需求，基于全国性、区域性的实证调研，针对各地、各类学校发展的特色、优势与短板进行指标体系建模，力求全面地回应教育事业发展的迫切需要。此外，应引导社会力量参与教育质量评估监测，发挥民间智库的功效。民间智库具有独立性、专业性的制度优势，通过灵活的体制机制，能够灵活有效地组建多元化的专家队伍，迅速针对教育评估监测的需要提供服务，是教育督导机构体系中的有力组成部分。最后，应加强教育评估监测领域的国际交流，借鉴国际先进的教育评估监测理论研究和评估工作指标体系，并积极参与国际组织的教育质量监测项目。

第三，提升教育督导结果公开和使用的实效性。《加快推进教育现代化实施方案（2018—2022年）》指出，健全国家教育督导报告发布、督导检查结果公布和整改复查制度，推动公开监督和行政问责，有效发挥教育督导"督导评估、检查验收、质量监测"职能。在教育督导结果的公开与使用方面，应秉持服务于区域发展、服务于学校发展的理念，换言之，教育督导的最终目的是促进各区域、各类学校教育质量的提升，实效性是教育督导工作的落脚点。在教育督导工作中，督导机构、督学与被督导机构之间应建立合作伙伴关系，通过被督导机构的自评报告及所提供的相关数据，由双方共同研讨，找准问题并共同研究制定改进措施。在此过程中，督学应采取下校协商督导的方式，与被督导学校的领导面对面进行沟通，针对督导结果反映出的问题，与校方共同探讨制定改进措施，引导学校结合工作实际制定相关整改方案。在专项或综合督导工作结束后，教育督导机构应当向本级政府提交督导报告，县级以上政府教育督导机构还应向上一级政府督导机构提交督导报告进行备案，并向社会公布督导报告。为提升教育督导结果公开和使用工作的实效性，应注重督导结果的反馈，并注重督导整改的落实。一方面，在督导工作完成后，督学应及时将结果反馈给校方和上级部门，并督促学校在适当范围内对督导结果进行公示,并做好自我分析、自我诊断、自我评估工作,以达到以督导促整改的目的,实现教育督导的导向功能。另一方面,以督导整改的落实为抓手,引导学校明确自身办学中存在的问题、瓶颈及整改的方向与步骤,明确改什么、如何改,并提升整改建议的针对性与操作性,监督学校落实整改方案,实现教育督导的服务功能。

第三节 加强专业化督学队伍建设

督学队伍是教育督导机构的主干力量，是教育督导工作的执行人，专业化的督学队伍是教育督导工作有效开展的保障。《教育督导条例》规定，国家实行督学制度，县级以上政府应根据教育督导工作需要，为教育督导机构配备专职督学。同时，教育督导机构可以根据工作需要聘任兼职督学，任期为3年，可以连续任职，连续任职不得超过3个任期。担任督学者应当符合以下条件：坚持党的基本路线，热爱社会主义教育事业；熟悉教育法律、法规、规章和国家教育方针、政策，具有相应的专业知识和业务能力；坚持原则，办事公道，品行端正，廉洁自律；具有大学本科以上学历，从事教育管理、教学或者教育研究工作10年以上，工作实绩突出；具有较强的组织协调能力和表达能力；身体健康，能胜任教育督导工作。符合上述规定的人员经过教育督导机构考核合格，可由县级以上政府任命为督学，或由教育督导机构聘任为督学。根据《中小学校责任督学挂牌督导办法》，责任督学主要从在职和退休的校长、教师、教研人员和行政人员中遴选，专兼结合，兼顾小学、初中和高中各个学段。

一、督学的工作性质和内容

在教育督导工作中，督学的主要任务是立足于所在教育督导责任区，对责任区内学校的教育教学工作实施经常性督导，形式包括专项督导和综合督导。督学工作的流程如下：在教育督导开始之前，督导机构应事先确定督导事项和流程并成立督导小组，督导小组由3名以上督学组成,督导工作可联合有关部门共同实施,并可聘请相关专业人员参与;经常性督导工作的频率为每学期2次以上,其中,县级以上政府对下一级政府的督导(督政)频率应不低于每5年一次,而在县级政府督导机构对本行政区域内学校的督导方面,应当每3—5年实施一次综合督导;在经常性督导工作结束后,督学应当向教育督导机构提交报告,对本次督导工作的开展情况、过程、发现的特殊问题等事项进行详细描述,发现违法违规办学行为或危及师生生命安全的隐患,应及时督促学校整改。

根据《中小学校责任督学挂牌督导办法》和《中小学校责任督学挂牌督导规程》规定,责任督学的基本职责和权限包括:对中小学校依法依规办学进行监督;对中小学校管理和教育教学进行指导;受理、核实所督导学校的相关举报和投诉;发现学校办学和教育教学活动中存在的问题,并督促学校整改;定期向教育督导部门报告情况,并向政府有关部门提出意见。具体而言,责任督学应当对以下事项进行经常性督导:学校校务管理和制度执行情况;学校招生、收费和择校情况;学校的课程开设和课堂教学情况;学生的学习、体育锻炼和课业负担情况;教师的师德和专业发展情况;校园及周边安全情况,学生交通安全情况;学校食堂、食品、饮水及宿舍卫生情况;校风、教风、学风建设情况;等等。在工作形式方面,既可以不事先通知被督导学校,随机实施经常性督导,也可以根据督导工作需要,提前要求被督导学校就有关事项进行准备,协助开展工作。此外,督学在教育督导工作中,可通过记录、拍照、录音、复制文件等方式对被督导学校的现状、问题、意见等进行记录。

在实际工作中,督学可采取随机听课、查阅资料、列席会议、座谈走访、问卷调查、校园巡视等方式开展督导工作。在随机听课工作中，督学可以在不影响正常教学秩序的前提下随机进入课堂，就教学内容、教学方法、授课方式、课堂互动、教学效果等方面进行深入了解，并在课后及时与授课教师进行沟通，了解教师的从教情况、教学特色、教学瓶颈，以及需要校方和教育行政部门提供的相关支援，并结合自身教学经验，对教师教学工作提出改进建议。在查阅资料工作中，督学可查阅学校校务管理、财务管理、教学管理、人事管理、后勤管理等方面的相关资料与规章制度，以及学校有关会议和活动记录、学生学籍档案、财务账目、教师教案、学生作业等资料，并注意对学校相关信息的保密。在座谈走访工作中，督学应直接与被督导学校的校长、教师、员工和学生展开交流，了解学校管理、教学和学生学习活动等情况，交流形式可以包括校领导、教师、家长或学生座谈会，同时，可以对学校所在社区及相关单位进行走访，并对学生家长进行走访，以全面了解群众对学校工作的意见。在走访的形式方面，如有必要，可通过暗访、单独访谈、相关人员回避、匿名问卷、保密承诺等方式进行访谈，从而全面了解所督导学校的真实情况。在问卷调查工作中，督学可依据专项督导和综合督导工作的侧重点，设计科学的调查问卷并在一定范围开展调查，全面了解学校真实情况及师生的诉求。在校园巡视工作中，督学应当认真检查教学楼、办公楼、实验室、学生宿舍、食堂、厕所等校园硬件设施，了解相关设施的管理、使用、安全、卫生等情况，及时发现问题并排除安全隐患。

二、建设专业化督学队伍的意义

督学队伍是教育督导工作的动力，是教育督导机构的主干。当前，我国的督学队伍存在着老龄化、兼职为主、专业性不强等问题。着眼《中国教育现代化2035》重大部署，建设专业化的督学队伍具有以下重要意义。

第一，建设专业化督学队伍是教育督导工作的内在要求。《中国教育现代化2035》《加快推进教育现代化实施方案（2018—2022年）》《深化教育督导改革转变教育管理方式的意见》《教育督导条例》《中小学校责任督学挂牌督导规程》《中小学校责任督学挂牌督导办法》等重要文件均对建设专业化督学队伍提出了要求。教育督导是一项高度专业化的工作，教育督导活动涉及各级各类学校教学内容、教学方法、授课方式、课堂互动、教学效果等教育教学活动，以及学校校务管理、财务管理、教学管理、人事管理、后勤管理等管理制度，同时，由于教育督导的对象是教育行政部门工作人员、学校领导和一线教师，督学需要有能力对上述人员的工作进行检查、评估和指导。因此，人民政府和教育督导机构对代表其从事督导实际工作的督学队伍提出了较高要求：担任督学的人员必须具备丰富的一线教学、教育管理、教育科研、教育测评等经验，掌握课程设计、课程教学、学校管理和教育测评的知识技能，打造一支专业化的督学队伍。

第二，建设专业化的督学队伍有助于提升教育督导的权威性。教育督导工作与教育行政部门的管理工作既有联系又有区别：与政府教育行政部门相比，教育督导机构的工作更加体现专业性，体现为对区域教育发展和学校发展的形成性评估和专业发展指导；同时，由于教育督导机构直接对地方人民政府和教育行政部门负责，其所从事的专业工作又带有较强的权威性，广大督学向政府反馈的督导报告将会作为区域教育发展和学校发展的指针，对被督导机构的工作改进、奖惩工作具有重要影响，这也是教育督导机构和广大督学不同于民间教育评价机构和教育测量评价研究者的重要特点。正因为督学所从事的工作是代表人民政府进行教育督导，督导工作本身的权威性对于督学开展工作提出了较高的要求，因而对督学自身的专业性也提出了更高的要求：督学队伍的工作能否获得教育行政人员、校长和广大教师的认可，不仅取决于督学在督导工作中所展现出的敬业精神与正直人品，更取决于督学在问题诊断、教育评价和学校规划过程中所展现出的专业知识、专业素养和专业精神。提升督学队伍的专业性的重要价值在于提升教育督导的权威性，维持教育督导结果的公信力，避免由于"外行指导内行"所带来的工作低效、方向偏差等潜在问题。

第三，建设专业化督学队伍有助于提升教育督导工作的实效性。专业化的督学队伍由资深教育工作者、教育管理者和教育研究者组成，能够结合自身多年的一线教学、教育管理和教育研究经验，遵从科学的教育督导标准，对地方政府教育工作和各级各类学校教育工作进行科学化的评估，从而及时发现问题、找准特色，促进区域和学校教育发展。在教育督导工作走向常态化、系统化的背景下，以往教育督导偏重于督政工作的状况正在发生改变，未来的督导工作的侧重点将更聚焦于督学与评估监测，而后两者则面向学校的常规工作，突出对于学校发展的形成性评估，为学校的课程建设、教育管理和学校发展进行有针对性的、专业化的指导，及时纠正学校发展中的偏差，指示未来发展的方向。在这一背景下，督学队伍自身的专业性对督导工作的实效性有着深远的影响。

三、加强专业化督学队伍建设的建议

一支专业化的督学队伍能够为教育督导机构独立行使职能提供人员

保障。《加快推进教育现代化实施方案（2018—2022年）》提出，加强督导评估队伍建设，建立完善督学准入制度，赋予教育督导评估队伍执法权。加强专业化督学队伍建设应从以下几个方面入手。

第一，完善国家、省、市、县四级督学队伍建设，形成专业结构、年龄结构合理，专兼职人员相结合的国家督学梯队。首先，完善国家、省、市、县四级督学队伍建设，特别是在县级层面形成一支由自身教育工作者、教育管理者和教育研究者组成的专业督学队伍。其次，优化督学队伍的专业结构、年龄结构和专兼职比重。吸收更多优秀的一线教师、资深教师加入督学队伍，充分发挥一线教师的教育能力专长，提升教育督导引领课堂教学、教书育人、学生工作的实效性。吸收更多中青年优秀教育工作者加入督学队伍，发挥中青年督学精力旺盛、身体素质较好、信息技术能力较强的优势，提升工作效率。最后，各地各部门应结合实际，配齐专职督学队伍，聘任一定数量的兼职督学，充实督学队伍人员数量，提升督学队伍质量。目前我国的督学队伍中有超过五分之四的兼职督学，过度倚重兼职督学导致督学队伍流动性强、稳定性较弱，同时，由于兼职督学大多为身兼数职的领导干部，难以将足够的精力投入教育督导工作中，也影响到督学自身的专业发展和督学工作的专业化。提升专职督学比重是督学队伍专业化建设的重要方向。

第二，建立完善督学准入制度，完善督学资格制度和督学持证督导制度。目前我国尚未建立起统一的督学资格制度，在督学队伍专业化、稳定性和规范性方面仍有进一步提升的空间。首先，应完善督学准入制度，把好入口关。应依照《教育督导条例》规定选拔符合条件的专业人士，经教育督导机构考核合格，由县级以上人民政府任命为督学或由教育督导机构聘任为督学。担任督学的人士应当具有坚定的政治信仰，以及对教育事业的热爱,并具有端正自律的人品,能够在督导工作开展过程中坚持原则、坚守底线,同时还应具有较强的组织协调能力,具有较好的身体素质。在督学的任用程序方面,应设计客观、公正、公开的程序和标准,形成一套涵盖遴选、考核、公示、试用、任命全过程的督学准入制度。其次,应完善督学资格制度和督学持证督导制度,做到"持证上岗"。进入督学队伍的人员自身应当是资深的教育工作者、教育管理者或教育研究者,具备多年的实务和理论研究经验,具备相应的学历,因而具有较强的专业知识和业务能力,能够圆满完成人民政府委托的督政、督学和评估监测任务。在督学资格的认定方面,未来应组织相关专家研制和完善督学资格框架,根据教育督导活动的特殊性,综合考量一线教学经验、教育管理经验、教育理论素养和督学专业知识技能等因素,合理确定督学资格条件门槛,形成完善的督学资格准入标准。对符合督学任职资格的人员颁发督学资格证书,做到持证上岗。最后,完善考核机制,每隔若干年对督学资格进行审核,确保担任督学职务的人员在专业性、道德品质、工作时间和身体素质方面能够达到督学工作的基本要求。

第三,加强督学队伍培训工作,促进督学队伍持续专业发展。作为一项专业化的工作,督学自身也存在持续专业发展的需求,对此,各地政府和教育行政部门应当做好督学队伍的培训工作,促进其专业发展。推进督学培训工作的第一步是完善教育督导工作自身的标准,当前,《教育督导条例》《中小学校责任督学挂牌督导规程》《中小学校责任督学挂牌督导办法》等专项文件就教育督导工作的内容做出了规定,未来应在此基础上研究制定教育督导工作的详细标准和指南,就督政、督导和评估监测等工作的具体内容、程序和标准作出系统设计和详尽规定,成为指导督学工作的行动指南,为广大督学从事实际工作提供标准,同时也为督学队伍的培训提供框架。在培训工作的组织方面,各地政府和教育行政部门应依托国家和各地教育行政学院,开展教育督导专项培训班,对新任职督学进行入职培训,对在职责任督学进行定期培训、集中培训。同时,实行责任督学定期交流制度,原则上每3年轮岗交流一次。针对现实中存在的督学专业知识和专业能力不足问题,应强化关于国家教育发展趋势、课程改革方向、教育均衡发展政策的培训,统一思想,凝聚认识,同时提供教育督导工作中常用的调研、访谈和数据分析技能的培训。具体而言,督学队伍培训可从以下5个方面入手:(1)进一步建立健全"省-市-县"分工合作的督学培训体系,制定督学分层分类培训规划,发挥不同级别培训的优势;(2)加快督学培训大纲及培训标准的出台,明确督学培训的内容、模式和方法等;(3)加强督学培训课程开发,构建基于应用型人才培养,体现督学成长规律、专业发展路径的分层分类督学培训课程体系;(4)构建线上线下结合的混合式督学培训模式,加强网络研修,鼓励专题慕课、微课等网络教学资源开发和培训模式创新,满足督学的个性化学习需求,缓解督学工学矛盾;(5)创新基于成人学习特点的督学培训方法。①

第四,健全督学工作机制,完善督学队伍管理制度。《加快推进教育现代化实施方案(2018—2022年)》指出,完善国家督学制度,加强督导评估队伍建设,建立完善督学准入制度,赋予教育督导评估队伍执法权,加强督学队伍培训工作,完善督学资格制度和督学持证督导制度。首先,各地政府和教育行政部门要推动中小学校和幼儿园责任督学

---

① 高山艳. 新时代教育督导队伍专业化:诉求、问题与对策[J]. 当代教育科学,2018(11):74-79.

挂牌督导全覆盖，确保每一所学校都有相应的督学开展工作。其次，教育督导机构应当加强对督学实施教育督导活动的管理，对其履行督学职责的情况进行考核，建立督导信息直报系统，确保教育督导工作开展的质量。具体而言，应当对责任督学履行职责、开展工作和完成任务情况进行定期考核，对年度考核称职的督学予以续聘，对考核优秀的督学予以表彰奖励。而对于存在玩忽职守、弄虚作假、徇私舞弊、滥用职权等行为，干扰学校正常教学秩序或发现重大问题未及时上报者，视情节严重性给予批评、教育和处分，情节严重者取消督学资格。同时，责任督学每月应以书面形式向教育督导机构汇报自身工作情况，每年对自身督导工作进行总结，随时接受教育督导机构的检查和考核。此外，各地人民政府和教育督导机构应当为责任督学提供必要的工作条件和专项经费，建立兼职责任督学工作补助制度。

第五章 提高学校自主管理能力，完善学校治理结构

在中华人民共和国成立后很长的一段时间里，教育管理一直模仿苏联的模式，由政府主导教育事务，学校缺乏办学自主权。改革开放以来，政府与学校的关系一直是我国教育管理体制改革的重要内容，特别是1985年《中共中央关于教育体制改革的决定》的颁布，标志着"简政放权，扩大学校办学自主权"成为教育体制改革的重要方向。40多年来，教育体制改革经历了从管理到治理，从政府主导的简政放权、学校自主办学到自我建设的过程。教育治理主要是教育的公共治理，指政府、学校、教育机构、社会组织、市场、公民等主体，通过参与、对话、谈判、协商集体选择行动，共同参与教育公共事务管理，共同生产或提供教育公共产品与公共服务，并共同承担相应责任。[①]

学校治理是教育治理的重要组成部分，不仅包括正式或非正式的制度安排，同时也是政府、社会、校长、教师、家长、学生和管理人员等学校利益相关者参与学校决策的结构和过程。就主体而言，学校治理在利益多元背景下呈现出不同于学校管理的新特点，不仅强调政府办学的责任，也突出学术单元、教师、学生等利益相关者的作用，强调不同主体之间的协调、沟通、合作和信任，其价值理念和工具选择均体现出整

---

① 姜美玲. 教育公共治理：内涵、特征与模式[J]. 全球教育展望，2009，38（5）：39-46.

体性的特点。在价值指涉方面,学校治理强调在具备相应的经济、社会条件的基础上,将学校的办学自主权等其他管理权限和责任从政府的单一权力中心场中解放出来,各主体间积极协商互动,形成一种社会共治的格局,强调治理过程的民主化、理性化,尊崇平等、互信、责任、协商等重要价值。①

学校治理活动既包括单个组织的活动,又远远超出单个组织活动的范围,具有超组织结构特征。因此,学校治理结构的本质可以被看作是一个帮助学校适应现代社会复杂环境、引导并推进学校治理发展水平的"超组织结构运行机制"。它可以被用来描述学校的一种发展状态,在这种状态下,学校与政府、社会及市场的关系,学校内部权力结构和决策机制及实际运行等方面都达到了教育治理的现代化水平。学校治理被学界划分为外部治理和内部治理。外部治理主要涉及学校与政府、社会和市场等的关系建构;内部治理则可以理解为对学校内部关系和事务的协调。二者的现实功能是存在分工的。但它们有一个共同点,即都着眼于在内部或外部构建一个和谐有力的关系结构,以应对变化中各方力量的碰撞与冲突、整合与互惠。这既是学校治理结构得以生成的必要条件,也是学校治理结构不断追求的目标和结果。②

十八届三中全会通过的《中共中央关于全面深化改革若干重大问题的决定》指出,"深入推进管办评分离,扩大省级政府教育统筹权和学校办学自主权,完善学校内部治理结构"。2014年全国教育工作会议上,

---

① 侯志峰. 高等学校内部治理的内涵、要素及战略重点[J]. 西北师大学报(社会科学版),2014,51(4):139-144.
② 龚怡祖. 大学治理结构:建立大学变化中的力量平衡:从理论思考到政策行动[J]. 高等教育研究,2010,31(12):49-55,60.

教育部部长袁贵仁也强调要"形成政府宏观管理、学校自主办学、社会广泛参与,职能边界清晰、多元主体'共治'的格局"。因此,完善学校内部治理结构,提高学校自主管理能力将是教育领域面临的重要转型。《中国教育现代化2035》中提出一系列完善学校治理结构、提高学校自主管理能力的意见:"继续加强高等学校章程建设,创新章程实施保障机制,切实发挥章程在学校治理中的关键作用。完善现代职业学校制度,建立学校、行业、企业等共同参与的学校理事会或董事会。坚持和完善公办普通高等学校党委领导下的校长负责制。完善高等学校法律顾问、理事会、教职工代表大会、学生代表大会、学术委员会等制度,扩大院系自主权,推动行政职员化、后勤社会化发展。"基于此,本章从加强高等学校章程建设、完善现代职业学校制度、完善高等学校内部治理结构三个方面进行分析。

第一节 加强高等学校章程建设

高等学校的现代化发展和学校治理结构完善离不开合适的制度设计和安排,在制度建设中最为关键的基础性环节,就是高等学校章程建设。

一、高等学校章程的内涵

不同学者对高等学校章程的界定不同,可以概括为以下几种观点。一是规范性文件说。高等学校章程是中国现代高等学校设立的制度性根基,是高等学校为实施自主管理、实现学术自由,保障校园秩序的良性运行，以国家法律、法规为依据，针对学校的重大、根本事项制定的规范性文件。① 二是自律性文件说。高等学校章程是指为保证学校正常运行，主要就办学宗旨、内部管理体制及财务活动等重大的、基本的问题，做出全面规范而形成的自律性基本文件。② 三是自律与他律文件说。高等学校章程是以教育法律法规为依据，按照一定的程序对学校的重大的、基本的统领性事项做出权利义务规定的规范性文件，对其自身及其管理者具有法定约束力。③ 四是政策文件说。高等学校章程是一种基于学校发展的现实需要，在现实的内外办学环境下解决内外部管理中的某些突出问题的政策文件。④

根据以上定义，可总结出高等学校章程有如下特征。

第一，高等学校章程是高等学校治理的制度依据。高等学校章程是高等学校自治的一种表现形式，其实质在于它是高等学校管理的正式制度。虽然高等学校章程独立于国家立法体系之外，但在高等学校这个场域里，章程对规范举办者、管理者及办学者的依法治校行为均具有约束力。高等学校章程对于高等学校而言是学校的基本法，是规范学校内部各种行为的依据。⑤

第二，高等学校章程制定主体应包括高等学校和举办者。为保障和落实举办者的权利义务，举办者应当成为章程的制定者。同时为避免举办者

---

① 湛中乐，徐靖. 通过章程的现代大学治理［J］. 法制与社会发展，2010，16（3）：106-124.
② 陈立鹏. 关于我国大学章程几个重要问题的探讨［J］. 中国高教研究，2008（7）：19-22.
③ 段海峰. 大学章程的内涵探析［J］. 高等教育研究学报，2009，32（2）：14-16.
④ 别敦荣. 论我国大学章程的属性［J］. 高等教育研究，2014，35（2）：19-26.
⑤ 张国有，胡少诚. 中国大学章程建设的历程与形态［J］. 北京大学教育评论，2012，10（2）：140-153，191.

不了解高等学校实际情况，制定出的章程无法充分发挥实际作用，高等学校也应成为制定章程的主体。因此在制定高等学校章程时，举办者和高等学校不是二选一的关系，而是都要作为主要责任人参与制定过程。

第三，高等学校章程制定要以教育法律法规和高等学校自身特性为依据。高等学校章程作为高等学校自治的依据，必须具备"合法性"。根据《高等学校章程制定暂行办法》（简称《暂行办法》）的规定，章程的制定必须依据教育法、高等教育法及其他有关规定。由于高等学校治理还涉及许多其他主体，所以还必须考虑相关管理制度和规定，避免互相违背和冲突。另外，高等学校的发展并不是"千校一面"的，而是分为各种层级且各有特色，因此，高等学校章程制定时还要充分考虑高等学校自身特性。

第四，高等学校章程应明确高等学校与政府之间的关系，确立内部治理结构。高等学校章程的主要目的就是保障高等学校自主办学的权利。《中华人民共和国高等教育法》明确了高等学校的七项办学自主权。《暂行办法》也明确要求"高等学校的举办者、主管教育行政部门应当按照政校分开、管办分离的原则，以章程明确界定与学校的关系，明确学校的办学方向与发展原则，落实举办者权利义务，保障学校的办学自主权"。因此，高等学校章程在内容中应明确高等学校与政府之间的关系，落实保障高等学校自主办学权。高等学校章程还应明确高等学校内部治理结构，因为这是提高高等学校自主管理能力和自主办学能力的重要手段。

二、加强高等学校章程建设的意义

（一）建设中国现代大学的时代需要

高等学校章程在高等学校治理中具有重要地位。依照历史发展，最早的大学是由学生与教师组成的社团，一般要取得教皇或皇帝给予的特许状①，特许状赋予大学以权力，大学便制定相关章程进行自治。伴随着近代中国的"西学东渐"，我国高等学校以西方的高等教育制度为鉴，逐渐制定了自己的大学章程。此后，高等学校章程建设经历了波折和起伏，同时也取得了很多成就。中华人民共和国成立以来，由于历史原因，我国高等学校一直没有自己的章程。②改革开放以后，随着现代政府职能的转变和简政放权的改革，为了引导高等学校依法合理行使自主权，国家从法律和规章上对高等学校章程予以规定。《中华人民共和国高等教育法》颁行后，"章程"成为设立高等学校的法定要件之一。为了获得或恢复合法的办学状态，制定章程成为高等学校亟须完成的一项"法定"任务。2011年底，教育部发布的《高等学校章程制定暂行办法》成为指导和规范高等学校章程建设，促进高等学校依法治校的重要部门规章。按照《教育部办公厅关于加快推进高等学校章程制定、核准与实施工作的通知》，2015年底前所有高等学校章程均应完成核准工作。

从历史发展角度看，高等学校章程始终都是中国高等教育机构有序发展的前提条件，建学校先立章已成规矩。③现在，我国面临着建设世界一流大学和一流学科的全球性竞争与挑战，更需要加强高等学校章程建设，好的章程能将大学使命、世界标准、中国实际融合在一起，使高等学校办学和自治有法可依、有章可循，这已成为建设中国现代大学的时代需要。

---

① 孙贵聪. 英国大学特许状及其治理意义［J］. 比较教育研究，2006（1）：12-16.
② 湛中乐，赵玄. 大学治理和大学章程的实施：基于教育部92份高等学校章程核准书的分析［J］. 行政法论丛，2017，20（1）：162-182.
③ 张国有，胡少诚. 中国大学章程建设的历程与形态［J］. 北京大学教育评论，2012，10（2）：140-153，191.

（二）保障大学自治和学术自由的基本要求

根据《中华人民共和国教育法》的规定，设立学校及其他教育机构必须具备组织机构和章程等基本条件，因此高等学校作为法人应该设立章程，并依照章程进行管理。高等学校章程建设是保障大学自治和学术自由的基本要求。大学自治是指学校作为学术组织为满足自身发展需要，依据其法人地位所有享有的自我管理和决定大学各类事务，免受政府与其他社会力量干预的自由和权利。[①]一方面，教育法律只能对学校办学进行宏观大体指导，高等学校还需要依据章程和具体规章制度进行微观和局部的自治。另一方面，大学自治需要明确和规范政府权限，高等学校章程作为学校内的"最高法"，则成为最基本的载体。

学术自由是指教师和学生不受法律、学校各种规定或公众压力的不合理干预，而进行讲授、学习、探索知识和研究的自由。[②]学术自由的主体包括个体和机构，主要指教师和学生、各类学术组织；学术自由具有相对性，受多种因素影响，其范围仅限于学术事务，具体包括教的自由、学的自由和研究的自由。[③]学术自由在现代大学制度中的地位非常重要，它意味着开放、自由争鸣和多元共存。高等学校章程可以有效保障学术权利，使得学术自由发展成为大学制度和大学文化中不可或缺的要素，促进教师和学生的发展。总之，加强高等学校章程建设是保障大学自治和学术自由的基本要求。

（三）处理大学内外部关系的重要保障

现代高等学校治理需要有效处理其内外部关系：于内需要扩大民主

---

① 陈文干. "大学自治"内涵新探[J]. 江苏高教，2006（5）：4-6.
② 简明不列颠百科全书：第8卷[M]. 北京：中国大百科全书出版社，1986：123.
③ 裘指挥，张丽. 理性捍卫学术自由[J]. 高等教育研究，2015，36（10）：14-18.

管理，实现多元主体参与；于外需要处理好与政府、市场、社会的关系，实现多元"共治"。一方面，高等学校章程建设是扩大高等学校内部民主管理的有力支撑。民主是现代大学制度的核心。参与民主管理的个体或群体代表着各自不同的利益诉求，在自己所处的社会组织的活动中行使知情权、参与权、监督权等民主权利，最大程度上采纳多元主义的建议，实现决策的合理性。在高等学校中，民主管理主要是指教师和学生、教职工代表大会和学生代表大会等群体参与学校民主管理事务。加强高等学校章程建设，在高等学校章程中明确相关主体的民主管理权利，规定行使民主管理的程序规则，不仅能够帮助校内各层次主体意识到自己的主人翁地位，进而充分行使权利，使学校的管理有理、有据、有效，还能得到这些主体的广泛认可和支持，营造良好的民主治校氛围。①

另一方面，高等学校章程建设是高等学校处理与外部世界关系的重要依据。对于高等学校而言，现实世界里同时存在政府、市场和社会三股巨大的社会支配力量。在高等学校运行发展过程中，三股力量各自拥有自身的利益和价值，它们通过相互交织、激荡与冲突，彼此合作又竞争的种种形式影响着高等学校。高等学校如何在复杂的外界环境中建立起相对平衡的关系，将趋于"冲突与多元利益"的混乱运行状态转化为一种既基于竞争，又有共同目标支持的合作运行状态，已经成为高等学校治理的重要使命。②高等学校的章程是恰切处理与政府、企业、社会

---

① 陈立鹏，杨阳. 论我国现代大学制度建设：从大学章程的视角[J]. 国家教育行政学院学报，2012（4）：20-24，14.
② 龚怡祖. 大学治理结构：建立大学变化中的力量平衡：从理论思考到政策行动[J]. 高等教育研究，2010，31（12）：49-55，60.

组织等之间关系的准则或契约，其目的是追求一种与外界的良性互动与和谐秩序。高等学校的自治绝非绝对的自由，在行使自主管理权中必须考虑和尊重外界权利主体的诉求。在高等学校章程的纲领性作用下，高等学校既要服从上级政府行政主管机关的宏观监督与领导，又要建立与市场和社会之间互利互惠的良好合作关系，同时还要坚持自身核心价值观，并发挥诉诸公共良知的公益性价值。因此，处理高等学校与外部各主体之间的关系，提高高等学校适应和改变环境的能力，亟须加强高等学校章程建设。

三、加强高等学校章程建设的路径

（一）加强高等学校章程制定的科学性和特色化

章程制定的过程实际上是凝聚共识、规范权力、总结经验、体现特色、增进和谐的过程。① 首先，章程制定要提高文本质量，遵循合法程序。章程文本质量的高低会直接影响章程的实施。因此，高等学校在制定章程时要克服内容高度雷同、简单空泛、要件缺失等问题。② 高等学校应正确、深刻认识高等学校章程的重要性和必要性，切实提高章程文本质量，增强章程的科学性和可操作性，而不是把章程当作"花瓶"或做表面工作。章程生效是章程实施的前提条件。按照《中华人民共和国高等教育法》和《高等学校章程制定暂行办法》的有关规定，高等学校章程必须依法制定、报核准机关核准并公开发布方能生效。为保证章程

---

① ② 陶光胜，付卫东. 我国大学章程执行"肠梗阻"的病理解剖：基于64所高校的数据分析［J］. 理论月刊，2017（10）：70-74.

的顺利生效，必须考虑到制定程序、核准程序和生效日这三个要素。①

其次，高等学校章程要根据高等学校各自的历史传统和现实状况来制定。在实践中，我国高等学校章程的制定行为绝大多数属于"事后制定"，即先设立学校，后制定章程。② 这就要求高等学校在章程制定过程中充分考虑到自身的历史传统、层次类型和发展方向等个性化内容，突出高等学校章程的特色和个性。比如，高水平研究型大学和应用型大学或职业高等学校的管理模式及发展方向是不同的，前者教学科研并重，后者则更以教学实践为导向。这些特点都应当更多地体现在高等学校章程中。

再次，高等学校章程制定要充分广泛吸收各方意见。找出各方利益的最大公约数，以免为以后的章程执行不顺埋下伏笔。③ 现代大学制度体系中权力配置的基本原则是"党委领导、校长负责、教授治学、民主管理、社会参与"④。因此教师、学生、管理人员、离退休人员、政府、市场企业等利益相关者的合理意愿和需求都应该在高等学校章程中有所体现。

最后，高等学校章程制定要考虑到变动情况。高等学校章程自开始实施后并不是一成不变的，而是要根据实际的主观和客观条件作出相应的变动，主要包括修改和废止。依据高等学校的具体类型和存在形式有没有发生变化，修改可以划分为部分修改和全面修改。高等学校章程实施的变动机制可以保证高等学校章程的适用性。要注意的是，高等学校

---

① 湛中乐，赵玄. 大学治理和大学章程的实施：基于教育部92份高等学校章程核准书的分析［J］. 行政法论丛，2017，20（1）：162-182.

② 牛维麟. 现代大学章程与大学管理［J］. 中国高等教育，2007（1）：13-14.

③④ 陶光胜，付卫东. 我国大学章程执行"肠梗阻"的病理解剖：基于64所高校的数据分析［J］. 理论月刊，2017（10）：70-74.

章程的变动不能过于急躁、过于频繁，也不能过于迟缓，以免影响高等学校章程的权威性和稳定性，造成不必要的冲突和矛盾。①

（二）强化高等学校章程实施的效率

首先，"徒善不足以为政，徒法不足以自行"，法律的生命力在于实施。高等学校制定出一部章程之后，关键在于将其有效实施。在高等学校章程实施之初，首先要做好传播和解释工作。公共政策学认为，政策有效传播可以培养政策对象对公共政策的认可、理解、信任和支持，从而减少对抗、抵制、抵触、冷漠等不合作情绪，减少政策实施的阻力。②开展高等学校章程的普及工作，使其得到相关利益者的认可、理解和支持，是高等学校章程实施的重要部分。《教育部办公厅关于加快推进高等学校章程制定、核准与实施工作的通知》（以下简称《核准通知》）规定，"高校要在学校主页设置专门栏目、突出位置公布章程并配发解读文章、相关规定；要将章程及其他主要管理制度印制成册，作为新生、新进教师、新任领导干部的培训资料，人手一册，组织专门学习"。除了以上规定外，在普及章程的方法上，高等学校可以利用新媒体网络技术进行交互性推广，立体化、全方位、针对性地宣传和解读高等学校章程。在普及章程的机制上，高等学校各部门应形成推广合力，建立有效灵活的工作机制。③在传播高等学校章程的同时，还要做好章程的司法解释工作。④在高等学校章程中明确解释主体、解释机构、解释效力，并在必要的时候据此保障高等学校章程的实施和相

---

① 杨慧文. 论法治视角下的高校章程建设［J］. 南昌大学学报（人文社会科学版），2016, 47 (4): 125-129.
②④ 朱家德. 大学章程实施比制定更重要［J］. 中国高教研究，2016 (6): 65-69.
③ 陶光胜，付卫东. 我国大学章程执行"肠梗阻"的病理解剖：基于64所高校的数据分析［J］. 理论月刊，2017 (10): 70-74.

关主体的权益。

其次,要明确落实高等学校章程实施的主体责任。我国高等学校章程的执行主体主要包括校级领导和中层干部。由于高等学校内部领导体制实行党委领导下的校长负责制,因此高等学校章程的顺利实施在很大程度上依赖于党委或校长的支持和配合。"政策执行者必须拥有真正实质的权力,而且标的团体也从内心深处衷心服从,这样的权力与服从关系是完美执行的关键因素。"①《核准通知》规定:"校长要作为章程执行的第一责任人,要把章程执行情况,作为年度述职报告的内容,向教职工代表大会作专门报告。"校级领导在遵守规定的同时,也可以考虑制定高等学校章程宣誓制度,所有校级领导在入职时都要宣誓忠于高等学校章程,维护高等学校章程权威,履行法定职责。②同时,现有研究发现高等学校章程在实施中还存在明显的"中梗阻"现象,即指高等学校的中层干部不认真履行自身职责而导致现有的方针政策不能得到有效贯彻落实的情况。③因此,有必要加强中层干部的章程培训和学习任务,要求中层干部在执行章程时根据工作实际进一步细化章程条款,在高等学校内部从上到下形成学习章程、尊重章程、依法依章办事管事的局面。④

最后,要强化高等学校章程实施的效率,需要建立和健全相应的监督机制和问责机制。一方面,现行章程监督保障机制存在很多不足,如没有得到高等学校足够的重视、欠缺监督的独立性和专业性、监督审查的程序和机制有待完善等。因此,要想充分发挥高等学校章程实施的监

---

① 李允杰,丘昌泰. 政策执行与评估[M]. 北京:北京大学出版社,2008:133.
②④ 朱家德. 大学章程实施比制定更重要[J]. 中国高教研究,2016(6):65-69.
③ 周颖. 公共政策执行中的"中梗阻"难题及破解对策[J]. 领导科学,2015(3):16-17.

督机制的作用,就要在高等学校章程中设计专门的章节具体规定监督机制,依照规定设立专门和专业的监督机构,完善监督的审查方式和明确章程的监督程序。① 谨防高等学校章程实施中容易出现的章程变通、章程不实施、章程虚实施、章程假实施、章程过度实施等偏差问题。② 另一方面,加强高等学校章程实施的问责机制建设,构建科学合理的问责制度,可以有效促进高等学校章程的实施和监督。问责的组织实施应主要包括问责的启动、信息整理与呈现、介入与反馈、救济与改进等环节,而且问责要坚持定期与随机相结合,并做到奖罚分明。③

---

① 湛中乐,赵玄. 大学治理和大学章程的实施:基于教育部92份高等学校章程核准书的分析 [J]. 行政法论丛,2017,20(1):162-182.
② 朱家德. 大学章程实施比制定更重要 [J]. 中国高教研究,2016(6):65-69.
③ 张磊,周湘林. 问责:大学章程制定实施的制度保障 [J]. 河南社会科学,2013,21(6):80-82.

第二节　完善现代职业学校制度

一、现代职业学校制度的内涵

完善现代职业学校制度是实现职业院校治理能力现代化的基础，也是实现教育现代化的一个重要组成部分。为了更好地理解完善现代职业学校制度的意义，有必要明晰现代职业教育、现代职业学校及现代职业教育治理的相关概念。

现代职业教育是相对于传统职业教育提出的。所谓现代，首先是相对于古代、近代而言的时间概念，其次是一种发展水平的描述，最后是一种特征的呈现。以大机器工业生产为推动力，转变社会生产方式和个体行为方式，进而呈现出的现代社会独有的价值诉求及行为特征的代名词，即现代性。①2016年教育部等六部门联合印发了《现代职业教育体系建设规划（2014—2020年）》，明确了"现代职业教育是服务经济社会发展需要，面向经济社会发展和生产服务一线，培养高素质劳动者和技术技能人才并促进全体劳动者可持续职业发展的教育类型"。现代职业教育是一个有机体系：从层次结构上可以划分为初等职业教育、中等职业教育和高等职业教育；从办学类型上可以划分为政府、企业和社会办学，全日制与非全日制职业教育，学历和非学历职业教育；从终身一体性上可以划分为职业辅导教育、职业继续教育和劳动者终身学习教育。

职业学校是实现职业教育的最主要的途径和载体。根据现代职业教

---

① 张淼. 我国建设现代职业学校制度中的基本理论问题研究[J]. 中国职业技术教育，2015（24）：5-9.

育的理念和要求，现代职业学校可以定义为有目的、有意识、有组织地引导受教育者形成职业倾向、职业道德、职业知识和职业能力，培养社会各行各业的技术技能型人才的教育机构。[①]

职业教育和基础教育相比，涉及的利益相关者更多，它们之间的权力关系也更复杂。因此从这一意义上说，职业教育治理是一种与职业教育有直接或间接利益关联的个人、群体和组织之间的职业教育相关主体间的集体选择过程。现代职业教育治理具有特殊性，具体体现在以下四方面。（1）多元性，主要指治理主体的多元。职业教育治理主体包括中央和地方政府、职业院校、行业企业、社会组织和社会公众等。[②]（2）复杂性，包括主体权责边界划分、治理对象、治理方式和治理效果评价等都比普通教育更复杂。（3）全局性，即职业教育治理事关现代国家劳动力再生产及其有效配置、产能效益发挥，影响经济和社会发展全局。（4）敏感性，由于职业教育涉及多个利益主体，因此任何一方的变化必然会对整个利益链上的他者产生影响。[③]

现代职业学校制度正是根据现实需要，在优化中高等职业学校内外部治理基础上形成的一系列科学规范与程序。[④]现代职业学校制度可以概括为五个内涵特征，即依法治校、自主办学、多元参与、民主管理和以人为本。

[①] 褚宏启. 中国现代教育体系研究 [M]. 北京：北京师范大学出版社，2014：239-240.

[②] 庄西真. 职业教育治理主体及其权力关系分析 [J]. 教育理论与实践，2016，36（28）：7-11.

[③] 肖凤翔，黄晓玲. 职业教育治理：主要特点、实践经验及研究重点 [J]. 河北师范大学学报（教育科学版），2015，17（2）：35-39.

[④] 陈衍，徐梦佳，郭珊. 现代职业学校治理的新制度主义分析 [J]. 现代教育管理，2017（7）：89-93.

依法治校。随着职业教育的现代化进程不断推进，个人、企业、社区和有关社会组织将以资本、知识、技术、管理等要素不断地参与到职业学校的办学过程中。① 因此，必须建立起与之相适应的法律法规和学校制度，明确学校和各参与主体之间的权利义务关系，将职业教育体系建设的成果法制化。

自主办学。《国家中长期教育改革和发展规划纲要（2010—2020年）》指出，建设现代职业学校制度要求推进政校分开、管办分离，落实和扩大学校办学自主权。政府要加快职能转变，减少部门职责交叉和分散，减少对学校教育教学具体事务的干预。学校在招生、教学活动、科学研究、技术开发和社会服务，以及人才管理和经费使用等方面享有更大的自主权。② 为了更好地行使自主权，学校应完善自主管理体制，提高自主管理能力。

多元参与。根据现代职业教育及其治理的定义和特点，现代职业学校制度框架必然涉及学校与行业、企业、社区、科研机构等组织之间的规定性。现代职业学校制度必须明确多元参与主体在人才培养方面的目标和任务，建立能让不同主体相互配合、共同参与的相关机制。③ 只有这样，各参与主体才能在统一的职业教育价值观的引领下，切实有效地实现职业教育目标。

民主管理。学校内部治理结构的完善和顺利运行离不开民主管理。从治理主体来看，学校内部治理结构包括校长、学校领导层、中层干部、教职工、教师和学生之间的关系。从治理过程来看，学校内部治理结构包括决策、执行、监督、反馈机构的设置及运行机制。从治理环节

---

①②③ 唐月慧，宫捷，叶华青. 现代职业学校制度刍议［J］. 陕西社会主义学院学报，2017（4）：62-64.

来看，学校内部治理结构包括专业建设、教学管理、人事管理、师资管理、财务管理、学生管理、后勤管理等方面。① 在现代职业学校治理体系中，治理主体、过程及环节都体现出民主化的特征。

以人为本。在职业教育领域，人本化特征日趋明显。一方面，对理性的尊重和个体独特性的关注是现代社会的基本价值取向。② 另一方面，在知识经济时代，国家的竞争力越来越体现在人才的创新能力上，在应用技术领域也是如此。因此，现代职业学校制度更注重以人为本，培养学生创造性解决问题的能力，提高人才培养质量，实现人的现代化是推进职业教育现代化的必然要求。

二、完善现代职业学校制度的意义

自改革开放以来，我国的职业教育，尤其是高等职业教育实现了跨越式发展，但仍然存在许多问题。《现代职业教育体系建设规划（2014—2020年）》指出，我国职业教育仍然存在着社会吸引力不强、发展理念相对落后、行业企业参与不足、人才培养模式相对陈旧、基础能力相对薄弱、层次结构不合理、基本制度不健全、国际化程度不高等诸多问题，并集中体现在职业教育体系不适应加快转变经济发展方式的要求上。因此，现代职业学校治理结构亟待完善，建设现代职业学校制度。

---

① 唐月慧，宫捷，叶华青. 现代职业学校制度刍议[J]. 陕西社会主义学院学报，2017（4）：62-64.
② 张淼. 我国建设现代职业学校制度中的基本理论问题研究[J]. 中国职业技术教育，2015（24）：5-9.

（一）适应经济发展要求、提升人才培养质量

现代职业学校制度建设是适应经济发展要求，提升人才培养质量的需要。我国正处于经济社会发展的关键阶段，农业现代化、新型工业化、信息化、城镇化进程加快。转变经济发展方式，推动产业结构调整，实施一系列重点产业振兴规划，发展战略型新兴产业和现代农业等，都迫切需要大量高素质劳动者和高端技能型人才，因此应加快建立完善现代职业教育体系和制度。然而，目前我国现行的职业教育体系尚不能适应经济社会对技能型、应用型人才的培养要求，突出表现在职业教育的结构、层次上设置不合理和人才培养质量不高。[①]

建设和完善科学合理的现代职业学校制度，有利于形成与现代产业结构相适应的专业设置和人才培养模式，不仅能适应社会当前的发展，还能适应社会未来发展的需要，促进社会发展。完善现代职业学校制度，解决制约人才培养质量提高的困难和问题，是建设人力资源强国的必然选择。

（二）建设多方联动参与治理的办学机制

现代职业学校制度建设有助于建设多方联动参与治理的职业体制。职业教育的健康良性发展需要制度建设，体制和制度的不顺畅会在较大程度上影响职业教育综合能力的发挥。当前，在职业学校办学和发展实践中，尚未建立有效的多方联动机制，影响了学校、行业、企业等之间的平等互惠的主体关系，也阻碍了职业教育的发展。目前我国普遍实行的是以职教集团核心学校为主导的理事会管理体制。职教集团（全称为职业教育集团）是指若干具有独立法人资格的职业学校及相关企事业单

---

① 褚宏启. 中国现代教育体系研究［M］. 北京：北京师范大学出版社，2014：270.

位以契约或资产为联结纽带而组成的职业教育办学联合体。[①] 职教集团核心学校为主导是指一种在办学联合体中以某一所具有高办学实力和高社会美誉度的职业院校为核心的办学形式。这种理事会管理体制虽发挥过积极作用，但目前经常由于职教集团核心学校缺乏足够的资源统筹能力和社会权威，导致集团理事会形同虚设，无法有效组织和动员集团成员开展充分的办学合作。[②] 2014年颁布的《国务院关于加快发展现代职业教育的决定》提出"建立学校、行业、企业、社区等共同参与的学校理事会或董事会"，旨在形成共同举办和参与职业教育的合力。因此，加强和完善现代职业学校制度建设，尤其是学校理事会或董事会的建设十分重要，为建设学校、行业、企业、社会等多方联动和共同参与职业教育治理的办学机制提供了制度保障。

（三）完善内部治理体系，激发学校内生发展活力

现代职业学校制度建设是完善内部治理体系，激发学校内生发展活力的需要。[③] 通过建设现代职业学校制度，理顺学校内部治理结构，能有效持续激发学校内生发展活力，扫除发展道路上的制度障碍。科学合理的学校内部治理体系应包括依法治校、自主办学和民主管理等内容。内部治理体系的建构是学校持续发展繁荣的基础。

首先，依法治校既是学校适应加快建设社会主义法治国家的要求，发挥法治在学校管理和治理中的重要作用的客观需要，也是现代职业学

[①] 高卫东. 职业教育集团的内涵、类型与功能[J]. 职业技术教育，2004，25（34）：8-11.

[②] 潘姿曲，祁占勇. 改革开放四十年职业院校治理结构沿革、特点与展望[J]. 教育与职业，2018（13）：46-51.

[③] 唐月慧，宫捷，叶华青. 现代职业学校制度刍议[J]. 陕西社会主义学院学报，2017（4）：62-64.

校自主办学必须遵循的原则和内生发展活力的基础。建设和完善现代职业学校制度，能够保障职业院校在实践过程中有法可依、有章可循，为学校的发展划定法律规章的边界。

其次，职业学校的办学自主权能否充分落实，促进学校发展的资源条件能否被充分调动，都受到现代职业学校制度的影响。完善制度，明确清晰产权结构，能为学校、行业和企业的深度融合与合作提供合法合理的土壤，有利于学校充分聚集和利用如知识、资本、技术、设备等一切对学校发展有帮助的资源和生产要素。

最后，职业学校的发展离不开各利益相关者的参与和监督，职业学校发展活力的激发和调动离不开相关主体的主观能动性。现代职业学校功能的发挥和目标的实现，以及职业教育形象的塑造和传播都要求学校实行民主管理，多元参与。完善现代职业学校制度，充分考虑到各主体的民主参与权利，不断提升职业学校和职业教育整体的民主决策、民主管理和民主监督水平，有利于为职业学校发展提供持久动力。

三、完善现代职业学校制度的路径

职业教育具有鲜明的跨界特征，国家制度创新应以调动全社会共办职业教育为根本。① 现代职业学校制度在建设和完善过程中，也要注意充分调动政府、行业、企业、学校和其他社会组织及公众的力量，共同培养社会需要的高素质劳动者和高端技能型人才，使职业教育成为服务劳动者成长、伴随劳动者终生发展的生涯教育。②

---

① ② 褚宏启. 中国现代教育体系研究［M］. 北京：北京师范大学出版社，2014：246.

(一)加强职业学校章程建设

《现代职业教育体系建设规划(2014—2020年)》指出要完善体现职业教育特色的职业院校章程和制度,明确理(董)事会、校(院)长、专业指导委员会和教职工代表大会的职权,提高职业院校治理能力。职业学校章程是一所学校的"宪法",在完善职业学校制度时必然首先考虑章程的建设,充分发挥章程的依章制规等功能。然而目前从整体来看,我国还远未形成"一校一章程"的局面,且学校章程存在不规范、无特色等问题。完善职业学校章程建设,首先,各省教育厅应督促各院校完成章程建设,明确各个环节的时间和任务,帮助学校提高章程建设的质量和效率。其次,成立专门章程起草小组,严格遵守章程制定生效程序。广泛动员利益相关者参与进来,全面听取意见建议,充分发挥教职工代表大会、理事会等组织的咨询和监督作用。最后,章程的制定既要着眼于技术技能型人才的培养目标,又要立足于追求人的个性发展,全面提升人才培养质量,形成职业教育特色品牌。[①]

(二)建立健全学校理事会或董事会制度

由于职业学校有很明显的跨界特征,涉及众多利益相关者,因此学校理事会或董事会制度已然成为整合职业学校利益相关者诉求、完善治理结构的重要途径。建设学校理事会或董事会制度对内有利于形成学校内部利益相关者的权力制衡机制,对外有利于保障外部利益相关者的权

---

① 潘姿曲,祁占勇. 改革开放四十年职业院校治理结构沿革、特点与展望[J]. 教育与职业,2018(13):46-51.

益。① 建立健全学校理事会或董事会制度可以从以下四方面着手。②

第一，制定理（董）事会章程，形成良好运行机制。《普通高等学校理事会规程（试行）》规定，"高等学校应当依据本规程及学校章程建立并完善理事会制度，制定理事会章程，明确理事会在学校治理结构中的作用、职能，增强理事会的代表性和权威性，健全与理事会成员之间的协商、合作机制"。职业学校进行理（董）事会章程建设时，需注意对理（董）事会的职能、人员构成、职责分工、遴选机制等进行详细规定，同时要加强对理（董）事会成员的章程培训，促进对该制度和相关规定的理解与支持，保证章程成为理（董）事会制度运行的实际规范。

第二，规划合理的理（董）事人员结构。在具体建设理（董）事会制度时，要注意实现理事或董事构成的多元化，让理（董）事会成员充分代表主办者、行业、企业、学校师生、校友、社会组织及公众等各利益相关主体的利益和诉求，并从中挑选出服务和奉献精神较强的人担任理（董）事会成员。

第三，加强与行政良性互动，建立新型决策执行机制。理（董）事会在保证其主体的独立性之外，还要多与以校长为代表的行政人员加强沟通，共同探索能充分体现学校、行业、企业、社会共同意志的决策和执行机制。

第四，保障和提高理（董）事会治理的专业水平。学校的办学与管理具有一定的专业性，因此职业学校理（董）事会成员还应具备相应的

---

① 陈松，刘娜. 基于利益相关者理论的高职院校董事会研究［J］. 工业技术与职业教育，2017，15（1）：67-69，72.
② 罗尧成，肖纲领. 高职院校理事会的职能定位与运行机制：美国社区学院董事会的经验借鉴［J］. 高校教育管理，2016，10（1）：105-110.

专业知识和能力。首先，在选聘成员时，优先选择关心职业学校发展、懂得职业教育管理的人；其次，理（董）事会应分化出若干专业委员会，专门负责包括基础设施建设、财务管理、人事管理、文化建设等在内的事务，增加决策和管理的科学性；最后，理（董）事会制度应保障学校组织新任理（董）事的培训和学习活动，提供多种学习渠道，帮助他们提升自身专业能力。

（三）坚持和完善校企合作办学制度

根据《国家中长期教育改革和发展规划纲要（2010—2020年）》，职业教育应坚持校企合作的方针，设法调动行业和企业参与职业教育的积极性，建立健全政府主导、行业指导、企业参与的办学机制，完善各项校企合作办学法律与政策，实现校企合作办学的法制化、制度化。经过多年发展，校企双方已经形成了共建二级学院、订单式培养、实习基地共建、共同研发研究项目等合作模式，但是合作过程中始终存在一个难点，即企业参与的积极性不足。企业参与职业教育的程度决定了职业教育是否能真正承担起为社会培养高素质的生产、管理和服务一线的技术技能型人才的教育使命。要想解决这一问题，就要从根本上调动各方尤其是企业参与职业教育的积极性，通过制度建设为企业在校企合作中的利益诉求提供制度保障。[①]

具体来说，首先，要在职业学校内部建立多元主体参与的校企合作工作协调机制，制定校企合作办学的制度和章程，指导和协调校企合作行为。构建职业学校和企业双主体育人运行机制，学校和企业共同制定人才培养方案、共同参与学生日常管理、共同评价学生等。其次，学校要

---

① 姜群英，雷世平. 职业教育校企合作立法的思考[J]. 职教论坛，2010（34）：72–75.

加强奖励和宣传机制的建设,在提升自身办学质量的同时配合政府对企业进行利益补偿和校企合作成本补偿等制度,和企业形成互利互惠的关系。再次,建立学生实习期间的保险制度,在学生实习前对其进行强化风险教育,以降低由于学生实习可能给企业造成的风险和负担。① 最后,职业学校在校企合作制度建设中还应保障学生到企业上岗实习、专业教师到企业生产服务岗位实践的权益,同时也要明确这些实习学生和实践教师遵守企业规章制度和劳动纪律、保守企业商业秘密等方面的义务。②

(四)完善民主管理和社会监督机制

为了实现现代职业学校治理的民主化和科学化,完善现代职业学校制度需要扩大内部管理的民主化,同时充分发挥外部社会对职业学校发展的监督作用。第一,通过加强建设学校章程和学校理事会或董事会等制度,依法依规明确、合理界定学校内部不同事务的决策权和管理权,健全这些机构的职权和议事规则,充分发挥学术委员会、学校理事会或董事会等在决策和管理中的作用。同时,建立和完善职能部门论证、邀请专家咨询、听取教师意见、专业机构或主管部门测评相结合的风险评估机制,推进决策和管理的科学化、民主化、法治化。第二,充分发挥和保障教职工代表大会、共青团、学生会等群众组织在民主决策、民主参与、民主管理和民主监督中的重要作用,以保证管理与决策执行的规范、廉洁、高效。

同时,在职业教育的发展中,社会要切实发挥监督功能。建立行业

---

① 赵海婷. 企业参与职业教育校企合作的动因、障碍及促进政策研究[J]. 职教论坛, 2016 (9): 46-50.
② 姜群英,雷世平. 职业教育校企合作立法的思考[J]. 职教论坛, 2010 (34): 72-75.

企业评价机制，引入竞争机制，采用政府购买监督服务等做法，加强社会监督。其中，引入和培育第三方评价机构，如行业协会、工会及相关专业机构等组织，不仅有利于社会监督，还可以有效制衡职业学校、政府和企业之间的关系，使各方的诉求能够得到充分的尊重和表达，进而促进形成职业教育中长期有效且稳定的多元参与机制。[①] 在完善职业学校制度时，要充分为第三方社会力量的纳入和作用发挥提供制度保障。

除了以上路径外，完善现代职业学校制度还包括许多其他方面，如建设既与普通教育结合又能体现职业教育特殊使命的课程与教学制度，从制度上参与推动解决学历证书和职业资格证书的互认问题等。

[①] 张淼. 我国建设现代职业学校制度中的基本理论问题研究［J］. 中国职业技术教育，2015（24）：5-9.

第三节　完善高等学校内部治理结构

一、高等学校内部治理结构的内涵

《国家中长期教育改革和发展规划纲要（2010—2020年）》将完善中国特色现代大学制度和完善治理结构作为建设现代学校制度的方向。高等学校治理通常被学界划分为外部治理与内部治理两个领域。完善高等学校外部治理结构主要是依照法律处理好作为独立法人的高等学校与政府、市场、社会的关系，让政府、市场、社会的合理价值诉求与有效资源顺畅进入高等学校，在使高等学校获得良好外部发展条件的同时，也让政府、市场、社会的利益在高等学校核心理念允许的范围内得到最大限度的实现。而完善高等学校内部治理结构的主要目标在于建立以学术权力而非行政权力为基础、以实现公共利益而非个别团体利益为目标的一种内部领导和决策结构。这样的结构能够保证有效回应和解决来自高等学校内外部的多元利益主体的要求和冲突，避免决策权力的过分集中，使高等学校能够管理好自身的一般事务同时提高高等学校的生产力。①

我国高等学校内部治理的完整结构包括党委领导、校长负责（治校）、教授治学、民主管理、依法治校五个部分。② 其中党委领导和校长负责（治校）是高等学校的领导体制，其他三个部分应在这样的领导

---

① 龚怡祖. 大学治理结构：建立大学变化中的力量平衡：从理论思考到政策行动［J］. 高等教育研究，2010，31（12）：49-55，60.
② 李延保，张建林. 对新时代中国特色社会主义大学制度建设几个问题的讨论［J］. 高等教育研究，2018，39（6）：20-25.

体制下通过制度设计得到保障和实现。因此，高等学校内部治理结构在制度建设层面包括党委领导下的校长负责制、学术委员会、教职工代表大会、学生代表大会、理事会、高等学校法律顾问等制度，以及行政职员化、后勤社会化制度等。

党委领导下的校长负责制是经过理论和实践的不断探索和经验总结而最终确立的符合中国国情和高校实际的领导体制，也是中国特色现代大学制度的核心。党委领导下的校长负责制有3点内涵。[①]第一，高校党委是公办高校领导核心。从组织架构的角度看，党委领导下的校长负责制中处于最高级的同时也是核心地位的是党委，对高校工作实行全面领导，履行把方向、管大局、做决策、抓班子、带队伍、保落实的领导职责。坚持党委对学校的统一领导是坚持和完善党委领导下的校长负责制的核心要义。第二，高校校长是公办高校行政法人。高校校长处于内部领导体制的第二层级，是学校的法定代表人，主要职责在于根据党委有关决策决议，全面负责和有效组织学校教学、科研、行政管理工作。第三，高校领导班子工作的协同运行。2014年中共中央印发的《关于坚持和完善普通高等学校党委领导下的校长负责制的实施意见》中指出："必须坚持党委的领导核心地位，保证校长依法行使职权，建立健全党委统一领导、党政分工合作、协调运行的工作机制。要合理确定领导班子成员分工，明确工作职责。领导班子成员要认真执行集体决定，按照分工积极主动开展工作。"

学术委员会是为保障"教授治学"而建设的制度，体现了高等学校学术权力。学术权力是指基于高等学校知识专业化而产生的专业性的权

---

① 韩泽春. 规范执行高校党委领导下的校长负责制[J]. 理论视野, 2017 (12): 48-54.

力形式。① 高等学校中由教授、专家等组成的学术权威群体是学术权力的象征和代表，高等学校学术权力正是指这些群体直接参与高等学校的学科建设、专业设置、教学改革、学术创新等方面的决策和管理权力。完善和保障高校学术权力的制度建设，不仅是完善高等学校内部治理结构的客观需要，更是激发中国特色现代大学制度生命力的体现。

教职工代表大会、学生代表大会、理事会等制度则反映了高等学校在治理过程中实现多元主体共同参与，民主治理的要求。一方面，学生和教职工是高等学校人员主体的主要构成部分，他们有权维护切身利益，参与高等学校的建设和发展。在高等学校和院系自主权日益扩大的今天，如何保障广大师生员工的民主参与和民主监督权利成为完善高等学校内部治理结构的重要问题，我们要坚持和完善教职工代表大会和学生代表大会制度。另一方面，为建设高等学校民主权利制度体系，高等学校还应充分利用和发挥高等学校理事会的作用。2014年教育部发布《普通高等学校理事会规程（试行）》，指出理事会、董事会、校务委员会等类似机构，是公办普通高等学校根据面向社会依法自主办学的需要，设立的由办学相关方面代表参加，支持学校发展的咨询、协商、审议与监督机构，是高等学校实现科学决策、民主监督、社会参与的重要组织形式和制度平台。高等学校理事会的作用主要包括密切社会联系、扩大决策民主、争取社会支持、完善监督机制。

高等学校法律顾问制度体现了教育现代化改革中依法治校的要求。高等学校法律顾问具有决策性作用、督导性作用、诉讼性作用和专业性

---

① 吴敬东. 完善高校党委领导下的校长负责制的思考与建议[J]. 湖北社会科学, 2016（6）：168-171.

作用。①决策性作用是指，法律顾问为高等学校提供法律咨询服务，保证决策的合法性，不再只是事后救济，而是提前预见可能出现的风险，避免学校不必要的损失。督导性作用是指，高等学校法律顾问根据学校具体情况进行规章的梳理、审核和备案，文件政策出台的法律审查，重要涉法事件的登记备案，重要项目的资信调查、立项可行性分析等。诉讼性作用指法律顾问代理学校参加诉讼、调解和仲裁及其他相关法律事务，既保证学校行使权利的合法性，也保证他人利益不受学校侵犯。专业性作用强调的是法律顾问协助高等学校建立和完善知识产权的保护制度，包括技术保密制度、技术成果申报制度等。除此之外，高等学校法律顾问还具备教育性法律服务功能，即协助学校开展依法治校实践、培训和法律知识普及活动等。

行政职员化、后勤社会化制度是提高高等学校行政管理效率和学校效益的制度安排，是高等学校在新公共管理理念的影响下引入市场化运营、企业化管理的改革目标。行政职员化是指高等学校自主管理岗位设置和自主设置内设机构，管理高等学校人员总量，对高等学校行政职员实行公开招聘、平等竞争、择优聘任、严格考核、聘约管理的原则。行政职员化改革有利于促进形成高等学校专任教师和行政职员各司其职、各负其责的"二元化"人事分类管理格局，有利于全面推进高等学校管理体制"去行政化"改革。②后勤对学校实现教学、科研、服务等核心功能起到重要的服务和保障作用。后勤社会化的内涵是，高等学校后勤工作从高等学校中剥离出来，充分依靠和利用社会和市场力量，完成劳

---

① 梁军. 论高校聘请法律顾问的作用[J]. 湖南社会科学，2006（2）：80-81.
② 陈金圣. 用人制度改革：高校"去行政化"的切入点[J]. 教育发展研究，2010，30（11）：1-5.

动成果的商品转化,强调生产过程的专业化分工与优势互补,实现社会资源的优化配置,建立经济效益与社会效益协调一致、相对独立的高校后勤服务新体系。①

完善校院两级管理机制是完善高等学校内部治理结构改革的重要任务,也是建立中国特色现代大学制度的重要部分。院系作为高等学校的基本组织单位,是高等学校主要职能的承担者和各项活动的实际组织者,其办学质量和治理水平的高低直接影响高等学校人才培养、科学研究、社会服务、文化传承与创新等核心功能的实现。随着高等学校和二级学院办学规模的不断扩大,师生人数也随之增加。垂直式的集权管理模式不再适应高等学校的发展,高等学校内部管理模式和治理结构改革越来越迫切,校院两级管理模式已经成为改革发展方向。② 校院两级管理模式就是指高等学校按照一定的目标和原则,整合、优化学校教育教学资源,形成学校和学院两个管理层级。通过从学校到学院的管理重心下移和管理权力下放,转变学校部门的管理职能,明确学校和学院的职责和权限,形成学校宏观决策、部门协调配合、学院实体运行的管理模式。③ 完善校院两级管理体制,要求扩大院系自主权。《国家教育事业发展"十三五"规划》将"推动高等学校进一步向院系放权"作为扩大院系自主权,增强院系办学活力的重要举措。

---

① 徐建国. 对我国高校后勤社会化的几点思考 [J]. 高教探索,2004(1):38-41.
② 刘元林,刘春生,石善革,等. 深化校院两级管理扩大院系办学自主权的研究 [J]. 教育现代化,2015(5):12-14.
③ 都光珍. 高校校院两级管理体制改革的对策思考 [J]. 国家教育行政学院学报,2011(12):16-20.

二、完善高等学校内部治理结构的意义

（一）回应高等学校发展的现实需求

当前高等学校在发展过程中面临着一系列挑战。从外部来看，高等学校的发展越来越受到资源的约束，除政府力量外，市场力量和社会力量愈加成为高等学校发展中不可摆脱的外部影响因素和资源。因此高等学校不仅要和政府建立和谐关系，也要和这些新力量保持良好联系。但仅靠高等学校的努力是不够的，现实中常常因为体制的限制遇到困难。从内部来看，由于政府的简政放权，高等学校内部治理结构的不完善，导致学校内行政系统独揽大权，造成了一系列极度扭曲高等学校本质特征的恶果。[①] 比如，在组织目标认知上，抹除高等学校自身的独特性，混同于一般的社会组织；在组织资源和利益的分配上，助长"行政通吃"的潜规则，使学术系统处于被动地位；在组织整合上，则背离文化机制而依赖科层制，将低效率、资源浪费、形式主义等弊端带入高等学校这个组织场域。高等学校内部关系的不平衡不和谐不仅重创了教师的积极性和进取心，也对学生的价值观和学术信仰形成危机。

为了解决这些现实问题，解除高等学校体制对其发展的制约和限制，完善高等学校内部治理结构具有深刻意义。实现教育现代化需要以制度建设为基础，进一步完善中国特色现代大学制度，特别要建立高等学校内部治理结构，坚持和完善党委领导下的校长负责制、学术委员会、教职工代表大会、学生代表大会、理事会、高等学校法律顾问等制度，扩大院系自主权，推动行政职员化、后勤社会化发展。

---

① 龚怡祖. 大学治理结构：建立大学变化中的力量平衡：从理论思考到政策行动 [J]. 高等教育研究，2010，31（12）：49-55，60.

（二）实现治理规范化的制度保障

高等学校的内部治理结构经历了一个不断摸索，逐步规范化和制度化的过程。改革开放以来，我国在高等学校领导体制的探索上，先后经过党委领导下的校长分工负责制、校长负责制和党委领导下的校长负责制这几个阶段，最终党委领导下的校长负责制被确定为更适合的选择。①1989年7月，国家教委召开全国高等教育工作会议，明确提出设立党委领导下的校长负责制更适合高等学校的实际情况。1989年8月，中共中央政治局讨论并通过《中共中央关于加强党的建设的通知》，提出高等院校实行党委领导下的校长负责制。1996年"党委领导下的校长负责制"在《中国共产党普通高等学校基层组织工作条例》中得以确立，并在1998年的《中华人民共和国高等教育法》中获得了地位上的合法化。此后，高等学校办学和管理活动的领导体制有法可依，在顶层设计上保障了高等学校的依法治校。

高等学校领导体制的确立为高等学校内部院系领导体制的改革与确立提供了基础，也为进一步扩大院系自主权的改革提供了规范。2007年《中共教育部党组关于加强普通高等学校基层党组织建设的意见》指出，"建立健全党政联席会议制度，院（系）工作中的重要事项，要经过党政联席会议，按照民主集中制的原则集体研究决定""党政之间既要明确职责，又要协同合作；既要合理分工，又要形成合力；有效形成院（系）党政相互配合、协调运转的工作机制"。这和党委领导下的校长负责制的运行逻辑类似。

学术委员会制度的逐步完善推动了校级层面和院系层面的教授治

---

① 李海萍. 改革开放40年中国高校内部领导体制改革审视［J］湖南科技大学学报（社会科学版），2018，21（5）：119-128.

学。从一开始的只是作为学校行政管理的咨询机构，并无实质性的决策权，到逐渐完善学术委员会章程，建立具体议事规则等，学术委员会制度如今在法理上得到了认可。2014年的《高等学校学术委员会规程》对学术委员会的组成做了进一步规定，教授治学在高等学校院（系）层面开始真正落实。

理事会、教职工代表大会、学生代表大会等制度推动了高等学校内外部民主管理的进程。从高等学校外部看，高等学校要处理好和政府、社会的关系；从高等学校内部看，高等学校是一个权力结构多元、构成人员复杂且目标多样的组织，高等学校不仅要使政治权力、行政权力和学术权力相互制约、相互协调、相互促进，还要回应来自教职工、学生等团体的利益诉求。这些都要求在坚持和完善党委领导下的校长负责制的基础上，形成既包括共同利益和价值取向，又涵盖不同利益诉求的具有自身约束力的制度体系。

高等学校法律顾问制度则是保证高等学校治理规范化的最强制体现。完善高等学校法律顾问制度，有助于提高依法治校能力，加强教育法制建设，加快教育法治化进程，有效防范和化解法律风险，切实维护学校和教职工及学生的合法权益。

总之，高等学校内部治理机制在党委领导下的校长负责制下，学术委员会制度、教职工代表大会和学生代表大会、理事会、高等学校法律顾问等制度的确立都为高等学校内部治理机制的规范化及不断完善提供了强有力的制度化保障。

(三) 适应"双一流"建设的制度基础

完善高等学校内部治理结构，是实现"双一流"建设的战略目标的制度基础。高等学校是集中生产和传播知识、培养人才的地方。在知识经济和经济全球化时代，经济的发展愈发依赖于知识的生产、扩散和应用，世界各国在知识、人员、技术、资金等方面的联系也越趋紧密。因此，高等教育在国际竞争中也将发挥越来越重要的作用。①当前我国高等教育已经实现了跨越式发展，高等教育规模世界第一，各类高等学校数量世界第二，高等教育毛入学率高于世界平均水平，在国际顶尖高水平学术期刊上发表论文数量稳居世界前列。但是，我国高等教育的质量特别是科研创新能力与欧美一流大学相比相差很远，真正处于世界一流水平的学科并不多，能够达到世界一流的大学更少，国际竞争力不足。②2015年10月，国务院印发《统筹推进世界一流大学和一流学科建设总体方案》，提出"加快建成一批世界一流大学和一流学科，提升我国高等教育综合实力和国际竞争力，为实现'两个一百年'奋斗目标和中华民族伟大复兴的中国梦提供有力支撑"。因此，"双一流"建设能否实现预期目标不仅关系到我国在越发激烈的国际竞争中能否取得决胜，还关乎我国能否实现从高等教育大国到高等教育强国的历史性跨越。

"双一流"大学的建设包括"建设一流师资队伍""培养拔尖创新人才""提升科学研究水平""传承创新优秀文化""着力推进成果转化"等，这些任务目标的实现离不开高等学校内部治理制度的支持。只有在党委领导下的校长负责制这一领导体制下，完善各种制度基础，实现高等学校的教授治学、民主管理和依法治校，才能使我国高等教育更好地迎接经济全球化背景下的国际竞争，在"双一流"建设中更好地迎接挑战。

---

① 吴敬东. 完善高校党委领导下的校长负责制的思考与建议 [J] 湖北社会科学，2016（6）：168-171.
② 马廷奇. "双一流"建设与大学发展 [J] 国家教育行政学院学报，2016（9）：9-14.

三、完善高等学校内部治理结构的路径

(一) 完善党委领导下的校长负责制

在我国的高等学校管理系统中，权力结构分为两层，第一层是以书记为代表的党委权力，第二层是以校长为代表的行政权力。党委权力制度和校长行政制度分别是指明确和规范党委领导什么和怎么领导、校长负责什么和怎么负责的制度。首先，在领导什么和负责什么的问题上，党委权力和行政权力要做出明确的分工。其次，在怎么领导的问题上，党委要注意将集体领导和个人分工相结合。在领导实践中应避免"不管论"和"包办论"两种错误倾向。前者是指党委忽视对校长行政的领导权力，仅仅关注党的建设和思想政治工作方面，从而弱化了党委的作用。后者是指过于强化党委作用，导致行政权力成为党委权力的附庸。党委要严格按照规定办事，根据高等学校自身实际情况，建立健全相关具体规章制度，严格界定党委权力的行使范围和程度。对于校长来说，要注意以其为代表的行政权力的实施效果，最终由党委领导班子下发决策的执行效果来体现和检验。因此，校长领导层要不断提高行政管理水平和效率，将党委制定的目标决策分解为具有可行性的行政项目。总之，坚持和完善党委领导下的校长负责制，是完善高等学校内部治理结构的首要任务。

(二) 深化去行政化改革

高等学校行政权力建立在科层制的结构基础上，中华人民共和国成立以来逐渐形成了"以行政权力为中心"的管理模式。这种模式忽略了高等学校中学术权力的地位和作用，过分强调行政权力在高等学校管理中的作用，甚至给高等学校带来一些"官本位"的不正确思想，扰乱了高等学校正常的教学和学术秩序。建设中国特色现代大学制度，需要克

服行政权力的中心化倾向。在高等学校内部尤其是在基层和学术事务上要淡化行政色彩，更多发挥学术力量，通过研究、协商和评议等方式来处理教学和科研及相关事务，提高高等学校工作效率和实现学术自由。

（三）完善学术治理和民主管理制度

高等学校作为学术组织和教育单位，其基本活动是学术活动和教学活动。一方面，以教授为代表的教师群体理应发挥重要作用。要想实现教授治学，就需要充分尊重和满足教师群体的合理诉求。另一方面，扩大高等学校办学自主权和院系自主权的改革背景下，院系日常管理工作、专业课程设置、人才培养方案、学术教学实践、社会服务面向和人事管理等都由高等学校及院系独立负责，这些工作很多都涉及教职工的切身利益，因此需要教师群体参与管理。为确保高等学校内部民主参与、民主管理和民主监督，制度层面应提供保障。

因此，不仅要设置学术委员会、教职工代表大会、学生代表大会等机构，还要跟进具体的制度性规定，并根据高等学校和院系的实际情况建设有效的监督和保障机制，克服"形式化""随意化""官僚化"的不良现象，化制度性规定为制度性行为。学术委员会议事规则、教职工代表大会等制度的具体议事规则及相关申诉制度、监督制度等体系，可以有效保障学术权力和民主权利的运行空间、强化它们的地位和作用。

（四）完善高等学校法律顾问制度

完善高等学校法律顾问制度，有助于提高依法治校能力，加强高等学校法治建设，加快高等学校法治化进程，有效防范和化解法律风险，切实维护学校和教职工及师生的合法权益。具体来说，第一，构建高等学校总法律顾问制度，这是一个以总法律顾问为领导的，以法律顾问室为组织平台的,以专业的法律顾问为基础的组织体系。高等学校总法律顾问应当参与高等学校重大决策,并统筹高等学校依法治校工作。[①] 第二,完善法律顾问工作与运行机制。法律顾问参与学校管理和决策的范围、程度、具体职责、权利、义务、程序流程等,都应有明确的规定。第三,制定法律顾问工作的评价体系和标准,规范高等学校法律顾问任职资格和职业保障机制,建立科学的法律顾问薪酬制度和绩效考核制度。第四,建立经费保障机制,将法律顾问工作所需经费纳入学校预算。

(五)扩大院系自主权,完善校院二级管理制度

高等学校需进一步扩大院系自主权,坚持和完善校院二级管理制度。为保证校院两级管理制度的有效运行,需要明确两级管理机构之间的权力和责任的分配。[②]

首先,在高等学校内部的组织和管理中要处理好集权和分权的关系。一方面,关乎学校发展全局和影响学校教育事业建设的权力应该集中在学校层面,如学校总体建设规划、章程及配套规章制度的建设、对学校发展的宏观调控工作等。另一方面,要充分保证院系的自主权,调动学院层面的主动性、积极性和创造性。避免权力过度集中或过度分权导致的校院分裂。

其次,要处理好院系自主办学和指导监督的关系。学校按照职能规定,不仅要负责全校大政方针、发展建设规划、宏观管理和监督检查工

---

① 操武斌. 高校法律顾问制度运行模式探讨[J]. 法制与社会,2017(15):206-207.
② 刘元林,刘春生,石善革,等. 深化校院两级管理扩大院系办学自主权的研究[J]. 教育现代化,2015(5):12-14.

作，同时也要行使教育管理职能，实时掌握学院发展方向、工作计划和工作动态，指导制定内部管理制度，审批报批相关事项，协调各组织单位管理工作等。院系不能一味要求自主权，还要履行接受学校指导和监督的义务，其中的度要把握好。

最后，要处理好院系事权和财权的关系。院系办学管理的自主权中，财务管理权限很重要。学校层面既要保留财务管理权和审批权，为学校重大事项的实施做准备，也要适当将财务权下放到学院层面，使学院实现事权和财权的统一，将治人、管事落到实处。要注意建立健全院系的内部控制制度。2016年教育部出台《教育部直属高校经济活动内部控制指南（试行）》，明确要求建立健全预决算管理、资产管理、合同管理、项目管理等内控制度作为高等学校健全治理体系和提高治理能力建设的重要组成部分。高等学校应将指导学院将内控制度覆盖学院治理全过程，提高日常工作中防范和管控财务、法律等各类风险的能力。

（六）推动行政职员化和后勤社会化发展

2017年《教育部等五部门关于深化高等教育领域简政放权放管结合优化服务改革的若干意见》指出，"管理人员实行职员制。改革后要保障高校内设机构人员享有相应的晋升、交流、任职、薪酬及相关待遇"。为有效推动行政职员化改革，第一，高等学校要科学合理地进行职员职级体系设计。在确定机构职能、人员编制基础上，根据工作性质、任务难易程度，以及对人员综合素质、专业水平等要求进行岗位设置。不同职能部门确定不同职员的结构比例，对高级职员岗位职数从严控制。① 第二，加强聘期考核，实行分类评价和差异化评价。根据不同

---

① 尚子扬. 关于高校教育职员制改革的思考［J］. 东北大学学报（社会科学版），2006（2）：143-145.

分类、不同层次和不同岗位的职员的评价和考核进行差异化管理，坚持公平公正、立体考核和注重实际的原则。①第三，建立合理的工资标准，完善有效的薪酬增长机制。国家、地方、高等学校多个层面要保证和加大教育资金投入。②通过年薪制、协议工资制等形式，为高级行政管理者提供更具竞争力的薪酬待遇。③第四，鼓励专职专岗，畅通晋升渠道。高等学校中行政管理人员从事的是专门性管理工作，尤其是教研辅助人员。高等学校应多引导、鼓励和支持他们纵深发展专业业务能力，同时畅通相应的职务晋升通道，提高行政人员的工作积极性，实现人力资源的有效配置。

推动后勤社会化是进行高等教育优化服务改革的一部分。《教育部发展规划司2015年工作要点》提到："以建立'政府履行职责、市场提供服务、学校自主选择、行业自律管理、职能部门依法监管'的新型高校后勤保障体系为目标，以建立'公益性投入与市场化运作相结合'的运行机制为核心，以学生食堂和学生公寓管理体制机制改革为重点，稳步推进高校后勤社会化改革。"在推动后勤社会化建设过程中，要注意几点问题。首先，在后勤社会化建设的目标上，应涵盖后勤成本、运行效率、师生满意这三个目标，④尤其处理好追求经济效益和社会效益之间的关系，守住安全底线。其次，在后勤社会化的制度建设上，高等学校要设置新型后勤管理服务体制，实行管办分离；制定严格的经济责任

---

① ③ 姚鹏阁，郑婕慧，王兵，等．"双一流"建设背景下高等学校行政管理人员对职员制改革的认知分析［J］．中国人事科学，2019（1）：46-51．
② 向福英，汤华，白洋．高校行政管理人员推行职员制改革思考［J］．现代商贸工业，2014（1）：116-117．
④ 周晓明．高职院校后勤社会化改革路径与保障措施研究［J］．高校后勤研究，2019（2）：18-20．

制，职员对后勤集团负责，后勤集团对学校负责；建立有效的激励机制；改革优化后勤监管部门。最后，后勤社会化首先是后勤的市场化，要不断推进后勤组织的企业化、行业化改造，实现由行政组织到经济组织的转变。①

---

① 徐建国. 对我国高校后勤社会化的几点思考 [J]. 高教探索，2004（1）：38-41.

第六章　鼓励民办学校开展现代学校制度改革创新

中国教育的现代化离不开民办教育的现代化，民办教育的现代化实现又以建设现代化的民办学校为基本前提。作为未来中国教育现代化建设的纲领性文件，以"突出改革创新"为特色的《中国教育现代化2035》在战略任务十"推进教育治理体系和治理能力现代化"的第三点"提高学校自主管理能力"中提出，"鼓励民办学校按照非营利性和营利性两种组织属性开展现代学校制度改革创新"，并结合民办学校的特点对现代学校制度改革创新所涉及的"民办学校法人治理""民办学校的制度与机制建设""民办学校融资"等内容提出目标与要求。《中国教育现代化2035》不仅具体提出"形成决策、执行、监督相互独立、相互制约的法人治理机构""推进民办教育领域社会信用体系建设"，而且对民办教育新法新政背景下亟待完善的资产、财务和会计制度，需要健全的风险防范、信息公开、举办者变更等机制均有涉及，同时表现出对基金会依法举办民办学校的鼓励、对民办学校融资路径的规范。这既是对《中华人民共和国民办教育促进法》确定的基本法律框架的贯彻落实与进一步回应，也是从民办教育的角度落实《国家中长期教育改革和发展规划纲要（2010—2020年）》有关现代学校制度建设战略部署的具体体现，更是规范民办学校管理、提升民办学校自治水平，进而推动民办学校良性运行和健康发展的有力举措。本章结合战略任务的实质内涵对民办学校的非营利性和营利性两种组织属性、民办学校的法人治理、民办学校的制度和机制建设，以及民办学校融资问题进行分析与讨论，以期为深入贯彻落实《中国教育现代化2035》提供参考。

第一节　非营利性和营利性：民办学校的两种组织属性

厘清民办学校的组织属性是开展现代学校制度改革创新的基本前提，决定着改革创新的举措、进展和成效。《中国教育现代化2035》将"按照非营利性和营利性两种组织属性"置于"开展现代学校制度改革创新"之前实际上并非偶然为之，而是表明了对民办学校本质特征的尊重，关乎民办学校现代学校制度改革创新的方向确定和规则设计。《中华人民共和国民办教育促进法》确立了非营利性和营利性民办学校分类管理的法律框架，并分别对两类民办学校作出法律界定。实际上，由于非营利性与营利性民办学校的组织属性存在较大差别，两类学校开展现代学校制度改革创新的内涵与路径也必然不尽相同，因而有必要结合现有的法律制度对此进行深入的讨论与分析。

一、法律视域下的非营利性和营利性民办学校

一个法律定义本身就内隐着一种法律规则。营利与非营利民办学校作为法律术语，反映的是教育领域两类微观组织的组织形态。[①] 按照《中华人民共和国民办教育促进法》第十条、第十九条的规定，"民办

---

① 余雅风. 公共性：民办学校立法分类规范的分析基础[J]. 教育研究，2018, 39 (3)：103-109.

学校应当具备法人条件""民办学校的举办者可以自主选择设立非营利性或者营利性民办学校。但是，不得设立实施义务教育的营利性民办学校。非营利性民办学校的举办者不得取得办学收益，学校的办学结余全部用于办学。营利性民办学校的举办者可以取得办学收益，学校的办学结余依照公司法等有关法律、行政法规的规定处理"。与国家的立法逻辑相一致，各地在实施法律和制定配套性民办教育政策的过程中也将此规定予以贯彻。从此角度来看，"非营利性"和"营利性"的组织类别划分不仅表现出经济学意义上的界定，也与《中华人民共和国民法典》定义下的"非营利性法人"和"营利性法人"相契合，但又与一般意义上的非营利性组织和营利性组织存在一定的差异。

（一）非营利性民办学校及其特征

《中华人民共和国民法典》对法人类型作出了营利法人和非营利法人的分类。非营利法人是指"为公益目的或者其他非营利目的成立，不向出资人、设立人或者会员分配所取得利润的法人"。对照《中华人民共和国民办教育促进法》第十九条之规定，选择非营利性办学，对于新办学校的举办者（出资人）意味着要放弃产权及合理回报（对存量学校，授权地方通过补偿或奖励措施加以处置），但同时学校可兼有各种体制优势及政策便利，获得政府和社会多个层面的激励。[①] 对非营利性民办学校内涵的理解界定可有多种，但无论如何，最为核心和关键的还是民办学校投资办学的主体、资本筹集和运作的方式。非营利性民办学校虽然在一定程度上具有非营利法人的特征，表现出产业属性，但是作为一种教育组织其亦具有鲜明的教育属性。特别是对于民办高校来说，

[①] 董圣足. 新法新政下民办学校的使命担当及应对策略［J］. 国家教育行政学院学报，2018（9）：36-42.

还具有学术属性和专业属性。非营利性民办学校的主要特征可概括为以下几方面。

首先，非营利性民办学校遵循"禁止利益分配"原则，即非营利法人不向出资人、设立人或者会员分配所取得利润。[①]作为与营利法人相区别的根本标准，"不可分配盈余"的特征具体体现在《基金会管理条例》第二十七条，以及《社会团体登记管理条例》第二十六条第一、二款和《民办非企业单位登记管理暂行条例》第二十一条等条款中。上述条款主要是从经济属性的角度、基于财产使用规则设定，更加侧重于对民办学校组织宗旨、活动范围和出资人意愿的考虑，确保办学相关的收益全部归学校组织所有。非营利性民办学校对"禁止利益分配"原则的遵循，既表明其相比于营利性民办学校具有更强的公共性，也可以保证政府对民办学校提供的财政资金可以全部用于学校发展，实现专款专用。这需要设计确立合理的薪酬激励和关联交易规则确保"非营利性"相关规则的建立，防止变相"利益分配"的出现。基于我国的民办教育发展实践，"以非营利之名行营利之实"的现象需要注意防范，但也需要明确举办者对原始出资的所有权，认可举办者、管理者的人力资本，综合考虑学校办学声誉与社会效益，给予举办者一定比例的奖励性回报，并保留其一定的财产处分权及参与管理决策的权利，避免举办者产生权益的被剥夺感。

其次，非营利性民办学校具有较强的公共性。公共教育并非对私人教育的否定，也不是舍弃教育的私事性。非营利性民办学校的公共性来源于民办教育的公共性，即其所"涉及社会公众、公共财政及社会资源

[①] 金锦萍. 论基本公共服务提供的组织形式选择：兼论营利法人与非营利法人分类的规范意义 [J]. 当代法学，2018，32（4）：13-22.

的使用，影响社会成员共同的必要利益，其共同消费和利用的可能性开放给全体成员，其结果为全体社会成员得以共享的性质"。基于非营利性内涵的不取得办学收益、办学结余全部用于办学的限制，使举办非营利性民办学校具有了为公益或其他非营利的目的，因而具有较强的公共性。① 公共性所要求的公益性、公平性、合理性、自由性等在非营利性民办学校中均有一定程度的体现。其中，被《中华人民共和国民办教育促进法》排除在营利性法人之外的民办义务教育学校只能办成非营利性学校，具有比学前教育、高等教育等其他教育阶段的非营利性民办学校更强的公共性。同时，应认识到公办与民办教育主体在实现其公共性方式上的不同和程度上的差别，不能"一刀切"，非营利性民办学校不能简单套用公立学校的管理思路。

最后，非营利性民办学校具有鲜明的教育组织特点。基于普遍意义上的非营利组织基本属性，非营利性民办学校制度的确立有利于健全公共财政扶持制度，不断加大公共财政的扶持力度。② 就登记而言，非营利性民办学校既可以选择登记为事业单位法人，又可以选择登记为民办非企业单位法人。但是和一般的非营利性组织不同的是，非营利性民办学校本质上仍是以承担教育教学职责为核心的教育组织。因此，围绕非营利性民办学校的相应治理制度设计仍应遵循教育规律，以现代学校制度建设改革创新为抓手的学校能力提升的落脚点仍在于保障并引导非营利性民办学校明确其作为教育组织的价值选择与功能定位。

---

① 余雅风. 公共性：民办学校立法分类规范的分析基础[J]. 教育研究,2018,39（3）：103-109.
② 王文源. 以法治推动中国民办教育创新发展：写在民办教育改革发展40年之际[J]. 华南师范大学学报（社会科学版），2018（6）：22-25.

（二）营利性民办学校及其特征

与非营利性法人相对应，《中华人民共和国民法典》将既从事经营性活动又分配利润的法人定义为营利法人。对照《中华人民共和国民办教育促进法》第十九条之规定，选择营利性办学，学校的举办者（出资人）拥有剩余利益的索取权，即可依法获得收益、享有办学结余，并将所得利益分配给其成员。相比于非营利性民办学校，营利性民办学校无疑可以享有比较完全的剩余索取权及剩余控制权，依法可以更好地实现自主办学、灵活经营，有利于办出特色、办出水平，但对于不同学段的民办学校而言，同时也可能会面临政策激励减弱的情况。营利性民办学校一方面具有营利性法人的特性，另一方面又不同于一般的营利性组织，在本质上仍是一个教育组织、文化组织，是一个提供教育服务的特殊机构，如营利性民办高校仍是一个学术组织。营利性民办学校的特征主要表现在以下方面。

第一，营利性民办学校的组织形态表现为营利性法人。主要的特点包括以下几方面。（1）两权分离。即投资者的财产所有权与学校的法人财产所有权相分离；法人的所有权和经营权相对分离。（2）产权明晰。学校所获得的收益具有完整独立的产权。（3）自主管理。即学校一般应设有相应的决策机关、执行机关和监督机关，相互分权，相互制约，达到自治的目的。（4）自担责任。学校作为营利性法人自我承担责任，而与举办者（股东）的责任关系不大。[①] 在规则层次上，《中华人民共和国公司法》的法律规则可用于调整营利性民办学校与不同利益群体的权责利关系。

---

① 巫志刚. 我国营利性高等教育机构基本法律制度研究 [D]. 武汉：华中师范大学，2013.

第二，相比于非营利性民办学校，营利性民办学校更偏重于私益。资本投资者选择营利性的组织形式，就在于获得利润。这既是与非营利性民办学校的根本区别，也是构建营利性民办学校组织制度的一个重要逻辑起点，包括股东的所有者权益制度、利润分配制度、剩余资产追索权制度、股东利益保护制度等。但需要注意的是，营利性民办学校对私益的偏重并不意味着对公益性的背离。营利性与公益性并不是一对矛盾，营利并不影响教育的正外部效应，只要营利性民办学校提供的教育是高效率的、可供公民选择的且是有质量的，同样具有公益性。正因如此，《中华人民共和国民办教育促进法》对非营利性和营利性两类民办学校均作出财政支持、税收优惠、土地优惠等方面的规定。

第三，营利性民办学校的资金筹措和运营更具有市场化的特点。与非营利性民办学校的资金筹措来源于社会捐赠、财政拨款、基金收益、学生收费等不同的是，营利性民办学校的资金筹措和运营更倚重市场化渠道。（1）注册资本，各投资者按照设立协议认购的股份组成的注册资本额，是营利性民办学校的主要资金来源；（2）学生学费、培训费等，以及按照协议所交的各种费用；（3）发行的股份，如果机构为上市公司，则发行股份可以进行一定的融资；（4）发行的债券，营利性机构经批准，可发行债券进行融资；（5）向金融机构贷款，机构可以拥有的法人财产或财产权益通过抵押、质押等担保方式向银行等金融机构贷款，获得资金支持；（6）财产出让盘活资金；等等。[①]

---

① 巫志刚. 我国营利性高等教育机构基本法律制度研究［D］. 武汉：华中师范大学，2013：24.

二、按照非营利性和营利性两种组织属性开展现代学校制度改革创新的意义

民办学校体制和机制优势本身是改革创新的产物。开展现代学校制度建设必须针对不同类民办学校的组织属性,回应民办学校在法人治理结构、制度和机制建设、融资问题等方面的差别,从而建立起与分类管理制度背景下不同类型民办学校法人属性相适应的规则、制度和体系。

(一)有利于根据民办学校的不同类型制定具体规则、实施分类管理

长期以来,我国教育法律把包括民办教育在内的教育的性质笼统地定性为公益性事业,把不同办学性质的民办学校笼统地规定为民办非企业单位,与公办学校具有同等法律地位,这样的规定给民办学校的分类和管理带来了一系列问题。非营利性学校的某些市场化办学行为往往被误解为具有营利性质,甚至导致一些地方税务部门向这些学校征收企业所得税;营利性学校为获得合法地位,或以非营利性的名义实施办学活动,或通过注册公司的方式实现企业化经营,或在境外股票交易所上市等。这些做法增加了民办教育管理上的难度,成为现代学校制度建设必须面对的一个难题。[1] 按照非营利性和营利性两种组织属性分别开展现代学校制度改革创新,是实施民办教育分类管理的重要内容,体现了根据不同类别民办学校的特点和发展需要而进行的探索与演变过程。在某种程度上,这是民办学校的内部管理体制不断升华的表现,也反映了对民办学校管理的认识水平和制度设计能力在不断提高。

---

[1] 劳凯声. 民办学校分类管理的问题及其解决途径[J]. 教育学报, 2016, 12(5): 3-13.

（二）有利于探索形成多样化、有特色的民办学校现代学校制度改革创新模式

民办学校现代学校制度的开展一定根植于学校的组织属性之上。现代学校制度改革创新所涉及的方面与其组织属性是紧密相连的，法律框架之下的非营利性和营利性两种组织属性是民办学校有效开展现代学校制度改革创新必须审慎考虑的组织变量和重要依据。《中国教育现代化2035》对民办学校开展现代学校制度建设的前提进行强调，有利于改变以往民办学校法人属性模糊的情况之下民办学校发展定位不明确的局面，避免形成学校自主、自发、自长的无规则局面。因此，从国家制度层面确立民办学校现代学校制度建设的方向定位，是探索形成多样化、有特色的民办学校现代学校制度改革创新模式的基础性工作，有助于在结合非营利性、营利性民办学校组织特点的基础上，形成我国民办学校现代学校制度创新改革的基本模型和多样化模式，进而形成更完善、更成熟、更系统的制度建设与改革创新内容。

（三）有利于立足中国实际促进民办学校内涵式发展

民办学校现代学校制度改革创新是立足于中国实际的制度探索与改革创新。改革创新的动力源是受到多重因素影响的，并需要经历一个逐步探索并完善的过程。在此过程中，现代学校制度建设作为民办学校特色发展及机制创新的重要抓手，需要契合学校自身的组织属性，以及与组织属性相契合的资源、特色优势发展路径，进而形成清晰的民办学校现代学校制度建设规划与设计。在某种意义上，《中华人民共和国民办教育促进法》修改的核心是从法律层次上对分类管理制度进行了确认，而《中国教育现代化2035》明确提出按照非营利性和营利性民办学校的组织属性开展现代学校制度改革创新，则是从学校能力提升的视

角对法律所确认的分类管理制度的进一步回应。当前，民办学校在规模和数量上不断扩充，但不同类型和层次的民办学校发展矛盾凸显，原有的内部要素配置难以有效地应对外部体制的变化。"数量扩张式"发展模式在人才培养和输出上存在一定的风险，不利于民办学校的可持续发展。[1]因此，新时期激发民办教育的新动能，迫切需要立足于中国民办学校分类规范的实际，走出一条以现代学校制度建设促进民办学校内涵式发展的路径。

三、基于非营利性和营利性组织属性的民办学校现代学校制度建设思路

作为民办教育制度建设的逻辑起点，非营利性与营利性的区分决定了两种组织属性的民办学校的制度逻辑、办学特征、组织文化和实质利益关系的区别，组织目标和价值、运行规律、内部治理结构等方面的明显差别，进而决定了两类学校与政府、市场、社会、服务对象的关系，以及组织存在和发展所遵循的基本规则的明显差别。[2]现代学校制度下的学校是一个独立、自主管理的法人实体，民办学校现代学校制度改革创新的路径并没有一种放之四海而皆准的固定模式，必须在现代学校制度共性特征及差异化的组织属性的基础上，体现出合理分类、精准定位的建设思路。从《中国教育现代化2035》的文本表述看，民办学校现代学校制度改革创新是在提升民办学校自主管理能力的前提下切入的，基本的脉络和建设思路是，以非营利性和营利性的组织属性为基本遵

---

[1] 高俊华，姜伯成. 分类管理改革背景下民办学校内涵式发展的困境与突围［J］. 教育与职业，2018（20）：55-59.

[2] 周海涛. 民办学校分类管理政策研究［M］. 北京：经济科学出版社，2016：243.

循，以完善学校法人制度为起点，分别对民办学校的内部管理体制和外部监督制度进行阐述，并将重点集中在学校的内部治理尤其是法人治理结构的三个维度，同时对以规制和自治为核心的民办学校机制和制度建设进行列举式表述。这体现了国家级政策面对民办学校现代学校制度建设的严谨精神，同时也为学术界和实践界基于各自立场进行探讨留下了空间。总体而言，基于非营利性和营利性组织属性的民办学校现代学校制度建设思路如下。

（一）加强非营利性和营利性民办学校作为法人的规章制度建设

民办学校现代学校制度是一个在实践中内涵不断得到丰富和更新的动态概念，实质是"依法办学、自主管理、民主监督、社会参与"，构建政府、学校、社会、市场之间的新型关系。[①] 作为深化学校内部管理体制改革的内容之一，民办学校现代学校制度改革创新的核心是加强并完善非营利性和营利性民办学校作为法人的规章制度建设。当前，《中华人民共和国民办教育促进法》《中华人民共和国民法典》《中华人民共和国公司法》，以及非营利组织法的相关规定为加强民办学校法人制度建设提供了法律依据。如何在非营利性法人、营利性法人共性特征的基础上体现并强化其作为民办学校所具有的特殊性质，以厘清不同类民办学校现代学校制度建设的目标和内容，则亟待更切合实际、更为完善的法人治理变革予以回应。

---

① 周海涛. 民办学校分类管理政策研究 [M]. 北京：经济科学出版社，2016：222.

（二）基于非营利性和营利性民办学校的不同特点建构其法人治理结构

从传统行政型管理走向法人治理是教育治理现代化的重要任务之一。①《中国教育现代化2035》将开展民办学校现代学校制度改革创新战略行动的方向之一定位在形成决策、执行、监督相互独立、相互制约的法人治理机构，是完全符合教育治理现代化要求和民办教育法治化发展需求的。其具体要求是，设置精简高效的内部机构，通过基于权力制衡、责任制衡及利益制衡的学校内部治理机制建设，促进两类民办学校治理结构不断完善。最核心的是以民办学校内部管理的规范化、制度化与民主化为途径，提升民办学校的自主管理能力，以探索民办学校增加市场竞争力、更好地履行自身职责与使命的适切路径。

（三）通过配套政策或实施细则将民办学校现代学校制度建设的任务具体化

一方面，民办学校现代学校制度改革创新要遵循系统思维，将其置于整个现代学校制度建设乃至整个教育改革发展的大背景中，以与教育领域、其他相关领域的相关制度变革相一致；另一方面，民办学校现代学校制度建设涉及的内容与事项较多，民办学校本身在类别和层次上的复杂性也对现代学校制度建设的开展提出了挑战，需要通过配套政策或实施细则将民办学校现代学校制度建设的任务具体化。值得一提的是，上海、浙江等地在鼓励民办学校开展现代学校制度改革创新方面已积累了一定的经验，诸如此类体现地方特色、体现区域特色的现代学校制度改革创新举措，是值得在全国范围内大力宣传并推广的。

---

① 王珊. 论我国民办学校法人治理的问题及制度建设 [J]. 中国教育法制评论, 2017: 193-206.

第二节　决策、执行和监督：民办学校法人治理结构的三个维度

民办学校法人治理是民办学校制度架构的反映，构建完善的法人治理结构是民办学校实现法人治理的核心和关键。完善的法人治理结构是现代民办学校制度的本质特征之一，是实现民办学校规范管理的基础，同时也是《中华人民共和国民办教育促进法》的一项重要内容。其核心在于建立和完善董事会领导下的校长负责制，意味着在举办者、出资人、决策者、管理者和教职工等权益相关人之间建立一套有关运营与权利配置的机制或组织结构。在这种组织结构中，不同机构依据不同的职权，各司其职、各负其责、相互配合与制衡，以保障学校正常的决策和管理。[①]虽然《中华人民共和国民办教育促进法》及《民办学校分类登记实施细则》《营利性民办学校监督管理实施细则》《工商总局　教育部关于营利性民办学校名称登记管理有关工作的通知》对民办学校法人治理结构做出了比较明确的规定或有所提及，但当前很多学校的法人治理机制尚不完善，尤其是民办学校举办模式的多样化使得学校内部管理体制变得愈加复杂，更勿论基于分类管理背景下不同民办学校的组织属性建构法人治理结构，因此亟须落实《中国教育现代化2035》的指示要求，"形成决策、执行、监督相互独立、相互制约的法人治理机构"，以为我国民办学校内部管理体制的完善奠定基础。

---

① 韩民. 完善法人治理结构　促进民办高等教育可持续发展[J]. 中国高等教育，2006（8）：8-9.

一、民办学校法人治理结构的组成要素

伴随着教育产业化理论、教育股份制理论、所有权－产权分离理论、委托－代理关系理论、法人治理理论讨论的深入，民办学校的法人治理结构在民办教育新法新政相继颁布实施以后逐步得到确认。根据《中华人民共和国民办教育促进法》第二十条规定"民办学校应当设立学校理事会、董事会或者其他形式的决策机构并建立相应的监督机制"，《国务院关于鼓励社会力量兴办教育促进民办教育健康发展的若干意见》进一步要求"民办学校要依法制定章程，按照章程管理学校。健全董事会（理事会）和监事（会）制度，董事会（理事会）和监事（会）成员依据学校章程规定的权限和程序共同参与学校的办学和管理"。此外，《营利性民办学校监督管理实施细则》还特别规定："营利性民办学校应当建立董事会、监事（会）、行政机构，同时建立党组织、教职工（代表）大会和工会。"可见，上述法律和政策共同规定民办学校法人治理结构的组成要素包括：民办学校的决策机构、民办学校校长、民主监督机构。以此为制度渊源，《中国教育现代化2035》从决策、执行和监督三个维度对民办学校法人治理结构作出要求，民办学校管理的范围与权限以法律规定为依据。

（一）以董（理）事会为主体的决策机构

1997年国务院颁布的《社会力量办学条例》（已于2003年9月废止）第一次较为系统地提出教育机构可以设立校董会的规定，并对校董会组成人员及其资格进行推荐规定，同时规定了首批董事及其校董会运作规程。自此，董事会制度实际上成为民办学校内部治理的首选制度。2003年正式实施的《中华人民共和国民办教育促进法》明确学校理事会（董事会）为学校决策机构，依法行使决策权。后经实践的检验与理

论的探索，民办学校实行董事会领导下的校长负责制渐成共识。2016年修订的《中华人民共和国民办教育促进法》在原有"民办学校应当设立学校理事会、董事会或者其他形式决策机构""学校理事会或者董事会由举办者或者其代表、校长、教职工代表等人员组成"规定的基础上，又增加了"并建立相应的监督机制"和"民办学校的举办者根据学校章程规定的权限和程序参与学校的办学和管理"的要求，使得相关机构的设立更具有可操作性。①《国务院关于鼓励社会力量兴办教育促进民办教育健康发展的若干意见》在上述基础上，将党组织负责人纳入民办学校决策机构的组成人员，即"董事会（理事会）应当优化人员构成，由举办者或者其代表、校长、党组织负责人、教职工代表等共同组成"。值得说明的是，2018年4月公开发布的《中华人民共和国民办教育促进法实施条例（修订草案）》（征求意见稿）则在第十条规定："举办者依法制定学校章程，负责推选民办学校首届理事会、董事会或者其他形式决策机构的组成人员。举办者依据学校章程规定的权限与程序参加或者委派代表参加学校理事会、董事会或者其他形式决策机构，参与学校的办学和管理活动。"同时，第二十五条特别指出："非营利性民办学校的理事会、董事会或者其他形式决策机构还应当包括社会公众代表，并可以根据需要设立独立董事。"如此，国家以更为具体和有针对性的方式为民办学校决策机构的运作提供机制支持，具有极强的实践指导意义。至于民办学校决策机构的职权，2018年修改后的《中华人民共和国民办教育促进法》第二十二条作出专门规定，分别为"聘任和解聘校长；修改学校章程和制定学校的规章制度；制定发展规

---

① 徐绪卿. 我国民办高校治理及机制创新研究［M］. 北京：中国社会科学出版社，2017：297.

划,批准年度工作计划;筹集办学经费,审核预算、决算;决定教职工的编制定额和工资标准;决定学校的分立、合并、终止;决定其他重大事项"等7项。

(二)以校长为核心的执行团队

在民办学校治理体系中,校长身兼决策执行和内部管理之责,并依法行使学校的教育教学和行政管理权。和公办学校不同的是,民办学校校长多由举办者委任并向其负责。作为学校对外的代表和校内工作的设计者、指挥者,校长早于董事会制度建立之前即存在。在民办学校董事会制度建立之后,校长及其带领的学校管理者团队成为董事会决策的执行者。《中华人民共和国民办教育促进法》规定:"民办学校参照同级同类公办学校校长任职的条件聘任校长,年龄可以适当放宽。"《国务院关于鼓励社会力量兴办教育促进民办教育健康发展的若干意见》规定:"民办学校校长应熟悉教育及相关法律法规,具有5年以上教育管理经验和良好办学业绩,个人信用状况良好。"关于校长的职权范围与内容,《中华人民共和国民办教育促进法》规定:"执行学校理事会、董事会或者其他形式决策机构的决定;实施发展规划,拟订年度工作计划、财务预算和学校规章制度;聘任和解聘学校工作人员,实施奖惩;组织教育教学、科学研究活动,保证教育教学质量;负责学校日常管理工作;学校理事会、董事会或者其他形式决策机构的其他授权。"鉴于《中华人民共和国民办教育促进法》对校长权限规定内容较具体,《中华人民共和国民办教育促进法实施条例(修订草案)》(征求意见稿)第二十七条仅作出如下补充:"民办学校校长依法独立行使教育教学和行政管理职权,不得同时担任其他学校校长。民办学校内部组织机构的设置方案由校长提出,报理事会、董事会或者其他形式决策机构批准。"由于民办学校举办体制之不同，当前的民办学校内部治理模式主要有董事会授权的校长负责制、主办企业领导下的校长负责制、校长主持下的校务委员会制、校长负责制和教职工代表大会基础上的校长负责制等类型。

（三）以监事会为主体的监督机构

在民办学校设立监事制度已成为现代学校制度改革创新的必然要求。关于以监事会为主体的民主监督机构之规定，2017年发布的《营利性民办学校监督管理实施细则》对营利性民办学校监事会主要履行的职权规定为：检查学校财务；监督董事会和行政机构成员履职情况；向教职工（代表）大会报告履职情况；国家法律法规和学校章程规定的其他职权。《中华人民共和国民办教育促进法》规定："民办学校依法通过以教师为主体的教职工代表大会等形式，保障教职工参与民主管理和监督。民办学校的教师和其他工作人员，有权依照工会法，建立工会组织，维护其合法权益。"《中国教育现代化2035》提出的"完善教职工代表大会"，实际是对《中华人民共和国民办教育促进法》和《国务院关于鼓励社会力量兴办教育促进民办教育健康发展的若干意见》规定的进一步回应。《营利性民办学校监督管理实施细则》也强调了加强监督机制建设的重要性，指出"营利性民办学校应当切实加强党组织建设，强化党组织政治核心和政治引领作用，在事关学校办学方向、师生重大利益的重要决策中发挥指导、保障和监督作用。推进双向进入、交叉任职，党组织书记应当通过法定程序进入学校董事会和行政机构，党员校长、副校长等行政机构成员可按照党的有关规定进入党组织领导班子。监事会中应当有党组织领导班子成员。营利性民办学校应当加强共青团组织建设，充分发挥教职工（代表）大会和工会的作用"。从民办教育法律法规和政策的规定可见，监事会应是民办学校的常设机构，在决策机构和执行机构之间发挥监督职能,其他治理机构如党组织、教职工代表大会、工会、学生代表大会等也发挥着民主监督的作用。

事实上,民办学校的法人治理结构与公司法人治理结构有相同的渊源和相通的含义①,是在借鉴现代企业制度管理模式,在出资者(举办者)和经营者(校长及团队)分离的基础上,将民办学校作为法人实体,在举办者(出资人)、决策者、管理者和教职工等权益相关人之间建立的有关学校运营与权利配置的一种机制或组织结构,以及通过这种组织结构形成的责权利划分、制衡关系和包括决策、指挥、执行、激励、约束、监督等配套机制在内的一整套制度安排。《中国教育现代化2035》从提高学校自主管理能力的角度出发阐述民办学校的法人治理结构,因此其内容主要涉及决策、执行和监督三个层面,这也是民办学校法人治理结构最为核心的三个方面。

二、规范和完善民办学校法人治理结构的必要性和紧迫性

我国民办教育呈现快速发展之势,但客观而论,我国民办教育的发展水平还相对不高,民办学校内部治理和人才培养中的诸多瓶颈问题制约着民办教育的转型发展。一些民办学校尤其是民办高校的内部治理结构尚不健全,有的学校董事会(理事会)、党组织建设还处于缺失或虚设状态,有的决策机制民主化程度不够、"内部人控制"问题未曾解决,有的学校管理的法制化、科学化水平相对落后。有的举办者办学动机不够端正,采取过度商业化的办学模式,以投资直接回报率为主要关切

---

① 徐绪卿,冯淑娟. 建立和完善民办高校法人治理结构的若干思考[J]. 广东培正学院学报,2008(1):21-26.

点，偏离了教育的公益属性。① 其中虽然有法律、法规缺乏具体操作性规定的原因，但更主要的则是各类民办学校法人治理结构存在缺陷。民办教育要实现内涵式发展，亟待加快完善法人治理结构，将其作为民办学校管理体制的目标模式和民办学校管理的重要环节。

（一）规范和完善法人治理结构是促进民办学校可持续发展的重要制度保障

规范、明晰、完善的法人治理结构是民办学校现代学校制度的本质特征之一。民办学校是《中华人民共和国教育法》和《中华人民共和国民办教育促进法》所认可的公益性事业，其通过向受教育者提供教育机会、提供高质量的教育服务，具有直接使个人受益、间接使社会受益的责任和功效，具有公共性。在民办教育分类管理亟待落实、追求民办教育事业内涵式发展路径的背景下，如何维护和提升民办学校的公共性，化解民办学校经营和管理中出现的各种问题、矛盾与冲突，尤其是建立与非营利性、营利性民办学校组织属性相吻合的法人治理结构，亟待改变长期以来民办学校内部治理任性、粗放的样态，将所有权与经营权相分离，以有效地平衡民办教育的教育属性和经济属性之间的张力。对办学方向不明确、内部治理混乱的学校建立起相应的退出机制，引导两类民办学校按照法律法规的要求规范、理性办学，实现可持续性的发展。

（二）规范和完善法人治理结构是提高民办学校管理效率的必然要求

规范和完善法人治理结构有助于在民办学校内部建立起自我管理、自我约束、自我发展的长效机制，有效地解决民办学校管理中存在的无

---

① 董圣足. 期待更加灵活、适切的政策促进民办教育健康可持续发展［J］. 人民教育，2016（19）：41-43.

序、混乱和不稳定状态，改变长期以来民办学校内部管理松散、层次单一的局面。董（理）事会组建及运行随意化、基层党组织边缘化、学术权力异化、内部监督虚化、利益相关者的参与度弱化等具体问题将得到一定程度的解决。① 正如联合国教科文组织国际教育发展委员会在1972年发表的《学会生存——教育世界的今天和明天》中所指出的，许多工业体系中的新管理程序，都可以实际应用于教育，不仅在全国范围内可以这样做（如监督整个教育体系运行的方式），而且在一个教育机构内部也可以这样做。② 只有建立起规范、科学、合理的法人治理结构，使学校的发展不受举办者或管理者个人决策的支配、不因人事的变迁而影响学校教育事业的存续，民办学校才能具备克服自身发展过程中不利因素的能力，通过质量管理和控制，具备迈向内涵式发展的条件。湖南衡阳等地方的试点经验也充分表明，现代学校制度建设为民办学校带来了管理上的正向效应。

（三）规范和完善法人治理结构有利于实现专家治校和学者治学

《中国教育现代化2035》要求规范理事会（董事会）、监事会成员结构，依法保障校长行使管理权，还规定完善教职工代表大会制度，体现了重视学校自治、专家治校和学者治学的精神。民办学校从自然人治理转向法人治理的重要条件之一，就是构建一个具有民主性、学术性的

---

① 施文妹，周海涛. 民办高校内部治理的变革特征、基本模式和未来走向 [J]. 现代教育科学，2019（1）：11-17.
② 联合国教科文组织国际教育发展委员会. 学会生存：教育世界的今天和明天 [M]. 北京：教育科学出版社，1996：136.

内部管理机制。① 这有利于克服"家族式"管理中不确定因素的负面影响，建立起决策、执行与监督相互平衡、相互制约的管理机制，形成利益相关者共同治理的机制。尤其是提出教职工代表参与决策，在一定程度上能够预防、减少劳资纠纷。对于具有鲜明的学术性特点的民办高校而言，理事会（董事会）、监事会成员中有一定数量和资历的学术人员，还有利于建立起与民办教育公共性、高等教育学术性相符的内部管理机制。

三、分类完善民办学校法人治理结构的建议

《中华人民共和国民办教育促进法》及其实施条例已然确立了非营利性、营利性民办学校分类管理的法律制度框架，并对建立健全民办学校法人治理结构作出明确的规定。《中国教育现代化2035》对上述规定的再一次强调和具体化，肯定了建立民主科学的决策机制、专业自主的执行机制、多元制衡的监督机制的重要性。由于两类民办学校治理结构的基本组成框架要素存在较大差异，相应的权责利安排亦不相同，应结合我国民办学校法人治理结构的现状与暴露出的问题，根据营利性组织和非营利性组织内部治理的一般理论、私立学校管理应遵循的教育规律，分类完善非营利性、营利性民办学校的法人治理结构。民办学校是不同利益相关者在实现学校发展目标的同时实现各自合法权益要求的共同体，法人治理结构应该充分考虑这一本质特征。

---

① 巩丽霞. 民办高校内部管理机制的法律思考[J]. 教育发展研究，2008（增刊2）：15-19.

（一）以非营利法人治理为借鉴，完善非营利性民办学校的法人治理结构

非营利民办学校具有非营利性组织的共性特征，在构建非营利法人治理结构时，要寻求非营利法人内部各权力机关之间的权力分立和权力制衡机制的建立与完善。① 同时作为教育组织，其决策、执行和监督的目的均是更好地完成学校组织的培养人的使命。一方面，非营利性民办学校法人治理结构的建构应遵循非营利组织治理的一般原则，在所有权结构上，非营利组织所有权、经营权、受益权三权分立，三项权力是一种相互配合、相互支持、相互制约的关系；另一方面，非营利性民办学校具有的公共性更强，除了遵循"禁止利益分配"的原则外，还应明确董事会、校长和监事会各自的角色定位和职责权限，着重突出完善董（理）事会决策机制、明确校长负责制和校长管理团队建设、健全内部监督制约机制。

一是建立以董事会制度为核心的民办学校决策制度。完善学校章程，健全决策机构，优化决策机制，规范决策程序，从而实现决策的民主化、科学化，是完善民办学校法人治理结构、构建民办学校法人治理制度的核心内容。关键是要优化人员结构，明确职能权限，完善议事规则，形成一个内外结合、多方参与、程序规范、运行高效的决策体系。其中，尤其要加强民办学校党的建设，进一步完善党组织在学校决策和办学中的政治保障作用。② 具体而言，在董（理）事会内部结构方面，应对董（理）事会的产生办法、组成人员、任期和任职资格、权力范

---

① 杨琼. 学校法人治理问题研究［D］. 上海：华东师范大学，2007.
② 董圣足. 我国民办教育治理制度：变革与创新［J］. 华东师范大学学报（教育科学版），2017，35（6）：18-26，152-153.

围、议事规则等作详细规定，明确规定董事的义务与责任，对董（理）事会在实际运作过程中可能产生的"家族化管理"等角色谱系问题予以明确。同时要着重处理好董事会与学校党组织、学校校长及教代会、工会之间的关系。

二是建立适合非营利性民办学校特点的决策制度。这既是实现民办学校法人治理的重要命题，也是推动学校有序运行的组织保证。在以校长为核心的执行团队方面，按照《中华人民共和国民办教育促进法》的规定，应该由董事会聘任和解聘校长，校长执行董事会决策，校长对董事会负责。在依法保障校长行政管理权力的取得和行使的同时，必须明确校长的工作规章和责权划分，构建起校长、董事长、院系负责人等民办学校管理人员的激励与约束机制，可尝试建立校长遴选制度，建立校长任期制、责任目标制及利益共享制度，以及建立民主集中制等。[①] 此外，要着重突出坚持董事会的集体领导，解决好校长与学校党组织的分工问题，民办高校校长还要协调好行政权力与学术权力的关系，积极探索实现民办学校校长职业化的路径。

三是建立均衡有力的非营利性民办学校内部监督制度。这是相对于政府对民办学校进行的外部监督而言的。一方面，要充分发挥好监事会制度的作用，对董事会及执行机关进行必要的限制和监督，这是实现民办学校法人治理的关键环节。一般通过设立监事会，并辅以必要的制度与机制支持，对董事会及其执行机构加以监督和制约，以实现权力的有效制衡。另一方面，为多渠道完善非营利性民办学校内部监督机制，还应依法完善民办学校教职工代表大会制度，探索"教代会"民主管理和

---

① 周海涛. 民办学校分类管理政策研究［M］. 北京：经济科学出版社，2016：247-248.

民主监督的多种实现形式。

（二）以公司法人治理共性为参照，完善营利性民办学校的法人治理结构

营利性民办学校具有公司法人的共性，其法人治理结构的构建应以法人所有权和经营权分离为原则，建立股东、董事、经理层和其他利益相关者之间相互平衡的治理机制。但与公司法人的不同之处在于：学校治理比公司治理要复杂得多，因为其不仅关涉个人福祉，而且利及国家和民族大业的发展；不仅关系个人利益，还更多地涉及公共利益。因此，学校治理过程不能像公司治理过程那样，更多关注的是公司内部各权利主体之间的利益均衡问题，更多地体现出资人的股权利益，更多地关注公司法人的发展目标。学校在治理过程中，不仅需要考虑到举办者的利益，也需要考虑到学校发展过程中诸如教师和学生等其他利益相关者的利益，以及国家的整体利益。[①] 可以公司法人治理结构为参照，形成股东（代表）会、董事会、监事会和高级经理人员组成的相互依赖、相互制衡机制。

具体可通过健全股东会制度、优化董事会运行和发挥监事会作用来实现。但需要强调的是，《中华人民共和国公司法》规定股东会、董事会（或执行董事）和监事会（或监事）分别为公司的权力机构、执行机构及监督机构，经理为公司的执行辅助机构，营利性民办学校的特殊性质决定了其内部组织机构的名称应该有所不同，"股东""经理"等称谓并不完全适用。《中华人民共和国民办教育促进法》实施条例或部门规章应该明确规定营利性民办学校的权力机构、执行机构和监督机构，并

---

① 杨琼. 学校法人治理问题研究 [D]. 上海：华东师范大学，2007：53-59.

赋予特定的称谓。对营利性民办学校权力机构的职权、议事方式和召集程序等作出规定；对营利性民办学校执行机构的职权、成员资格和人数、任期、议事方式和表决程序等予以明确规定；对营利性民办学校监督机构的职权、成员资格、任期、议事方式和表决程序等予以明确规定；对营利性民办学校执行辅助机构的职权和任职资格等作出规定。同时，参照《中华人民共和国公司法》的规定，建议营利性民办学校的权力机构以会议的形式行使职权，不作为常设机构；执行机构对权力机构负责；监督机构负责监督执行机构成员、高级管理人员执行学校法人职务的行为。[①] 此外，探索建立营利性民办学校独立监事制度，除了要求其普遍设置由利益相关者多方参与的监事会等独立的内部监督机构外，实行强有力的外部公共问责也不失为一种理想策略。

需要注意的是，现代学校制度改革创新并没有一套统一固定的模式，要充分赋予民办学校在探索现代学校制度中的自主权，允许民办学校建立符合自身特点的现代学校制度[②]，建立能够助力现代学校制度建设的民办学校法人治理结构。

[①] 余中根.《公司法》视野下营利性民办学校内部治理结构的问题及解决机制[J]. 浙江树人大学学报（人文社会科学），2018，18（4）：5-9.

[②] 王一涛，刘继安，王元. 我国民办高校董事会实际运行及优化路径研究[J]. 教育研究，2015，36（10）：30-36.

第三节　规制与自治：防范民办学校的办学风险

如何建立健全监管与风险防范机制一直是民办教育发展中的重要议题。当前我国民办教育新法新政的实施为民办学校的发展开启了广阔的空间，但由于受历史因素、经济因素、社会因素的共同影响，民办学校自身的生命力依然十分脆弱。如何在规制与自治之间，通过监管机制与风险防范制度的建立与完善，推动民办学校现代学校制度改革与创新依然是一个不小的挑战。完善民办学校资产管理、财务监管和会计制度，健全民办学校风险防范、信息公开、举办者变更等机制，鼓励设立基金会依法举办民办学校，规范民办学校融资路径，保证学校办学安全，实际上都属于民办学校的监管机制与风险防范范畴。世界私立教育的发展经验也表明，要维系民办学校的稳健运行，既需要建立起科学完备的法人治理制度，也离不开对非营利性、营利性民办学校进行分类监管，对各类可能的办学风险保持充分的预见和积极防范，继而建立起分类监管机制与风险防范机制。究竟应分类监管民办学校的哪些事项呢？防范哪些风险？建立监管机制与风险防范机制的必要性何在？又该由谁来监管和进行风险防范呢？本节以强调"规制"的监管、提升"自治"水平为线索，对风险防范逐次进行解析。

一、民办学校面临的主要办学风险

民办学校诞生于市场之中，市场中存在的不可控因素使其比公办学校面临着更大的风险，一度出现的民办学校"倒春寒"现象折射出加强民办学校风险防范的必要性和紧迫性。尤其是在分类管理政策出台之后，从民办学校内部来看，资金挪用、关联交易、融资乱象等问题较为突出，成为民办学校现代学校制度建设的较大阻碍。

（一）资产财务风险

资产财务风险一般发生在筹资、投资和资金运作的全部过程中，广义上指的是民办学校或由于规模扩张，或由于生源不稳定，或由于资金挪用等问题而较为容易引发资产财务风险。投资办学是我国民办教育发展的显著特征，民办学校的资金收入具有明显的周期性，即一年或者半年的资金收入会在某一个时间点全部进入学校账户，而资金的适用则在一年或半年内平均使用，这就为学校的实际控制者挪用资金提供了客观上的便利条件。现实中因发生资产财务风险而倒闭的民办学校案例不在少数。在这种情况下，一旦公司或个人"资金链"断裂，民办学校的运行就会陷入极其危险的境地。

一方面，由于举办者经济实力不足，面临高竞争性和市场压力的营利性民办学校容易陷入资产财务风险。对现有民办学校转制为营利性的，首先面临资产清算和确权的难题。实现举办者投入清晰，意味着学校总资产中社会捐资、政府资助和部分办学积累将与举办者投入剥离，举办者对于无偿划拨的教育用地还要补缴高额的土地出让金，保证产权接续、平稳过渡和华丽转身，这是每一所选择营利性的现有民办学校难以回避的门槛。对申请新设营利性学校，举办者不能面向学生家长及社会募集资金办学。加之营利性教育市场化供地的方式使办学成本大大提升，过去滚动式发展的模式难以为继[1]，营利性民办学校面临的资产财务风险增加。

---

[1] 邵振允. 民办教育分类管理风险防控评析：兼论营利性民办教育的监管[J]. 华南师范大学学报（社会科学版），2018（6）：28-34.

另一方面，在我国民办教育发展历史上，由于形势判断不准而盲目扩张并导致民办学校面临风险乃至倒闭的教训可谓惨痛。事实上，规模扩张是与债务风险紧密联系在一起的。现实中一些办学者不能合理规划学校办学目标，高估教育市场环境，盲目扩大民办学校校区、扩大招生规模，导致项目的投资占用过多资金，自身状况无法承受更多的负债，从而产生债务风险。即使所负债务可以勉强承担，但也势必会影响民办学校日常的教育教学活动。加之民办学校尤其是民办高校的招生状况一直处于不稳定状态，若因招生情况不理想而导致学费收入难以支撑民办学校运转，将会进一步损害学校的偿债能力，其债务风险将进一步增加。

（二）关联交易风险

关联交易在民办学校中十分普遍。《中华人民共和国民法典》第八十四条规定："营利法人的控股出资人、实际控制人、董事、监事、高级管理人员不得利用其关联关系损害法人的利益；利用关联关系造成法人损失的，应当承担赔偿责任。"从关联交易构成要素上看，关联交易的发生需同时具备两个条件。一是关联主体的存在。关联交易是发生在特定关联主体与公司之间的交易关系。二是关联交易安排的存在。关联交易安排主要是关联主体与公司之间发生的直接交易关系，诸如买卖、租赁、贷款、担保等合同关系；此外，还包括可能导致公司利益转移的其他协议或者安排，如共同董事、管理报酬、公司机会、同业竞争等情形。①

特别是对于非营利性民办学校而言，法律要求的"非营利"在实践

---

① 董圣足. 民办学校"关联交易"的规制与自治 [J]. 复旦教育论坛, 2018, 16 (4): 30-36.

中落实不易。正如斯坦伯格（R. Steinberg）和格林（B. H. Gray）所指出的，非营利性组织的治理可能会打破利润非分配性的约束，形成一种非营利的假象。①当前的法律制度设计更多涉及的是扶持优惠、产权与财产归属等问题，对其产生和成长的特定环境，尤其是可能呈现出的"伪非营利性"，以及由"伪非营利性"而连续引发的教育质量不高、办学行为失范、内部治理弊病等问题缺乏足够的预见。在我国民办教育非营利面临的社会基础薄弱的情况下，营利性冲动与非营利组织的分配约束特征冲突，导致民办学校关联交易的风险较为突出。有学者结合实践调研和案例分析，将民办学校中"关联交易"的具体样态概括为八种情形：民办学校与关联方之间的固定资产租赁行为，民办学校与关联方之间的商品（服务）购买与销售行为，民办学校与关联方之间的资金借贷行为，民办学校与关联方之间的劳务购买行为，民办学校与关联方之间的代理、协议及许可行为，民办学校与关联方之间的局部资源使用行为，民办学校与关联方之间的担保及抵押行为，民办学校与关联方之间的其他成本调节行为。②

关联交易的存在实际上折射出民办学校投、融资的不规范问题，不仅规避了非营利性民办学校不能对举办者（出资人）"分红"的管制，使得有关非营利法人的法律规定"形同虚设"，也使得相当一部分所谓的"非营利"民办学校举办者既可以凭"非营利"之名获得税收减免及财政扶持等政策便利，又可以凭"左手与右手签订协议"和各种关联交

---

① 马全中. 国外非政府组织提供公共服务：一个归纳性研究述评［J］. 电子科技大学学报（社科版），2013，15（5）：76-83.
② 董圣足. 民办学校"关联交易"的规制与自治［J］. 复旦教育论坛，2018，16（4）：30-36.

易方式获得"超额利润",从而在某种程度上导致宏观层面所推行、倡导的民办学校分类管理失去了现实意义。更为严重的是,VIE架构在教育领域的引入及应用,还将导致外资变相进入教育等限入领域、股市动荡影响民办学校实体运作、上市企业过度追求利润而影响教育的公益性等一系列负面后果。① 值得注意的是,西方发达国家自恃其成熟的教育市场,对中国教育行业觊觎已久,有的已经率先抢滩。某民办高校被外资违法控股、变成实际控制人的案例已经向我们敲响了警钟。② 在新法实施背景下,典型调研数据显示,64.1%的举办者将选择非营利,非营利性民办学校数量预计超过营利性民办学校数量。《民办学校分类登记实施细则》《营利性民办学校监督管理实施细则》《关于营利性民办学校名称登记管理有关工作的通知》等文件相继出台,关于营利性民办学校的监管措施逐渐明朗。然而,专门针对非营利性民办学校监管的政策尚未出台。非营利性民办学校准入监管不够明晰,这为非营利性民办学校通过融资租赁、加盟及VIE协议控制等进行不规范办学行为埋下隐患,可能导致"伪非营利性"民办学校出现,影响到分类管理政策的落实执行,进而侵蚀民办教育的公共性。

(三)融资风险

融资风险是当前民办学校发展面临的一大瓶颈,突出表现在营利性民办学校的贷款和上市问题两个方面。在贷款方面,《中华人民共和国民法典》第三百九十九条规定,"学校、幼儿园、医疗机构等为公益目

---

① 潘奇,董圣足. VIE架构在教育领域的应用、问题及其对策[J]. 教育发展研究,2018,38(5):17-22,74.
② 邵振允. 民办教育分类管理风险防控评析:兼论营利性民办教育的监管[J] 华南师范大学学报(社会科学版),2018(6):28-34.

的成立的非营利法人教育设施、医疗卫生设施和其他公益设施"不得抵押。就上市问题而言,最主要的是两种类型:股东以其认缴的出资额为限对公司承担责任的是有限责任公司;股东以其认购的股份为限对公司承担责任的是股份有限公司。其中,符合条件的股份有限公司的股票可以在证券交易所上市交易。能否在国内顺利上市,主要还取决于营利性学校是否符合相应证券交易所的股票上市规则。对此,民办教育现有的法规和政策亟待突破。①

受到民办教育整体公信力偏低的不利影响,民办学校寻求外部融资的难度较大,银行等金融机构对民办学校的偿还能力存疑,贷款审核比较严格,而负债经营本身的风险也比较大。资本市场融资条件则更为苛刻,无法成为民办学校的普遍选择;受到文化和社会观念的影响,国外普遍盛行的社会捐赠在我国也不普及;民办学校自身的能力对依靠经营和服务获得稳定的经费来源亦存在制约。②虽然《国务院关于鼓励社会力量兴办教育促进民办教育健康发展的若干意见》(国发〔2016〕81号)提出的"探索办理民办学校未来经营收入、知识产权质押贷款业务,提供银行贷款、信托、融资租赁等多样化的金融服务",以及《国务院办公厅关于进一步激发社会领域投资活力的意见》(国办发〔2017〕21号)明确提出的"探索允许营利性的养老、教育等社会领域机构以有偿取得的土地、设施等财产进行抵押融资",为营利性民办学校通过非传统渠道和手段融资释放了较大空间,但囿于政策本身存在的效力局限,新型

---

① 方建锋. 推进民办学校分类管理中面临的瓶颈问题分析[J]. 复旦教育论坛,2018,16(2):43-48.
② 董圣足. 从有益补充到共同发展:民办教育改革发展之路[M]. 上海:华东师范大学出版社,2018:265-266.

融资手段的法律风险依然较大。

二、防范民办学校办学风险的意义

毋庸置疑，防范、化解民办学校的办学风险，是当前民办教育分类管理政策实施中面临的棘手问题，也是事关民办教育事业长远发展的关键事项，不仅直接关系到民办学校的生存和发展状况、民办学校现代学校制度改革创新的成效，而且将对民办教育内涵式发展进程产生决定性影响。《中国教育现代化2035》提出了防范、化解民办学校办学风险的对策思路和措施，不仅有利于持续地提升民办学校的管理水平、有利于提高民办学校整体的社会声誉，而且有利于保护民办学校师生的合法权益。

（一）有利于持续地提升民办学校的管理水平

随着我国民办教育发展由数量增长、规模扩张逐步过渡到质量提升阶段，民办学校面临的各类风险都是其生死存亡的考验。面对民办教育的新时代、新形势和新挑战，如何规避、预测、转移并化解民办教育质量、民办学校形象等方面的风险，将是民办教育管理中的一个重要议题。风险预警机制的一个重要方面就是，当预警人员监测到学校存在一定的风险时，能立即启动切实有效的风险应急处理体系，从而控制风险的进一步发展和最终化解风险。[1]借助风险预警指标，学校领导层能及时发现学校存在的风险并分析原因，以便及时、有效地调整学校的办学与管理策略，尽可能减少办学风险带来的不必要损失。因此，民办学校应该积极考虑如何将特色的办学理念转化为可操作的管理行为，针对不

---

[1] 肖理想. 建立民办学校风险预警机制的思考与建议[J]. 当代教育论坛（管理研究），2010（8）：124-125.

同的管理行为建立起可操控的预警机制并实现常态化,以持续地提升学校管理水平。从现实来看,民办学校防范与化解办学风险的过程也是克服"家族化管理"弊病,提高日常教育过程管理质量、搭建科学过程管理体系的过程。诸如民办教育领域社会信用体系的建设,将进一步"刺激"民办学校持续地提升管理水平,以不断增强自身的社会信用值。

(二)有利于整体提高民办学校的社会声誉

长期以来,民办学校不仅因"可否营利"之辩而遭遇外界的道德苛责,而且也由于面临的各类办学风险、波折及其引发的一系列负面影响而遭受着社会的差评,加之生源质量不高、教师流失严重等问题,民办学校的社会声誉状况并不理想。正因如此,应积极推进民办教育领域社会信用体系建设,健全信息公开机制,加强民办学校外部规制、提升内部自治。这有助于在民办学校内部营建起质量文化,推动民办学校内部管理体制机制不断完善,从自律和他律的角度形成对学校办学活动的监督和制约,增强民办学校对提高办学质量的自觉性和主动性。民办教育领域社会信用体系的建设,将对民办学校自身加强自我规制产生正向激励,在防范并化解办学风险的同时,将促进民办学校社会声誉的整体性提高。最终,民办学校作为教育组织的最佳利益将得到维护,非营利性、营利性民办学校各自的建设性发展能力也将得到发展。

(三)有利于保护民办学校师生的合法权益

民办学校办学风险的存在与不同的利益相关者具有重要关联。如果学校出现重大危机,那么所有人都将是利益受损者;若学校发展越来越好,则所有人都会从学校获益。[1]民办学校财务、关联交易以及融资风

---

[1] 周海涛. 民办学校分类管理政策研究[M]. 北京:经济科学出版社,2016:278.

险的存在，都会或多或少地减损用于教育教学的资金投入，降低包括教师薪酬在内的必要的教学投入，最终势必会影响到民办教育的质量，进而对民办学校师生的基本权益构成威胁与侵犯。通过建立民办学校风险防范机制，将办学水平评估的重点逐渐由土地面积、校舍面积、图书数量等"硬件"要求，逐步转向对办学历史、社会声誉、学生素养、教师素质等"软件"因素的考量。如此，促进民办学校寻找新的增长点，引导其将有限或更多的办学资金用于师资引进、学生发展等最能提升核心竞争力的领域，以学校自身获得良好发展为前提，最大限度地保护民办学校师生的合法权益。

三、防范民办学校办学风险的对策建议

民办学校现代学校制度改革创新建立在对民办学校办学风险的有效防范之上。从外部规制和自我治理的角度来看，防范民办学校办学风险是政府和民办学校共同的责任。教育部提出"积极推进民办教育领域社会信用体系建设"，对政府职责作出了明确要求。可在已有年度检查和水平评估制度的基础上，建立民办学校的诚信机制，并推进完善各部门联合执法机制，尤其需要探索建立资产财务分类监管机制，以此形成对民办学校违规办学的威慑。民办学校作为防范办学风险的直接主体，建立起契合本校发展特点的风险防范机制是当务之急。

（一）探索建立资产财务分类监管制度，防范资产财务风险

教育行政部门是监督民办学校的主要政府部门，民政、税收、工商、发改、审计、土地、住建等政府部门在各自工作范围内对民办学校进行监督。国家的作用是建立规则，充当确保公民得到高水平服务的管

家，管制必须是原则性的和少而精的。① 应在民办学校年度检查和民办学校评估的基础上，探索建立资产财务分类监管制度。尤其需要加强民办学校诚信机制建设，并完善各部门联合执法，分类且有针对性地防范民办学校的资产财务风险。

第一，完善两类民办学校贷款管理，建立财政资金、学费、民办学校风险保证金专用账户监管制度。民办学校贷款的额度、项目范围可借用科学的技术手段进行精准预测，确保其与两类学校的办学性质、发展规模、发展需要和发展水平相吻合。保障专项资金专款专用，保证收取的学杂费主要用于教育教学活动。联合不同部门联合执法，严厉查处恶意套取、抽逃、转移资金和资产的事件。如教育部门和物价部门联合，分类监管民办学校的乱收费问题；教育部门和工商部门联合，分类监管民办学校办学不规范现象。设立风险保证金专户制度则旨在将其作为财政资金申请的条件和依据，保证金可以从民办学校申请的财政扶持资金中根据办学类型和规模进行提取，保证金及相应收益归学校所有。

第二，分类制定非营利性、营利性民办学校会计与审计制度。应在充分考虑两类民办学校利益相关者诉求的基础上进行会计制度设计，对资源多样和资金来源单一的学校会计制度做到区别对待。非营利性民办学校的会计报表至少应当包括资产负债表、业务活动表和现金流量表。其中，可以考虑在资产负债表中的净资产部分增加二级项目，分别设置举办者（出资者）净资产、政府投入净资产、捐赠净资产和其他净资产四个二级项目；为了提供非营利性民办学校从事各项核心业务的成本信息和办学结余，可以考虑根据学校支出（成本）的特点，在业务活动表

---

① 柯武钢，史漫飞. 制度经济学：社会秩序与公共政策[M]. 北京：商务印书馆，2004：377.

中按功能设立支出（成本）项目和增加结余项目。按功能设立的项目有教学支出、科研支出、社会服务支出、管理支出、学生活动支出等。在财务情况说明书中，增加学校学生数量、生源结构、教师数量和结构、教育质量等学生、家长和社会关心的信息。营利性民办学校根据规模不同，遵循《企业会计准则》或《小企业会计准则》，在资产负债表中所有者权益部分的资本公积项目下设置举办者（出资者）资本公积、政府投入资本公积、捐赠资本公积和其他资本公积四个二级项目；为了提供营利性民办学校从事各项核心业务的成本费用信息，可以考虑根据学校成本费用的特点，在利润表中按功能设立成本费用项目。[①] 针对我国民办学校存在的以学养学、以产养学、教育股份制、引进外资等多渠道筹措经费的现实，较好的方法是发展以权责发生制为基础的民办学校会计制度，未来探索使用"基金"模式下的会计核算方法与会计报表，也不失为一种理想的方法。特别需要强调的是，针对两类民办学校的政府投入会计、社会捐赠会计应分开处理。此外，还要分类完善两类民办学校内部的审计工作，切实发挥其在学校内部管理控制中的作用。特别是对于营利性民办学校而言，更要注意做好学校方和以企业为代表的投资方之间的分离，避免企业风险转移至学校。

第三，建立民办学校信用评价体系及与其相配套的监督与惩戒机制。对民办学校的宣传、招生、教学、资产、财务、内部运行及学生就业基本情况和每一笔信用信息都备案在册，建立民办教育机构的"信用数据库身份证"，通过信用记录、信用风险评价、信息公开等制度[②]，建

[①] 袁连生，王翠林. 营利与非营利民办学校财务会计问题探讨 [J]. 徐州工程学院学报（社会科学版），2014，29（5）：55-60.

[②] 周海涛. 民办学校分类管理政策研究 [M]. 北京：经济科学出版社，2016：282.

立起针对非营利性、营利性民办学校的信用服务体系。制度实施成熟之时，可由专门的信用中介机构来操作实施。将民办学校的管理机制、办学水平、专业设置和教学质量等相关指标转化成信用评价的等级，对等级评定结果优良的民办学校进行奖励，对等级评定为"失信""欺诈"的民办学校及其相关人员追究民事责任、行政责任或刑事责任。在联合执法检查中，对管理存在严重漏洞的民办学校处以红牌和黄牌警告，下发检查整改通知书，提出明确的整改意见与要求。对整改不及时或整改后仍达不到要求的学校应责令其停止办学，对无证非法办学者应及时制止，为因客观条件而无力继续办学的学校建立合理的退出机制。

（二）补齐健全有关制度短板，妥善解决"关联交易"问题

鉴于民办学校"关联交易"样态的多元性和成因复杂性，需要从外部规制和内部自治两个维度入手，补齐健全民办学校关联交易信息强制披露制度和风险预警干预机制，允许规范、正常、公允的关联交易存在，妥善解决逾越合法性边界之外的关联交易行为。

第一，建立民办学校关联交易信息强制披露制度。根据现有法律规定，民办学校应对外公布"常规性信息"和"重大临时事项"。应参考和借鉴《企业会计准则第36号——关联方披露》的相关规定，强制要求民办学校必须在财务报表中披露所有关联方关系及其交易的相关信息，包括举办者所在单位或最终控制者的法人名称、业务性质、注册地及注册资本等，关联方关系的性质、交易类型及交易要素。必要时，可将民办学校关联交易信息以适当的方式向全校、全行业乃至全社会公开，接受各方面的监督。①

---

① 董圣足. 民办学校"关联交易"的规制与自治[J]. 复旦教育论坛，2018，16（4）：30-36.

第二，健全违规关联交易风险预警防范干预机制。建立起教育、公安、消防、工商、人事、编办、物价等多部门联合执法机制，严格查处民办学校的不规范办学行为。同时，建立起包括宣传、招生、资产、财务、教学、内部治理等内容的数据库并定期更新，加强学校自身的风险防范能力，引导两类民办学校不断提高教育质量。健全关联交易风险预警系统，形成信息收集、风险预警、风险分析、风险防范的畅通渠道。尤其对非营利性民办学校"以非营利之名而行营利之实"的关联交易和灰色套利问题，积极予以介入干预。为避免举办者变更中可能产生的抽逃资金、挪走经费、恶意避税等利益输送行为，应严格实行变更前置审查与事后报备制度，对违规行为要加大惩罚、归责力度。必要时，要对相关当事人予以相应的法律追责。

（三）规范民办学校融资路径，探索建立多元投融资方式

虽然《中华人民共和国民办教育促进法》及其实施条例对民办学校融资予以明确支持，但由于缺乏具体的实施手段，民办学校的融资不规范问题成为横亘在现代学校制度建设中的一个不得不解决的难题。既需要外部规制的强力介入，也离不开民办学校科学、合理融资以抵御办学风险的自觉。基于《中国教育现代化2035》提出的规范民办学校融资路径的要求，应形成针对非营利性、营利性民办学校的差异化融资方式，形成包括BOT融资、基金会办学等方式在内的多元化的投融资路径。

第一，开发分别适用于非营利性、营利性两类民办学校的金融产品。探索办理民办学校未来经营收入、知识产权质押贷款业务，提供银行贷款、信托、融资租赁等多种形式的金融服务。对于非营利性民办学校而言，可设立信用担保基金专项用于民办学校的贷款担保，允许民办

学校利用教育设施以外的土地使用权和资产作为抵押向银行贷款。鼓励营利性民办学校与金融机构进行长期合作，增加可用于营利性民办学校的融资方式和渠道。同时，应针对两类民办学校的不同组织属性，采取灵活的形式鼓励社会基金组织为民办学校提供贷款担保，鼓励信托机构利用信托手段筹集资金支持民办学校的发展。[1]

第二，鼓励基金会依法设立民办学校，发挥基金会的双向防火墙功能。鼓励基金会依法设立民办学校，很重要的原因在于基金会在民办学校资金筹措和管理发挥的作用越来越大。应充分发挥基金会的双向防火墙作用，一方面保障资金专款专用，使捐资、学费都进入公用资金账户，另一方面，可保障投资资金的投资安全。[2]

总之，我国民办学校的发展根植于中国特殊的经济、社会与教育环境，民办学校现代学校制度的改革创新亦应遵循渐进式的改革路径，既不能局限于"营利性与非营利性"的分类管理思维，导致因重视对营利性民办学校的监管而放松或忽视对非营利性民办学校的管理，也不可停留于只重视监督管理而忽视质量提升。需要认识到，不同教育阶段、不同层次类型和不同规模大小的民办学校在现代学校制度改革创新的过程中具有不同的方式与路径。现代学校制度建设也应建立在对民办学校作为非营利性法人、营利性法人的自主权利与学校举办者、教师及学生权益进行保护的基础上。对学校教育教学等内部事项，应主要通过了解、建议、协助等非行政强制方式，采取要求报备、公开信息与事务通知等手段，保证国家公权力的审慎、适度介入，非必要不得干涉。而对学校

---

[1] 陶俭钦. 论民办学校的财务风险及其防范：基于东莞市的研究 [D]. 上海：华中师范大学，2010：24.
[2] 周海涛. 民办学校分类管理政策研究 [M]. 北京：经济科学出版社，2016：220.

物力与人力资源配置等教育外部事项，应制定量化可操的客观标准，通过备案、核准、审查等方式要求学校遵循，国家公权力介入的必要性较高。至于对民办学校的财务监管，应从教育公共性与保证教育经费的合理使用出发，采取要求定期报告与检查、会计审核、查账登记与财务公开等手段，保证国家公权力的积极介入。此外，未来可探索建立科学的民办学校办学质量认证体系，促进两类民办学校教育品质的提升。建立在民办教育内涵式发展之上的民办学校现代学校制度改革创新必将值得期待！

第七章　推动社会参与教育治理常态化

党的十九大报告提出，我国全面深化改革的总目标是"推进国家治理体系和治理能力现代化"。《国家教育事业发展"十三五"规划》将"基本实现管办评分离，形成政府依法管理、学校依法自主办学、社会各界依法参与和监督的格局，教育治理体系和治理能力现代化水平明显提升"作为教育现代化的总目标。在从管理向治理转变，推进国家治理体系和治理能力的现代化的大背景下，实现教育治理体系和治理能力的现代化也就成了一个紧迫而现实的任务。教育治理的现代化，核心就是重建政府、市场、社会、学校的关系，构建多元、平等、协调的治理能力，即通过简政放权，转变职能，改善教育公共服务，实现政府放权、学校自治、社会参与。这既是推进国家治理体系和治理能力现代化的重要举措，也是激发教育活力、创新教育体制机制的根本需要。

简政放权，首先就是政府向社会放权，恢复多元主体参与教育治理的权利，即把学校、社会、市场作为教育治理的重要主体，形成政府、市场、社会协调发展的多元治理共同体。新的教育治理结构中，政府不再是集举办者、管理者、评价者于一身的单一主体，教育治理的主体是包括政府、学校、企业、社区、家庭、社会组织、学生等社会各界的多元主体，以教育管理方式创新、教育治理方式创新引领教育发展方式创新。

第一节　社会参与教育治理：现代教育治理的重要内容

一、社会参与教育治理的内涵

自古以来，公民政治参与是政治文明和公共管理不可分割的部分，是公民进入公共生活、参与公共治理、对公共政策施加影响的基本途径。托克维尔开创了研究公民政治参与的先河，认为任何人都应该享有政治参与的权利。自20世纪六七十年代开始，世界范围内公众在公共组织和公共事务中的参与日趋增强，"新公民参与运动"（New Public Involvement）在美国兴起，公民在公共管理中发挥的作用急剧扩大。人们对于公民参与的认识也在不断变化，公民参与的作用和公共管理的本质被重新定义，公共管理已成为推进民主决策的一个基本目标。

（一）社会参与的含义

社会参与（social participation）又称公民参与（public participation），就最简单的层次来讲，所谓参与是指员工对有关其工作、生活及某些层级节制方面的组织决策的介入。①20世纪60年代美国学者巴伦（J. Bairn）最早提出"社会参与"的概念，他认为社会参与是与受众权利有密切联系的一种观念，意味着民众具备参与到公共活动，以及获得信息和发布信息的权利。我国学者蔡定剑从参与层面、参与途径、参与

---

① 彼得斯. 政府未来的治理模式［M］. 吴爱明，夏宏图，译. 北京：中国人民大学出版社，2001：62.

主体、参与影响四个层面阐释了社会参与的概念：第一，参与层面是社会公共事务；第二，参与途径具有开放性；第三，参与主体是多元化的社会力量；第四，参与能对公共事务的处理产生一定影响力。

社会参与一定包含社会力量、公共事务、影响力三个要素。从"社会"概念的广义角度出发，社会力量不仅包括社会公众，还包括代表社会公众利益的政府部门，两种力量共同通过某种程序或者方式参与社会公共事务。而狭义上的社会参与则特指"民众"力量的参与，具体含义是社会团体、企业组织或公众个人依据一定的利益诉求，通过合法途径行使权力和履行义务，并对公共事务的管理产生影响。本书中的社会参与特指独立的社会个人、企业团体和非政府组织等社会力量通过合理的方法和途径参与公共事务的管理。

（二）社会参与的主要形式

约翰·克莱顿·托马斯[①]在《公共决策中的公民参与：公共管理者的新技能与新策略》中简单罗列了一些为人们所熟知的、可供选择的公民参与形式。

关键公众接触（key contacts）。这也许是公民参与最简单的一种形式，即公共管理者选择向一些"关键的接触者"进行政策咨询，并与其进行磋商，听取其建议，这些关键接触的人物通常是经济界的领袖或其他组织的领导人。在历史上，公共管理者通常选择十分有限的关键公众进行接触，如今这一参与形式在调查社区公民的态度和看法时依然普遍地使用。

公民大会（public meetings）。无论在历史上，还是在现实中，当

[①] 托马斯. 公共决策中的公民参与：公共管理者的新技能与新策略[M]. 孙柏瑛，等译. 北京：中国人民大学出版社，2005：8.

人们需要较为广泛的公民参与时,公民大会通常都是一种被选择的参与形式。那些规定公民参与必要性的法律文件常常简单地将是否召开公民大会作为公民参与的标准。举办一次公开的公民大会,公共管理者必须提前安排日程,公民大会的日期和时间需以通告或告示方式通知公众,政策问题需在公民大会上公开讨论。

咨询委员会(advisory committees)。咨询委员会是另外一种被普遍采用的公民参与形式。在这项参与技术中,各个利益相关群体或组织的代表人供职于该委员会,他们就特定的政策或问题向公共管理者提供咨询或建议。与以前的咨询委员会不同的是,现在的咨询委员会往往包容了比较广泛的相关利益群体和组织,如消费者组织和代表弱势群体利益的组织等。

公民调查(citizen surveys)。在新公民参与运动发展出来的新的公民参与途径中,公民调查是一项引人注目的参与技术。在20世纪60年代至70年代期间,越来越多的政府机构运用问卷调查,来征求公民对公共政策问题和政府服务的意见。如果公民调查是在对相关人口随机抽样基础上进行的,那么,调查有希望提供一些有代表性的观点,而在任何其他参与途径中获得的观点则不一定是确定的结果。

由公民发起的接触(citizen contacts)。公民也创造出了他们自己的公共参与技术,如他们不断增强与各种负责公共项目和政策问题的公共机构的联系与沟通。虽然这些由公民发起的接触通常针对特定的公共问题解决,诸如管理当局没有很好履行垃圾收集或者路坑填补等职责,但是,随着公民接触的范围增大,它成为加强公民参与与政府间联系的一个重要方面。

协商和斡旋(negotiation and mediation)。有时一些政策问题十分难以解决,上述公民参与形式都无法奏效。对这一事实的认同使得人们越来越多地采用了协商和斡旋手段。在协商中,第三方通过调停,在争议者之间寻求冲突解决方案。斡旋方式作为一种公民参与途径,首先是政府、开发商和环境保护主义者三方在寻求环境保护途径的冲突中发展起来,但如今公民参与形式已经应用到更加广泛的公共政策议程中了。

二、社会参与教育治理的意义

改革开放前,我国实行由中央运用行政力量和行政方法集中配置社会资源的管理体制,其根本特征是决策权集中于上级机关,下级机关没有或很少有自主权,只能根据上级指令行事。在这种管理体制下,往往采取整齐划一的方式制定公共政策,公共政策执行者在政治意志的驱使下,不得不行使行政权力贯彻执行公共政策,从而造成行政权力过度现象;同时,中国各区域社会经济和文化背景存在较大差异,需要解决的公共政策问题也存在差异。这种"一刀切"式的公共政策的出台缺乏对当时当地经济、社会发展情况的调查研究,其结果是必然不能适应区域社会的发展。

随着社会主义市场经济体制的确立,中央政府由"集权"向"分权"转变。1993年《中国教育改革和发展纲要》提出:"在90年代,随着经济体制、政治体制和科技体制改革的深化,教育体制改革要采取综合配套、分步推进的方针,加快步伐,改革包得过多、统得过死的体制,初步建立起与社会主义市场经济体制和政治体制、科技体制改革相适应的教育新体制。只有这样,才能增强主动适应经济和社会发展的活力,走出教育发展的新路子,为建立具有中国特色的社会主义教育体系奠定基础。"同时,《中国教育改革和发展纲要》提出要"建立有教育和社会各界专家参加的咨询、审议、评估等机构"。2010年《国家中长期教育改革和发展规划纲要（2010—2020年）》则把社会参与上升到完善现代学校制度的高度。2015年,教育部在《关于深入推进教育管办评分离促进政府职能转变的若干意见》中进一步明确提出了社会参与学校治理的目标:"到2020年,基本形成政府依法管理、学校依法自主办学、社会各界依法参与和监督的教育公共治理新格局,为基本实现教育现代化提供重要制度保障。"由此可见,对于社会参与教育治理意义和程度的认识不断深化。

从我国公共教育权力转移的轨迹来看,20世纪末期开始的公共教育权力的转移进程,在教育改革的过程中主要表现为:在纵向上,在公共教育权力体制内部由中央政府向地方政府、下级组织机构和学校下放权力;在横向上,则是由公共教育权力体制内部向体制外部的公民社会领域和市场领域转移权力。我国当代正在发生的公共教育权力的转移主要表现在以下主要方面:扩大学校办学自主权,基础教育实行"地方负责、分级管理"的体制,高等学校管理权下放,建立国家、地方、学校三级课程管理体制,创办和发展教育中介组织、非政府的行业协会组织提供教育服务,发展民办教育与教育民营化等。

政府的教育职能,就是政府在教育方面的职责和功能、作用边界及与此相适应的能力定位。治理是一件需要付出代价的事情。政府建立一个庞大的机构体系,以共同承担起管理和影响社会及经济的责任。[①]20世纪70年代以来,对政府教育职能的思考成为全世界共同关注的重大

[①] 彼得斯. 政府未来的治理模式[M]. 吴爱明,夏宏图,译. 北京:中国人民大学出版社,2001:1.

主题。发源于欧美经济与合作发展组织某些国家、与市场化的经济改革相呼应的一股行政改革（也被称为行政现代化）之风，也在20世纪70年代末至80年代初席卷各大洲，开启了"行政改革的时代"，即以政府职能转变为特征。颇具影响力的新公共服务理论强调：服务，而非掌舵；服务于公民，而非服务于顾客；重视人，而非仅仅重视效率；追求公共利益；战略思考，民主行动。①挑战全能主义的政府职能，使政府集中精力于基础性工作，加强对教育的公共治理，是教育探索和行动的主流。在"全能型政府"之下，一切资源由政府平均分配，结果导致社会供给与社会需求失衡，教育的低效率和教育质量难以提高，政府提供同质性的教育导致教育缺乏可选择性，因此开始强化政府的基础性职能，而将其他政府"管不了"和"管不好"的事务交给市场和社会。政府的职能见表7-1。

表7-1 政府的职能 ②

职能	解决市场失灵问题	促进社会公平
小型职能	提供纯粹的公共物品：国防、法律与秩序、财产所有权、宏观经济管理、公共医疗卫生等	保护穷人：反贫穷计划、消除疾病
中型职能	解决外部效应：基础教育、环境保护 规范垄断企业：公用事业法规、反垄断政策 克服信息不完整问题：保险、金融法规、消费者保护	提供社会保障：再分配型养老金、家庭津贴、失业保险
大型职能	协调私人活动：促进市场发展、集中各种举措	再分配：资产再分配

---

① 武玉英. 变革社会中的公共行政：前瞻性行政研究［M］. 北京：北京大学出版社，2005：35-61.
② 世界银行. 1997年世界发展报告：变革世界中的政府［M］. 北京：中国财政经济出版社，1997：27.

改革开放以来，我国的社会转型推动了社会结构的变化，这个社会结构变迁趋势的发展初步形成了既相互联系又彼此独立的政治领域、市场领域和公民社会领域这样一个新的三元社会结构。政府自身的改革、不断成熟的市场经济体制的建立和公民社会的发展导致了公共权力的分化。如有的学者就认为，市场经济和民主政治的发展使一部分国家权力向民间社会转移，国家权力出现了部分向社会转移的趋势，如公民和非政府组织直接或间接参与立法活动，部分行政权（如参权、委托、授权和还权等）向社会转移下放到非政府组织手中，以及司法权逐步社会化（如公民参与审判活动）等[1]。

在我国社会转型和教育改革的过程中，公共教育权力的转移也在进行。从1985年《中共中央关于教育体制改革的决定》开始，我国高度集中的公共教育权力就启动了权力变迁的进程，使公共教育权力的分布、教育资源的配置和教育利益分配的模式都出现新的态势。《中国教育改革和发展纲要》及其实施意见先后指出，改变政府包揽办学的格局，逐步建立以政府办学为主体，社会各界共同办学的体制，基础教育主要由政府办学，同时鼓励企事业单位和其他社会力量按国家的法律和政策多渠道、多形式办学。有条件的地方，也可实行"民办公助""公办民助"等形式。企业举办的中小学应继续办好，有条件的地方在政府统筹下也可以逐步交给社会来办。这些决策的贯彻落实，正在把城市基础教育的管理体制、办学体制的改革和社会参与推向一个前所未有的新阶段。第一，学校的举办主体由过去体制内的一元化向体制内与体制外相结合的举办主体多元的改革。过去，学校的举办被完全看成是政府的

---

[1] 郭道晖. 权力的多元化与社会化[J]. 法学研究, 2001 (1): 3–17.

职能和权力。教育作为一项十分重要的社会活动，也完全纳入了中央的计划调控之中，由此形成了政府作为唯一的举办主体的现象。对于有效地贯彻执行社会主义的教育方针和培养目标，这无疑给予了体制上的充分保障。但面对日益增长的教育需求，政府在财政上的负担也越来越重，同时也限制了各种社会力量参与办学和发展教育。近年来，各种不同的社会力量办学的兴起，私立学校的涌现，以及与国际上有关组织机构的合作办学等，反映了教育管理体制改革中举办主体多元的走向，并呈现出逐渐深化和扩大的趋势。第二，学校的举办者、管理者和办学者的同一也逐渐走向分离。过去，在政府包揽办学的体制中，学校的举办者、管理者和由政府任命的学校领导基本上都是同一的。政府既举办学校，又管理学校，同时也成为具体的办学者。如今，一方面由于出现了体制外不同的举办主体，而学校也获得了较大的自主权，便带来了三者之间的分离和差异。

三、社会参与教育治理的具体表现

积极鼓励社会参与教育治理，是现代教育治理的重要方面。激活社会力量，让包括个人、组织在内的社会力量依法参与教育治理，不仅有助于学校和各级教育行政部门形成民主、科学的决策程序，而且可以落实公众对教育的监督和评价权，真正做到教育质量接受社会评价、教育成果接受社会检验、教育决策接受社会监督。同时，它还有利于动员社会力量和社会资源关心支持教育，为教育发展提供更好的环境和空间。

社会参与教育治理，在教育实践中主要表现为三个方面：社会参与教育决策，主要是教育宏观政策与规划；社会参与教育评价监管；社会参与学校管理。下面分别就三个问题进行阐述。

第二节　完善社会参与教育决策机制

教育政策系统的运行表现为各个阶段或者环节，教育决策是由一系列的功能活动所组成的一个过程。陈振明[①]关于政策过程五阶段的划分如下。（1）政策制定：从发现问题到政策方案的出台的一系列的功能活动过程，包括建立议程、界定问题、设计方案、预测结果、比较和抉择方案及方案的合法化等环节。（2）政策执行：政策方案付诸实践、解决实际政策问题的过程，也就是将政策理想变为政策现实的过程，包括组织和物质准备、政策分解、政策宣传、政策实验，以及指挥、沟通、协调等的功能环节。（3）政策评估：依据一定的标准和程序，对政策的效果做出判断，确定某项政策的效果、效益、优劣，并弄清该政策为什么能取得成功，或者为什么导致失败。（4）政策监控：为实现政策方案的预期目标，避免政策失误对政策过程尤其是执行阶段的监控，以保证政策的权威性和严肃性，包括监督、控制和调整等功能活动环节。（5）政策终结：在政策实施并加以认真评估之后，发现该政策的使命已经完成，成为多余、不必要或不起作用的，采用措施予以结束的过程或行为。他认为政策系统的运行是这些环节所组成的过程，并提出这些环节构成了一个政策周期。教育决策实质上就是政策主体、客体与环境相互作用的过程，是由信息、咨询、决断、执行和监控等子系统所组成的一个有机大系统。它的实际运行则表现为政策制定、执行、评估、监控和终结等环节所组成的活动过程。

---

① 陈振明. 政策科学 [M]. 北京：中国人民大学出版社，1998：102.

一、社会参与教育决策的内涵

教育政策决策参与中的社会参与，是指教育事务中与群众利益密切相关的事项在作出决策前，组织社会有关方面对该事项的必要性、合法性和可行性进行论证，充分听取公民、法人和其他组织的意见，保障决策科学、民主、透明的行政活动。社会参与贯穿于教育政策制定、执行与评估的各个环节中，以保障不同的政策主体和利益相关者的利益都能得到反映，保障公众知情权、参与权和监督权。对涉及社会面广、与群众切身利益密切相关的公共教育政策，以及对公民、法人或者其他组织权利和义务产生重大影响的决策事项，应当组织公众参与。除涉及国家秘密或个人隐私外，重大公共教育政策决策均应当以适当方式引导公众参与，接受社会监督。

需要社会参与讨论、监督的公共教育政策决策事项主要指重大政策、重大改革措施和重大项目等。主要包括：（1）编制教育中长期发展规划；（2）教育重点工程、重大投资项目的设立和调整等重大工程项目；（3）划分、调整公益性幼儿园招生范围、义务教育入学学区，调整学校布局（包括撤并学校校点等）；（4）学校办学体制和管理体制的改革调整，学校教学管理、学生管理制度的重大改革调整；（5）改革或调整考试、招生、入学政策等；（6）教师收入分配制度、职称评定改革政策的制定调整，机构改革中涉及的人员安置、社保关系、薪酬待遇及重大资产处置等；（7）学校债务特别是拖欠工程款化解方案的制定调整；（8）其他教育事业改革发展中涉及师生员工及人民群众切身利益的重大决策事项等。

二、推动社会参与教育决策的意义

在教育政策与规划的制定、执行与评估过程中,社会参与是一个必不可少的因素。社会参与是实现教育决策民主化的具体表现,更是教育决策科学化的重要保证。教育决策的民主化、科学化是我国教育改革与发展的必然要求,也是教育政策发展的方向,教育规划中的民主参与有着十分重要的意义。

(一)社会参与教育决策是办人民满意教育的必然要求

随着社会主义现代化建设不断向前推进和人们生活水平与文化程度的不断提高,广大人民群众对教育的关注与期望也达到了前所未有的高度。党的十八大报告第一次把"努力办好人民满意的教育"放在首要位置,办人民满意的教育已成为我国教育发展战略与价值导向。办人民满意的教育,需要社会各界的共同支持与参与,其中离不开教育规划中公众的参与。

与国家和省级层面的宏观教育政策规划相比,基层教育规划更多的是微观决策,直接与学校、教师的工作和学生、家长的利益相关,其表现形式往往是某一个或几个具体项目。由于基层的教育情况千差万别,在规划决策过程中了解基层具体的信息,及时作出合理的决策十分关键。基层教育规划的意义就在于将国家的教育方针政策与本地区的教育实际情况相结合,做好教育工作。

教育改革与发展涉及多个利益相关者,由政府和教育部门单方面进行教育规划存在较大的局限性。不同的人和部门对教育发展的认识不同,兴趣和需求不同,技能和贡献不同,扮演的角色和发挥的作用不同,这就决定了教育规划的制定和实施需要各方面的参与和支持。公众参与政策制定有利于增强政策信息获取的完备性和执行的有效性，也有利于提高政策目标群体对政策的认同感和主动性。因此，应充分尊重公众的自主权和利益需求，强调社会参与，切实贯彻党的群众路线，充分反映民意民智后再制定政策。群众路线已成为中国共产党政治文化的重要基础，是我国决策科学化、民主化的必由之路。

（二）社会参与是世界各国公共政策发展的趋势

20世纪六七十年代以后，世界范围内公民参与要求与日俱增，公民参与运动不断增加，公民参与公共政策制定逐渐成为一种趋势。比如在美国普遍流行、推崇的政策制定模式是由公众广泛推动的、自下而上的政策制定过程。这种"民主－多样化"政策制定模式的理论前提是，在一个开放的社会里，任何问题都可以为个人或者群体所认识和认同，并能够被提交到政治过程来讨论、辩论和找到解决的办法；公民能够确定、界定自己的利益，可以自己组织起来，说服他人支持他们的事业，能够接近或者成为政府官员，影响政策制定，同时监督政府政策和工程项目的执行。[1]美国教育政策在制定过程中有广泛的公民参与。美国在进行教育立法时首先要举行听证会，听证会大都采用公开的方式进行，任何关心国事，或者涉及教育议案相关议题的有关团体和人员都可以参加，具有广泛的民众参与性。日本为了保障公民对行政决策的参与，建立了"行政的事前程序"，强调决策要通过听证会、公证会、递交意见书和审议会咨询等方式了解民意。[2]在发达国家，公民社会比较成熟，公民、企业或第三部门等利益相关者能够通过大众传媒、政策企业家等

---

[1] 戴伊. 自上而下的政策制定[M]. 鞠方安，吴忧，译. 北京：中国人民大学出版社，2002：12.

[2] 周满生. 教育宏观决策比较研究[M]. 北京：人民教育出版社，2009：208.

相关机构或人员与政府中的政策制定者、执行者发生互动来表达自己的利益诉求。我国要实现教育政策的科学化、民主化，需要以世界其他国家的成功经验为借鉴。

（三）社会参与是政治民主化、教育民主化的要求

政治民主化是社会主义政治文明的核心内容，也是社会主义政治文化的发展方向。我国现阶段的政治民主化进程使得不同的社会阶层和利益群体政治参与愿望日益强烈，政治参与行为呈现扩大趋势并逐步实现制度化和有序化，不同民族、不同阶层等文化群体的不同利益需求能够通过民主的途径反映出来并体现在公共政策中。教育民主化是现代社会对教育提出的主张。联合国教科文组织第三十五届国际教育会议总报告指出，教育民主化是全世界所有国家和所有与教育有关的人最关心的问题，反映了人类渴望一个更公正的世界，在这个公正的世界里所有人都将得到充分的人权保障。[①] 教育民主化意味着逐步打破教育由少数人、特别是社会统治者所垄断、主宰、专制，而使之为越来越多的人所享受、掌握和利用，使教育具有平等、民主、合作等特点，是个体享有越来越多的平等的教育机会，教育制度不断转向公正、开放、多样的演变过程。要实现教育民主化就要按照民主的要求改造教育的对象、制度、方法、师生关系、管理、内容、组织形式等，以民主的精神去改造教育。从教育政策方面来说，需要不断完善中央统一领导、地方分级管理、学校自主办学、社会参与管理的运行机制，实行积极有效的民主管理。由此可见，教育民主化的进程使得不同的文化群体享有同等的受教育机会，并能参与

---

① 联合国教科文组织国际教育发展委员会. 学会生存：教育世界的今天和明天 [M]. 华东师范大学比较教育研究所译. 北京：教育科学出版社，1996.

到教育过程和教育决策中去,这对原来相对单一的教育政策模式提出了挑战。

(四)我国教育决策中的社会参与相对薄弱

随着政治民主化进程的推进,我国在中央政府层面的宏观教育政策和规划在制定过程和决策模式方面已经相对比较规范,其中社会参与也比较充分。国家重大教育政策的出台,首先经过大量调查研究,提出多种政策方案进行比较研究,并广泛征求专家和社会公众的意见,最后确定文本,从程序上保证了政策规划的民主化和科学性。从教育宏观规划的社会参与来看,《国家中长期教育改革和发展规划纲要(2010—2020年)》的制定过程,是近年来我国教育规划制定过程中的社会参与的典范。在纲要制定过程中,工作小组广泛征求意见,在社会各界理性有序积极建言献策的同时,再向深度推进,引导专家广泛参与调研,对教育改革发展的重大问题和人民群众高度关注的热点问题,提出解决思路与对策。

相比于国家宏观教育政策和规划而言,我国的地方基层教育政策和规划总体来说,在程序和内容上还有待完善。如决策的程序尚无制度保障,政策实施主体和受政策影响的相关利益者知情权、参与权不足,了解政策的通道不畅,反映问题的渠道不顺等,导致教育政策的科学性大打折扣。近年来,随着政治民主的进步,听证会、专家咨询在政策议程中开始发挥作用,信息技术的发展也使网络成为民众对国家政策表达意见的重要方式,但这些民主方式还存在很多问题。我国的教育政策还未实现从经验决策到科学决策的根本性改变,"一言堂""个人说了算"仍是不少决策中的习惯定势,对于科学方法和现代技术手段进入决策领域的战略意义缺乏理解。

国家的教育政策和规划是一个有机整体，基层教育规划中社会参与的薄弱将导致"上有政策，下有对策"等国家教育方针政策在地方、基层的失真、失效的结果，因此，基层教育规划中的公众参与，更应引起足够的重视。

三、社会参与教育决策的途径

（一）开展教育舆情的常态化监测，推动将公众热点问题及时纳入教育决策议程

社会舆论（大众传媒）是反映和表达人民群众愿望、要求的一种中介形式。教育政策必须具备强大的民意基础，真正反映群众的愿望和民众现实生活中的紧迫需要。特别是公共教育政策，必须建立在广泛的民意基础上，才具有合理性和合法性。大众传媒是影响教育政策的重要因素。在当今社会，素有与"行政、立法、司法"并行的"第四种权力"的大众传媒，是人民群众表达自己愿望、要求、观点的一种有效途径。

社会舆论主要在两个方面影响教育宏观决策。[1]第一，影响教育决策的认定。通过报刊、广播、电视、互联网等媒体，把广大群众对教育领域发生或存在的重大问题所持有的观点、意见，以及解决这些问题的建议或意见加以传播，使其成为民众普遍关心的热门话题，成为全社会的焦点。这种舆论的力量是一种压力，也是一种动力，促使和推动政府采取措施把社会舆论所关注的问题纳入决策过程，作为优先问题加以解决。在某些特定情况下社会舆论甚至会产生决定性影响。如现在

---

[1] 周满生. 教育宏观决策比较研究［M］. 北京：人民教育出版社，2009.

提倡的素质教育，在很大程度上是近年来社会舆论对学生负担过重极为不满的一种应答和反思。第二，社会舆论的广泛性，可以为教育决策过程中的方案选择提供一些参考意见和建议，增强政策的可行性。近年来各地不断举行的听证会和大量涌现的公民上书，正是民意参与教育决策愿望的体现。由此可见，社会舆论实际上对教育宏观决策起到了一种中介推动作用，常常会促成或影响某项重大教育宏观决策的出台。

大众传媒作为现代民主社会的"公众代言人"，把公众的声音聚合成一种社会舆论，因此大众传媒对教育政策议程的建立发挥着重要的影响作用。有效利用大众传媒，实现政策制定者和政策对象的沟通，对于改进教育政策，实现教育政策的科学化和民主化具有重要的意义。这在我国教育政策的制定过程中已经有些尝试和经验。例如在《国家中长期教育改革和发展规划纲要（2010—2020年）》的制定过程中，报刊、电视、互联网、新闻发布会等各种形式的大众传媒得到了充分的利用，《中国教育报》、中华人民共和教育部网站、中国教育和科研计算机网、新浪网等纷纷开设《国家中长期教育改革和发展规划纲要（2010—2020年）》专题报道，邀请专家解读。在网络时代，网络手段的便捷为广大网民参与规划提供了极大的方便，2010年2月28日至3月28日公开征求意见的一个月中，规划纲要工作小组办公室共收到意见建议27 855条，其中电子邮件8 317封、信函1 064封，以及在中华人民共和国教育部网站网友发帖18 474条。由此可见，网络意见和建议在公民的参与中占较大比重，网络已经成为公民参与教育政策的一种十分重要的手段。

（二）引导公众广泛参与教育决策，充分尊重民意、吸纳民意

在计划经济时代，传统的政治体制是国家通过意识形态、组织结构和干部队伍，对社会生活所有方面进行渗透和组织从而形成国家的强大动员力量，人们被动员起来参与民主生活，但这种参与往往是非理性的、情绪化的。随着我国市场经济体制的确立，人们的法律意识、权利意识和平等观念大大增强，必然影响到社会关系的各个方面，促进人们的思想观念和行为方式的变革。同时，统治方式也由"人治"向现代社会的"法治"转型，把法律作为社会生活的最高权威，政府管理、社会运行、事务管理都以法律为主要手段，依法而行，而不是个人说了算。这既引起了公众对国家政策的广泛参与热情，也为其参与国家决策过程提供了可能。

如在《国家中长期教育改革和发展规划纲要（2010—2020年）》制定过程中，社会各界的意见成为《国家中长期教育改革和发展规划纲要（2010—2020年）》起草的重要思想来源。在前期征求意见的基础上，规划纲要工作小组就群众最关心的20个问题集中征求意见，组建工作小组专门学习、研究群众提出的问题和建议，并深入进行一系列专门调研。人民群众的意见对《国家中长期教育改革和发展规划纲要（2010—2020年）》制定工作产生了直接的影响和推动作用。规划纲要工作小组副组长、办公室主任、教育部原部长袁贵仁指出，对当前中国教育面临的重大问题、制约教育发展的瓶颈问题、老百姓关心的热点难点问题都力求有所呼应、有所回答。针对人民群众反映强烈的问题，征求意见稿提出了一系列改革发展措施，例如：针对义务教育"择校"问题，提出"率先在县（区）域内实现城乡均衡发展"；围绕"学生减负"问题，提出"建立学生课业负担监测和公告制度"；针对"千军万马挤独木桥"

的高考压力现象，提出"要逐步形成分类考试、综合评价、多元录取的考试招生制度"。决策让人民群众参与，才能得到最广大人民群众的广泛支持，《国家中长期教育改革和发展规划纲要（2010—2020年）》面向社会广泛征求意见，是坚持以人为本，办好人民满意教育的真正体现，也是教育决策科学化、民主化的最新探索。教育改革的主题和解决方案均来自实践的需要，来自人民群众的要求。长期在教育一线工作的校长、教师、教育管理部门和科研人员的意见和建议更有针对性，只有在充分尊重民意、吸纳民意基础上制定出的政策，才能得到最广大人民群众的高度认同和社会各界的大力支持，才能实现规划的目标。

（三）充分发挥专家、智库作用

智囊机构在现代决策中发挥着巨大的作用，如美国的兰德公司、英国伦敦国际战略研究所、德国的工业设备企业公司、日本的三菱综合研究所等都在国内外享有很高的声誉，对各国政府战略和政策的制定有很大影响。公共决策引入专家参与已成为当今发达国家决策体制中的重要环节。

我国在古代即有"幕僚咨询"的制度，但是受时代和政治制度限制，幕僚作用的发挥很有限。改革开放以来，党和政府开始重视专家参与公共决策，一些官方、半官方、民间的决策咨询机构纷纷成立，在政策制定中发挥了重要作用。

规划纲要工作小组召集专家咨询，同时教育行政部门多次召开会议听取意见，组织深入基层、调查研究，就总体战略、素质教育、基础教育、职业教育、高等教育、继续教育、教育公平、教育改革、教师队伍、教育保障条件和教育系统党的建设等11个重大战略专题进行研究。

11个战略专题调研组动员组织全国500多名专家，围绕36个子课题开展大规模调查研究。同时，规划纲要工作小组委托有关机构开展调研。第一，委托4个国内社会研究机构和世界银行等国际机构进行调研。第二，专门听取全国人大教科文卫委员会、全国政协教科文卫体委员会负责同志意见，组织学习有关调研报告。第三，邀请民主党派中央开展调研。第四，委托6个教育学会和中央教育科学研究所等教育科研机构开展调研。第五，组织驻外机构开展所在国教育规划调研。第六，根据我国东中西部不同区域特点，安排9个省（区、市）同步制定分区域教育规划。第七，根据不同教育类型特点，安排6个战略专题组制定基础教育、职业教育、高等教育、继续教育、民办教育、学前教育等分领域教育规划。第八，部署31个省级政府、教育部门和各高等学校进行调研，对制定教育规划提出意见和建议。

（四）完善社会参与教育决策方式

组织公众参与，应当根据决策事项，综合考虑地域、职业、受影响程度等因素，选择被征求意见的公民、法人或者其他组织。

对公众普遍关注且专业性较强的问题，应当采取直观、易懂的方式进行解释、说明，或者向公众提供参与体验、监督的途径，增进其对决策的理解和支持，便于公众充分表达意见、提出建议、加强监督。组织公众参与，应当根据重大公共教育政策决策对公众影响的范围和程度，采取多种形式公开征求公众意见或举行听证会，对公众合理意见和建议应当予以采纳。

第三节 完善社会参与教育评价监管机制

一、社会参与教育评价监管的内涵

2015年,《教育部关于深入推进教育管办评分离促进政府职能转变的若干意见》(以下简称《意见》)支持专业机构和社会组织规范开展教育评价。《意见》提出,大力培育专业教育服务机构,整合教育质量监测评估机构,完善监测评估体系,定期发布监测评估报告;扩大行业协会、专业学会、基金会等各类社会组织参与教育评价。《意见》要求,制定专业机构和社会组织参与教育评价的资质认证标准。引入市场机制,将委托专业机构和社会组织开展教育评价纳入政府购买服务范围,按照公开、公平、公正原则,建立健全招投标制度和绩效管理制度,保证教育评价服务的质量和效益。《意见》同时指出,重视扩大科技、文化等部门和新闻媒体对教育评价的参与。重视学生会等学生组织在教育评价中的作用。鼓励有条件的地区和学校积极参与国际组织实施的教育质量评估项目。

社会参与教育评价与监管,就是让公众能参与对大中小学教育质量的评价,使社会的"评"能在政府的"管"与学校的"办"中,既保持相对独立,又建立良性沟通。"管""办"和"评"的关系,是政府、学校和社会三者关系的具体体现。《教育部关于推进中小学教育质量评价改革的意见》表明,要逐步建立政府主导、社会组织和专业机构等共同参与的外部评价机制。在这种新型的教育管理体制之下,政府对学校管理的主要作用应在于宏观调控,不再直接参与学校内部管理,而第三方参与教育评价能够顺应新型教育管理体制下社会中介组织参与教育管理的需要。

二、推动社会参与教育评价监管的意义

长期以来,我国的教育监管与评价主要来自教育行政部门内部,它们既当"运动员"又当"裁判员","主体单一""模式单一""指标单一""理论陈旧、技术落后"等问题严重,教育评价的科学性、公正性自然大打折扣,严重阻碍了中国教育改革与发展。让专业机构和公众为教育打分,积极推进管办评分离,即是对这些问题的改革和回应。在健康的教育评价体系中,需要发挥公正独立的专门机构的作用,推动社会参与教育评价监管,大力实施第三方评价。

第三方评价作为国际上推崇的一种先进的教育评价方式,在推进教育治理现代化中发挥着重要作用。它既有利于对政府教育政策制定及实施进行科学评价和反馈,也有利于对学校管理水平和教育教学质量实施独立评价和监测。第三方评价是由社会中介组织进行的评价,有别于学校第一方评价和政府第二方评价,既打破了第一方评价囿于自身视野、利益而不能自觉、客观、公正地评价自我发展的局限性,又革除了政府在教育管理和评价中既担任裁判员又担任教练员的管评不分弊端。

开展第三方评价是实行教育多元主体共同治理的客观需要。多元主体共同治理是指由政府、市场、学校、社会四方良性互动,平等协商、相互制衡、多重博弈、和谐共生的新型治理结构,有利于改变政府治理干预过度、市场治理和社会治理孱弱的局面,消除单一主体治理中容易发生的政府失灵、市场失灵、社会调节失灵现象,实现全民治理、开放治理、民主治理、协调治理的目标。独立的第三方评价是社会治理的核心内容,能起到充当政府和学校之间的缓冲器、增加社会各方利益实现

机会、强化社会参与和监督的重要作用。

开展第三方评价也是深化管办评分离改革的现实要求。管办评分离的目标是建立政府主导行政管理、学校主导办学、社会中介组织主导评价的新机制。政府要实现管办分离和管评分离：政府拥有行政管理权、履行管理职能，将办学权完全下放给各级各类学校，促使学校面向社会自主办学；政府分离作为行政管理必要组成部分的评价权和必须由社会中介组织单独享有的评价权，退出服务性评价领域，还评价权于社会中介组织。学校要实现办评的分离，即分离应由学校自身实施的校内评价与必须由社会中介组织实施的校外评价，将办学条件合格、办学质量高低及满意度评价交由社会中介组织进行。社会中介组织要充分发挥积极参与教育治理开展综合评价的职能，增强第三方评价的独立性，拓展第三方评价的范围，提高第三方评价的公开性、公正性和透明度。

三、完善社会参与教育评价监管的途径

（一）推动公众加入督学队伍，参与到各级各类教育的监管中

据调查，目前教育督学队伍人员构成类别有失衡现象，过于偏重行政人员，学科引领效果不明显。[1] 虽然教育行政人员都有自己的学科专长，而且其中也有教育名师，但他们身负行政职务，日常主要任务是从事行政或管理工作，学科专业督导方面就会相对弱化，不利于督导工作，特别是经常性督导工作。现代教育督导的发展已经出现了新的趋势，也就是以促进教育质量提升为核心目标，更注重教育管理过程的督导，而这些变化，更需要教研员发挥教育教学质量的监控和专业引领的

---

[1] 李玉挽. 县域义务教育责任督学队伍建设的问题与对策探究［D］. 江门：五邑大学，2017.

作用。因此，在督学队伍中应增加学科教研员，以平衡教育行政和教育教学类督学的比例，这是符合教育督导形势变化的要求的。

教育督导工作牵涉方方面面，有政策法规、行政管理、教育管理、教育教学、教育科研、学校财务、规划建设、健康卫生、后勤保障等，工作内容种类繁多，需要一系列的细化管理机制和专业操作，因此要将教育督导工作做到专业全覆盖、无死角就必须根据督导工作的具体范围和专业性质，对督学队伍进行细化分类。可在原有的学科类、教育管理类的基础上细化增设教育科研、行政管理、法律、治安、财务管理、城建规划、食品、消防、医疗卫生、后勤保障等类别的督学。要达到此目的，建立责任督学人才储备库是合理的选择，通过督学人才储备库的建立确保督学队伍的管理和发展科学有序，后继有人。督学人才储备库的建立是加强县域义务教育责任督学队伍建设的创新性尝试，途径有两条。

途径一：设立县域义务教育责任督学智库。县域义务教育责任督学智库是具备责任督学所需的专业精神、专业知识和能力，能胜任县域义务教育督导工作的专业人员储备库。基于教育督导工作的性质和内容，县域义务教育责任督学智库架构如图7-1所示。

途径二：建立县域义务教育责任督学工作实务团队。县域义务教育责任督学工作实务团队是指在县域义务教育责任督学智库构建的基础上组建的督学工作团队，是县域义务教育责任督学智库的延伸。基于教育督导工作的多样性和复杂性，构建县域义务教育责任督学工作实务团队，可把督导工作开展得更细、更实。县域义务教育责任督学工作实务团队架构如图7-2所示。

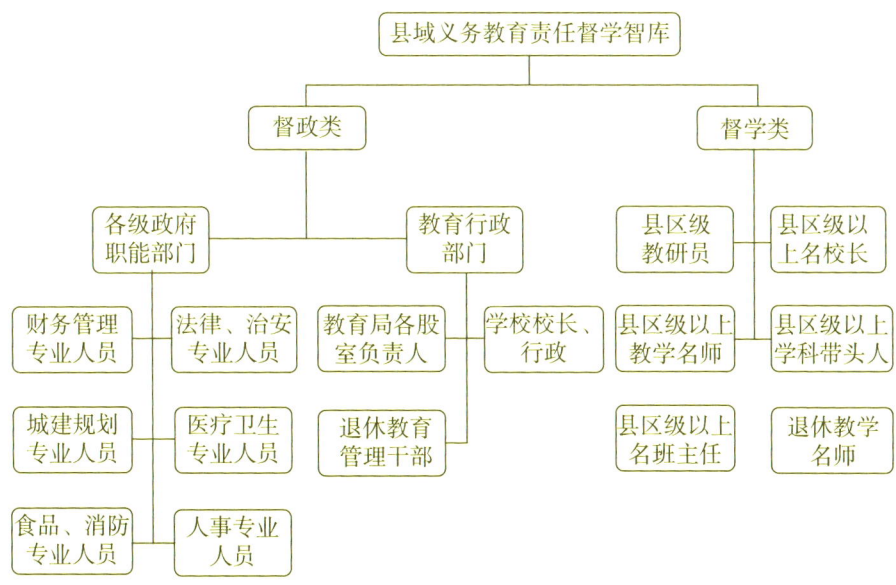

图 7-1 县域义务教育责任督学智库架构

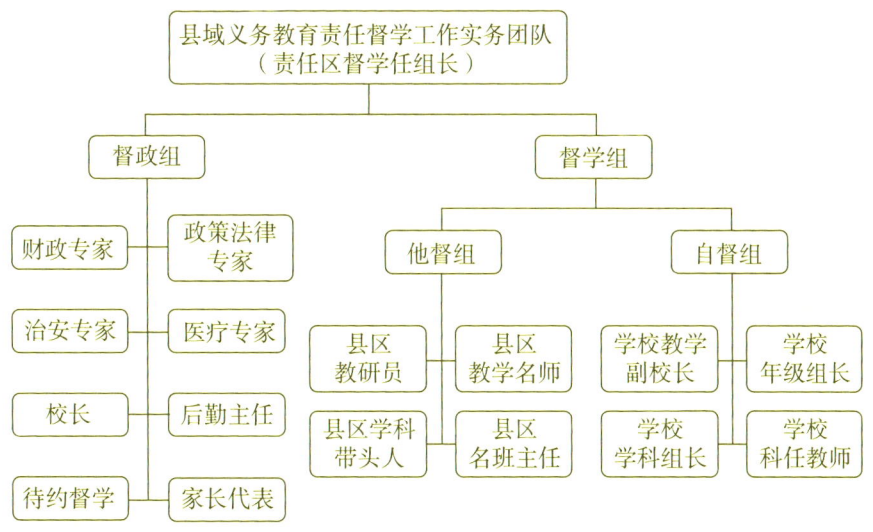

图 7-2 县域义务教育责任督学工作实务团队架构

另外，要强化广泛多元的社会监督力量。可聘请人大代表、政协委员、民主党派等方面社会人士为政府特约教育督导员，以多种形式参与教育督导与监督工作。充分吸纳新闻媒体、企业、社区和相关单位等社会公众力量，多元参与教育监督评价工作。

（二）探索建立多部门协同、公众广泛参与的社会培训机构监管机制，依法规范教育培训机构的办学活动

2018年，《国务院办公厅关于规范校外培训机构发展的意见》（国办发〔2018〕80号）强调健全校外培训机构日常监管机制，明确各部门职责，形成工作合力，通过落实年检年报和公布黑白名单等制度，强化对校外培训机构的全过程监管。

一是完善日常监管。各地切实加强对校外培训机构办学行为的日常监管，落实教育、市场监管、人力资源社会保障、机构编制、民政、公安、应急管理、卫生、食品管理、网信、文化、工业和信息化、广电等各部门职责，健全监管责任体系和工作机制。

二是落实年检年报制度。县级教育部门要会同有关部门完善管理办法，认真组织开展年检和年度报告公示工作。对于经年检和年报公示信息抽查检查发现校外培训机构隐瞒实情、弄虚作假、违法违规办学，或不接受年检、不报送年度报告的，要依法依规严肃处理，直至吊销办学许可证，追究有关人员的法律责任。

三是公布黑白名单。全面推行白名单制度，对通过审批登记的，在政府网络上公布校外培训机构的名单及主要信息。各地建立负面清单，对已审批的有负面清单所列行为的校外培训机构，从白名单上清除并列入黑名单；对于未经批准登记、违法违规举办的校外培训机构，予以严肃查处并列入黑名单。同时，将黑名单信息纳入相关信用系统及平台，

严肃对相关企业的惩戒。

（三）实施第三方评价，充分发挥专业评估机构的作用，提高教育评价的专业水平和公信力

良好的学校教育评价不仅可以全面准确地反映教育的实际情况，更能以评促建、以评促改，提高办学水平。鼓励社会力量参与教育的另一个重要形式，是通过引入市场竞争的机制和手段，改善政府教育公共服务的提供方式，通过培育和引导社会组织，实行委托管理、购买服务，改善公共服务的水平，提高质量和效率。把评价权和监督权更多地交给社会，由具有专业水平的第三方对学校进行评价，有利于减轻政府和学校压力，促进学校健康发展。首先政府要积极培育专业化的社会教育评价机构（组织），提高社会参与教育评价的技术、方法、工具等专业资质。其次，可采用购买服务的方式，委托专业性强、公信力好的第三方机构，对区域教育满意度、学校办学绩效、师德师风等进行评估，并对不达标学校进行全面调研，提出改进意见和方案。最后，要不断完善社会组织参与评价的准入机制、政府购买专业教育评价服务的机制、第三方组织独立开展教育评价并发布评价结果的机制，对学校教育进行客观、公正、公开、透明的评价。[①]

在大力推进"管办评分离"的进程中，"评"是"最后一公里"，也是其中最薄弱的环节。积极推进第三方教育评估监测，是建立健全政府、学校、专业机构和社会组织等多元参与教育评价体系的突破口。当前，第三方教育评估监测在我国仍处于探索实践初期，也有人将其称为"第三方评价"或"第三方评估"。由学校开展的第一方评价，和由教

---

① 田凤. 社会参与：形成多元治理新格局[N]. 中国教育报，2018-07-18.

育行政部门作为评价主体开展的第二方评价均属于教育系统内部评价。第三方教育评估监测则是指独立于教育系统之外，介于政府、学校和社会三者之间的专业组织实施的评估监测，既包括独立的第三方评估监测，也包括委托第三方实施的评估监测。作为外部评价，第三方教育评估监测可以打破固有工作格局，依托专业机构、社会团体和有资质的社会组织，实施竞争性、社会化的专业评价。当前，许多发达国家都建立了第三方教育评估监测机构，并且从法律上保障作为独立第三方的社会力量参与评估，形成了政府主导监管、专业机构（社会第三方）设计实施的基本运作模式。例如，法国国家评估委员会是负责评估高等教育质量的机构，该机构是由法国政府牵头创办，独立于教育行政部门，按照独立的法规和程序行使评估职能的第三方教育评估机构。美国的教育质量评估、考试评价都是由独立于政府教育行政部门的社会力量来组织实施的，并形成了一套系统完整的制度；同时，政府制定法律，依法监督第三方教育评估机构的公正性、独立性。①

引入第三方教育评估机构是教育评价体系改革的第一步，接下来，需要考虑的是，如何保证这个机构在实际操作中保持独立性，如何保证真实、准确、客观的评价报告出炉，提高评价的社会公信力，进而为政府教育决策提供重要参考。

1. 确保第三方教育评估监测的专业性和多元性

第三方教育评估监测既要深谙学校内情，又要抽离出来，基于旁观视角进行评价，因此第三方教育评估机构的专业性就显得尤为重要。评估活动需要精心的策划、设计与统筹，评估者需要具备政治学、社会

---

① 谢凡. 实施"第三方评价"：打通"管办评分离"的"最后一公里"：来自"北京2016教育督导与评价研讨会"的声音［J］. 中小学管理，2016（8）：40-42.

学、心理学、管理学和统计学等相关专业知识，并需要投入大量的时间与精力。教育事实的多样性和教育需求的多元性使得第三方教育评估监测的需求必定是多元的，评价方式和评价主体也必然是多样的。多样的第三方评价主体之间需要协调、联络、互补，共同成长发展，整体上才能形成良性的第三方教育评价生态。例如，北京市充分吸收社会力量参与教育督导评估监测，如聘请人大代表、政协委员等作为政府特约教育督导员，委托专业公司开展教育公众满意度测评，形成多元参与教育监督评价的格局。青岛市通过资源整合、剥离与政府部门的关系等，将各类教育协会、研究会等改造为第三方服务主体。

2. 建立评价机制和标准，引领第三方教育评估监测规范

第三方教育评估机构当前存在专业化程度不高、人力不足、缺乏独立性、缺乏行业管理等问题。针对当前第三方教育评估机构的发展和运行状况，加快制定相关法律法规、建立并完善行业管理制度迫在眉睫。为了确保社会评价机构进入学校评估市场后能真正胜任，政府要制定严格的市场准入标准与条件。例如，提出专业技能及服务能力上的要求，对机构的性质、注册时间、注册条件等方面作出规定。同时，为了避免出现机会主义、寻租与败德行为，有关部门不仅需要对社会评估机构履行督导评估职能的状况进行监督，而且也需要对其市场准入资格进行定期认定。建立并逐渐完善第三方教育评价行业标准，一要确立服务标准，立足于服务学生成长发展，推动学校质量管理改革，解决行业服务品质良莠不齐问题；二要逐步建立评价机构的专业标准，提高教育评价机构的专业化程度。此外，还要建立评价结果使用机制，充分发挥评价的引导、诊断、改进、激励等功能。在这方面，有些省市已经走在了前头。例如，北京市出台了《北京市人民政府教育督导室关于委托第三方机构

开展教育评估监测工作暂行办法》，明确了委托第三方机构开展教育评估监测工作的五个主要原则、八个方面主要事项、应遵循的工作程序等。

3. 利用大数据，彰显第三方教育评估监测的专业价值

第三方教育评估机构要想在"管办评分离"的改革进程中有所作为，就必须紧紧围绕数据做文章，必须拥有专业的技术、发布专业的报告、坚守专业的价值。作为全国第三家、西部第一家成立的省级教育评估监测机构，重庆市教育评估院运用大数据思维，有效采集挖掘了重庆的教育大数据，发布了专业的监测评估报告，促进了教育的改革发展。该院从"借"工具，到独立研发工具，研制出了涵盖学前、基础、职业、普高、高等、家庭教育的八类六十余套教育教学质量评价工具，构建了监测工具库，建立了重庆市基础教育质量监测数据库，自主研发了信息化监测评价平台，提高了监测效率。

第四节　建立社会参与学校管理机制

一、社会参与学校管理的内涵

随着现代社会信息化和民主化进程的不断加速，学校管理的内外部环境变得越来越复杂。传统的学校管理体制正面临着严峻的挑战。在中小学运行参与式管理是对我国学校管理改革的探索和尝试，可以更好地调动学校系统内部和外部的各种力量包括教师、学生、家长和社会公众为学校的发展、教师的发展和学生的发展做出贡献。民主管理是现代学校管理的一个重要特点。民主治校既是一种管理思想和原则，又是一种管理手段。它的核心是以人为本，尊重学校里的每一个人，增强广大教职工的主人翁意识，实现个人成长与学校发展、个人幸福与学校繁荣的和谐统一。学校管理说到底是对人的管理，要坚持民主治校，必须坚持以教师为本，充分调动教职员工工作和学习的积极性、主动性、创造性，将学校教育目标内化为教师自身的工作目标，让广大教职工心往一处想，劲往一处使，这样才能保证办学效益最大化。

社会参与学校管理是指学生家长、社会公众和社团组织，为了改进学校的管理工作，提高学校的服务效能，通过一定的途径介入学校的计划、组织、控制等活动。"参与式管理"的核心是在学校管理过程中，不是把下属或学生作为消极的被动的管理客体，而是作为自觉的、能动的主体。其内涵是中小学参与式管理运行机制中上级激励下属或学生参与目标的拟定与选择，上级所选定的方案能激励下属或学生积极参与管理活动。其目的是调动学生和下属的积极性，防止决策失误，创造生动活泼的群体心理气氛,提高群体功效。①

学校系统中的参与式管理包含以下三方面的要点:受到学校管理决策影响的教师、学生、家长和社会有权利参与学校管理,参与是他们的权利;教师、学生、家长和社会与学校领导分享管理权是学校改善管理和提升效能的手段;学校管理过程中吸收教师、学生、家长和社会参与的目的是促进发展,不仅要促进学校的发展、学生的发展还要促进教师的发展。

二、推动社会参与学校管理的意义

(一)社会参与学校管理是教育改革的重要内容

由于我国过去长期实行计划经济体制,政府对学校的控制权力大,学校依赖政府,缺乏办学自主性。在目前我国现代学校制度建设中,社会力量参与积极性低。学校应该加大民主机制建设力度,有效地让作为教育主体的广大教职工、学生、家长参与到学校管理中来,倾听群众的心声,采纳相关社会人士的合理建议,推动学校管理民主化。同时,民主化的管理方式有助于加大学校管理工作和领导班子的监督力度,也促使学校办学决策科学化。

(二)社会参与是民主治校、人本管理的重要特点

人本管理作为现代管理的重要理念和原则,越来越多地受到管理者的青睐,而民主作为人本管理的重要特点之一,是提升学校管理水平的重要因素,实行民主治校也是顺应时代发展要求的内在诉求。教师作为知识分子的代表,是学校的核心群体。有研究表明,教师群体对民主、平等、尊重的情感需要较之其他群体更强烈。实行民主治校,进行人本

---

① 顾明远. 教育大辞典 [M]. 上海:上海教育出版社,1998:131.

管理，是保障教师权利，调动教师主人翁意识，激发教师工作活力的重要途径。

（三）社会参与是提高学校管理效率的重要途径

从我国教育管理的实践来看，目前教育管理权限相对集中，教育组织结构科层化、官僚化程度高，学校管理机构庞大而僵化，学校内部和外部信息流通不畅，学校面对内、外部变化的环境、条件缺乏应变能力、适应能力和创造能力。在我国中小学教育管理的实践中，家长、教师参与学校管理的权利一直都被漠视，家长、教师缺乏参与的意识，学校也没有提倡或鼓励其参与学校管理，更没有提供相应的参与渠道，相关的制度法规建设也不够完善。教师、学生、家长、社区人员等利益相关者对学校的管理及决策没有发言权，他们只是机械地执行各级教育行政管理部门和学校的指示、命令，缺乏工作的积极性、主动性、责任感，使得学校的组织、管理效率低下。随着社会的进步，教育的发展，这种官僚制教育管理模式的弊端日益明显，需要社会参与提高学校管理效率，改进学校管理。

三、完善社会参与学校管理的途径

（一）创新完善学校内部民主管理形式

社会力量参与教育治理，有多种多样的形式。有些国家在保持个人参与的同时，鼓励参与组织的建设。有家长委员会，企业家－校长协会和家长－教师协会等参与学校建设的组织。这些社会组织参与学校管理，为学校的发展和制度建设提供了良好的外部条件。我国常见的是家长参与学校建设。学校与社区和家长之间的隔离，不利于学校外部环境保障和管理。一些企业家、社会团体对于学校建设的参与，主要是通过捐款、提供服务的形式，并没有对学校的外部监督和决策起到重要的作用。这种内部参与的机制在某种程度上具有分散性和随意性，难以形成影响力，进而影响学校的内部决策和管理。不少国家的家长委员会、家长－教师协会等社会参与机构都形成了学校－地区－全国三级参与网络，使得社会参与既能够贯彻落实到基层学校，又避免了各自为政、力量分散、难成气候的现象，造成了社会参与的强大声势。因此，我国社会参与机构可以借鉴国外的三级参与网络经验，使得社会在参与现代学校制度建设时发挥更具实质性的作用。

1. 完善教代会职能，充分发挥教师积极性

建立健全教代会制度，定期召开教代会。教代会成员由全体教师分组民主推荐后，经教师大会无记名差额投票选举产生，教师代表必须占多数。在教代会召开前，广泛征集提案和教师意见，对主要议题进行表决。领导对所有提案做到件件有落实、有答复，真正做到让教师知情、参政、议事、监督。在教代会休会期间，实行校务委员会工作制和教师代表巡视制。学校有什么重大事情，总要征求工会、教代会的意见，充分发挥教代会的作用，集思广益，把学校工作搞好。学校的重大事项，比如修改学校考核制度、学校招生及推荐工作等都要首先征求意见并讨论通过才实施，做到群策群力、共同商讨学校大计。学校每年财务工作报告、预决算分别在教代会、校务委员会上公布、审议。

学校在管理中注重调动和发挥教师的积极性，建立教师建议制度，即由校长室或其他职能室向教师发出倡议，教师个人或群体根据倡议提出建议，献出对策，学校视建议质量予以肯定、采纳的一种制度。例如，如何更好地设计学校岗位，学校校本培训的内容是什么，如何更有效地进行科组建设，如何对学生的行为规范进行严格要求，如何继续更

好地保持学校的特色,今年的班主任工作考评怎样进行……这使教师的合理建议和参与热情得到体现,提高了学校管理的科学性和执行力。

2. 落实校务公开制,凝聚人心

推进校务公开,能增强学校领导和师生民主管理学校的意识,凝聚人心,促进全校师生保持主人翁姿态,关心学校、支持学校、管理学校,并能同心协力,努力打造学校品牌。校务公开的形式多样,例如教代会报告制、校务委员会议决制、校务公开栏布告制、家长会议通告制、师生集会、校内外互联网公告制、公布举报电话信箱等。对于社会和家长关注度较高的收费,学校会在校门口的宣传栏公开收费的政策、文件依据、收费项目、数额等。具体细致的校务公开,使群众看得清清楚楚,从根本上规范学校的收费行为。

对于学校基建工程、大额度资金使用,以及其他重要项目安排,经校务委员会集体讨论提出方案,由总务处向教师大会通报,通过招投标,经教育局有关部门批准后贯彻执行。此外,学校还可成立对大宗物品的采购制度,如落实足球场的草坪改造及教学楼排水管道的更换工程。这些均可由总务处根据需要提出采购方案,由教育局的准入单位投标,有效防止和杜绝了商业贿赂行为的发生。

3. 扩大学校特别是高等学校的办学自主权

《国家中长期教育改革和发展规划纲要(2010—2020年)》明确提出"落实和扩大学校办学自主权",并把"推进政校分开管办分离""逐步取消实际存在的行政级别和行政化管理模式"作为改革的方向。这将改变过去教育管理权限高度统一和过度集中的现象,使高等学校在招生、教学、科研,以及人事和经费管理方面都将拥有较大的自主权。高等学校按照国家法律法规和宏观政策,自主开展教学活动、科学研究、技术开发和社会服务，自主制定学校规划并组织实施，自主设置教学、科研、行政管理机构，自主确定内部收入分配，自主管理和使用人才，自主管理和使用学校财产和经费。同时，充分发挥学术委员会在学科建设、学术评价、学术发展中的重要作用。探索"教授治学"的有效途径，充分发挥教授在教学、学术研究和学校管理中的作用。加强教职工代表大会、学生代表大会建设，发挥群众团体的作用，提高教授、学术团体、教职工、学生在高校管理中的参与程度，是我国构建和完善中国特色现代大学制度的重要环节，必将激发他们的积极性和创造性，对于高等学校管理体制的创新和教学质量的提高都将发挥重要的作用。

（二）建立健全家长委员会制度，促进家校合作，调动家长积极性

1. 完善家长委员会制度

在现有制度基础上完善家长委员会制度，第一，学校要保证家长委员会的自主权①，给予家长提问建议的机会。据了解，有些地区的家长委员会制度在一定程度上只是个空架子，委员的选举、活动章程及活动开展实际上依然由学校及教师做主，还有很多不足之处。在这一点上，可以借鉴美国和日本的家长教师联合会（PTA）的成功经验，支持家长参与学校教育与管理层面的沟通。基于此，不仅各班级要建立家长委员会，还要成立年级委员会，并在学校一级建立包括学校管理人员及家长的学校委员会，形成由下至上完整的家长委员会体制。第二，保护家长委员会行使对学校工作的监督权。家长委员会存在的意义在于呼吁并帮助更多的家长重视并参与到孩子的教育中，共同研究和解决教育问题；

---

① 罗伟娟. 关于家校沟通内容和形式的研究 [D]. 上海：华东师范大学，2006：53.

同时反映家长对学校的提议，监督学校教育教学及管理工作。因此，学校有责任和义务接受家长委员会的监督，积极吸收家长委员会的合理意见以改进工作。这就要求学校教务公开、透明化，建立家校沟通平台，主动接受家长的监督与评价。

2. 学校提供家长教育，开办"家长学校"

家长教育勾画了由一系列围绕读写能力、能力发展等话题的课程、会议构成的整套蓝图。[①] 家长教育持续的时间不仅取决于学校设定的目标，更取决于家长内化所学内容所需时间，但重要的是学校和教师在实施中必须使用家长能够理解的方式及习惯化的语言来开设培训课程。

开办家长教育课程，给学校增加了工作难度与压力。以美国一所郊区小学对拉美裔家长提供的识字教育方案为例。首先，这位教师申请到当地基金会的经费，为家长购买儿童用书且为家长提供子女看护服务，从而激发家长参会的积极性。其次，课程一个月两次，每一次持续时间在一小时至一个半小时之间，运用了小组讨论、模拟、展示等多种互动形式，每一次都会给家长布置一定的家庭作业，在下次课堂中家长就自己的作业完成情况进行汇报，并就有关问题进行交流。最后，在一期家长培训通过考核之后，学校及教师安排家长作为培训员开始对下一批家长进行培训。在这个案例中，学校及教师需要培训出一批家长，然后家长之间进行分享，增进学校与家庭之间、家庭相互之间的了解，也丰富了学校课程。

除了具体的课程以外，学校还可以根据本校具体情况编制家长手册，内容可以包含向家长介绍学校的具体情况及对家长的具体要求。

[①] 林赛. 教育公平[M]. 卢立涛，刘小娟，高峰，译. 上海：华东师范大学出版社，2015：168.

3. 更新家长会形式，规范家访

开展新型家长座谈会，家长可以提出自己在教育孩子时出现的问题，不仅教师可以为家长提供针对性的方法，其他家长也可以提出自己的解决方法。问卷调查表明，家长对于当前固化的家长会存在相当大的意见，他们更希望以座谈会的形式，双方平等地以解决学生的问题为共同目标举办家长会。只有家校双方目标一致，家长会的召开才是更有效的。

除更新家长会形式以外，规范性家访也能够帮助教师与家长更加了解彼此、了解学生，形成亲密关系。教师定期以多样方式开展家访工作，除传统的上门家访，也可以通过电话、网络通信软件（如微信、QQ）等多种不同方式与家长沟通，将学校的要求和学生的在校情况及时告知家长，同时也让家长将学生的家庭表现及时向教师反馈。在家访的过程中，教师要遵循主动性原则，主动承担起家校合作中主要责任，努力建立良好的长期合作关系；遵循平等性原则，把握好分寸。在规范家访的活动中，学校扮演着监督者的角色：学校应根据实际情况制定家访制度并严格执行，从根本上提高教师的重视程度，提升家访的有效性。

（三）拓宽公众参与学校管理的渠道，提高社会参与学校管理的程度与能力

在学校内部，有教职工代表大会、教师工会、家长委员会等组织，但其常常流于形式，发挥作用的实际效果甚微。可见，必须进一步拓宽真正能够吸纳公众参与教育学校管理的渠道，并加强各级各类组织实际参与教育规划制定与实施的力度，使公众能够顺畅地表达意见和需求，并能得到及时的反馈和充分满足。政府应积极提倡科学的、民主的精神，重视公民参与观念、专家咨询观念、集体决策观念、实事求是观

念、决策评价观念等。积极引导公民、相关利益主体树立平等意识、自主意识、责任意识和法制意识。树立正确的理念，充分尊重学校等利益主体的合法权利，承认其在教育政策运行中的主体地位，积极推进相关利益主体参与教育政策的全过程。

社区是学校管理和建设的参与者，一方面社区代表直接参与学校管理活动，另一方面社区代表组织社区居民支持学校工作，形成学校在社区成员关心、参与和监督下发展的局面。首先，要建立社区教育组织，由社区或街道、社会教育团体及社区内学校领导等有关负责人组成，其主要职责是配合学校抓好学生的社会教育、宣传教育方针政策、组织有意义的社会教育活动、创造良好的社会教育环境。其次，重视社区对学校教学与管理的监督与反馈。积极组织"社区学校共建"活动，在活动中鼓励社区参与学校的决策、监督和评价。最后，学校也可以探索与社区携手的共管制度，将管理学校的部分权力下放到社区，成立社区教育委员会，共同商讨学校教育教学中遇到的困难和问题，为改善学校工作出谋划策。

从社会参与学校管理的实际情况来看，参与程度、参与能力都有待提高。这在家长和社区群众的参与方面表现尤其突出。在人员成分上，以家长委员会为主要形式的参与还比较少。如在农村地区，大量留守儿童家长不能参与或很少能发挥实际作用。在参与内容上，群众更重视硬件建设，如食宿、交通问题，而对改进教学则涉及较少。由此可以看出，一些参与主体有很高的参与热情和强烈的参与愿望，但由于其素质不高、能力有限，致使他们的参与率很低，效果较差。因此，应加强家长参与教育治理的能力培养，加强对家长的教育和培训，着力提高他们的参与水平，通过参与学校治理来保护和实现自己的合法利益，增强公众参与的有效性。

（四）建立社会参与学校管理的保障机制

参与式管理要在中小学中稳定、持久地运行必须建立强有力的保障机制。参与式管理的运行必须基于一定的组织平台，组织保障是参与式管理运行的基础。校长在参与式管理过程运行中起着至关重要的作用，校长民主意识的强弱直接决定学校的管理方式，民主、有效的领导方式是参与式管理运行的前提和基本保障。利益相关者参与学校的管理活动可能是出于自身的内在利益需求，但是要保持参与者参与的积极性和参与的持续性就需要外部条件的刺激，构建参与管理的激励机制是学校的利益相关者参与学校管理的动力保障。利益相关者对学校管理的监督和评价，以及学校对利益相关者参与的指导监督，也是保障参与式管理运行质量的重要措施。

（五）建立社会参与学校管理的监督机制

学校管理参与者对学校管理进行监督包含两层含义：一是当学校管理活动处在向着学校计划目标稳定运行状态时，对学校管理的监督活动就是排除干扰和影响，保证学校管理按既定状态运行；二是当学校管理活动处在偏离学校计划目标的轨道时，就是要采取纠正措施，将学校管理的运行系统重新调整到预定的轨道，保证学校管理的运行状态朝向既定的目标。

参与式管理的监督机制是双向的，包括以下两个方面。一是参与者对学校管理活动的监督。目前我国中小学推行校长负责制，目的在于简政放权，扩大学校办学自主权，把办学和治校的权力交给校长，使其成为权责对应的学校管理主体。多年来，完善校长负责制的思路也集中在如何扩大学校办学自主权上，对学校管理权力所应有的制衡与约束却很少论及。教育研究的理论和实践都表明，如果对学校管理权力缺乏强有力的监督和制约，很有可能造成学校管理权力滥用而损害国家、受教育者的利益，影响教育教学质量。目前我国对学校管理权力的监督主要来自地方教育行政部门，而没有充分发挥学校相关成员和社会的监督作用。因此，学生、家长和社会发挥其监督作用是保障学校管理权力正常运行的必然选择。学校的外部监督机制有助于对学校教学质量实行全面、全程监控，给学校压力和动力，从而保证较高的办学质量。二是学校对参与者的监控。参与式管理运行过程中的监督是双向的监督和控制。一方面是利益相关者参与学校教育和管理过程，监督和评价学校的管理和教学活动，保证学校的办学质量；另一方面，学校对利益相关者参与学校管理也要进行监督和调控，对利益相关者参与学校管理进行指导，适度调整他们参与的范围和程度，从而保证参与的质量和效益。学校对参与者参与学校管理进行评价是提升参与式管理效能的重要手段。学校的评价主要是对参与者参与的责任和能力的评价。学校的评价可以通过参与者是否按时出席相关的活动，对参与管理的活动是否热心、有没有做准备和对学校管理背景信息的了解程度等进行评价。对参与者能力的评价包括对其沟通能力、表达能力、观点的创造性和实效性等方面进行的评价。学校通过对参与者的责任感和能力的评价，可以对其参与的范围和程度进行调控。学校要把握好参与者参与学校管理的度，适时调整参与的范围和程度。

第五节　社会参与教育治理的问题与保障

一、社会参与的主要问题

从一开始，公民参与社会治理就处于各种褒扬的光环之中，承载着人们众多的期望：推举代表民意的国家管理者，促使其表达公共利益取向；培养有社会责任、具备公民资格的公众，促使他们形成关注公共生活、解决共同问题的美德；塑造有自主、自制能力的公民社区管理者，促使他们最大限度地满足公民社区共同体生活的需要；发展公民与政府及公共管理者之间双向协商、沟通机制，促使政府成为一个负责、透明、民主的组织；建立公民与政府公共管理者共同生产与合作的公共事务治理模式，促进新型相互信任的社会关系的形成。①

约翰·克莱顿·托马斯提出，公共参与的难题包括以下内容：第一，公共管理者必须决定在多大程度上与公众分享影响力；第二，公共管理者必须决定由公众中的谁去参与公共决策过程；第三，公共管理者必须选择特定的公民参与形式。②同时，他指出，公民参与至少面临三个方面的问题：第一，应由谁来参与或谁不参与；第二，公民参与如何影响管理者的日常工作；第三，公民参与如何影响公共政策的质量。其中，对公民参与最严厉的指责集中在公民参与造成了公共政策的扭曲。一些受到尊重的专家警告说，公民参与直接影响到公共决策和公共政策的质量。对政策质量的威胁通过以下方式表现出来。③

第一，公民常常不能理解政策质量标准中包含的知识和常识，因此

---

① ② ③ 托马斯. 公共决策中的公民参与：公共管理者的新技能与新策略[M]. 孙柏瑛，等译. 北京：中国人民大学出版社，2005：8，19.

他们可能会对专业领域或科学界认定的政策质量标准提出质疑。

第二，公民参与可能会导致公共项目运作成本的增加。一般而言，在公共决策过程中，参与的角色越多，期望发挥作用的人越多。公共决策的公民参与者增加势必迫使相关的项目运作成本攀升。

第三，公民参与会阻滞改革、创新。不管是与公民还是与其他行动者进行广泛的民主磋商，都增加了一些人否决改革方案或迫使方案妥协的可能性。如果民主磋商能够成功地阻止那些规划不良的改革措施，那么它的发展就是有益的。但是，如果民主磋商阻挠了任何或所有的改革议程，那么它的发展趋势就不容乐观。

第四，很多代表特定群体的公民在受邀参与公共决策后追逐特殊的利益，从而导致了更广泛的公共利益的缺失。一位观察家将公民参与描述为，公民参与往往是以伟大的设计开始，但它经常演变为日常的讨价还价。在此过程中，有组织的集团为他们的既得利益而斗争，这常常以损失更广泛的社会目标为代价。这样的谴责不仅仅针对那些外在的有组织的集团。一项调查显示，权力较弱的政府机构可能会运用公民参与强化自身的地位：如果公共机构自身的地位很牢固，那么，他们会避免公民过多的参与，目的是维护组织的稳定性。而权力相对较弱的公共机构更可能通过公民参与建立紧密的联盟，以获取对其组织强有力的支持。

二、社会参与教育治理的保障机制

现代社会强调公民广泛的政治参与和公民的主体性地位，这不仅是公民权利的体现，而且对教育政策制定与执行有着积极的影响。推进教育治理中的社会参与，需要从以下几个方面建立保障机制。

（一）确立社会参与教育治理的制度

推进我国教育治理中的社会参与，首先要有专门的法律规章和制度来保障和规范公民的参与权利和行为。要通过不断健全利益诉求表达制度、决策听证制度、政务公开制度、决策论证制度、决策责任追究制度等，为公民的参与提供更多的渠道。同时政府对公民进行充分的培训和引导，保证参与程序的法制化、规范化。社会参与程序的制度化、规范化，就是在充分遵循宪法和法律赋予公民的政治权利和自由的前提下，对社会参与的内容、方式、途径做出明确的规定，使其可以按一定的程序进行实际操作，并用法律的形式固定下来，依法确定科学合理的公共政策程序，明确政策制定者和执行者的义务和责任。只有这样才能做到有法可依，依法参与，使社会参与合理化、制度化。

为了推进教育治理中的社会参与，我国有必要完善社会参与的相关法律法规政策。例如，制定公民参与法、学校法、家长委员会章程，从法律的高度对家长、社区组织、非营利组织、营利组织及其他公民个人参与教育治理的权利和责任、参与范围、参与任务、参与方式、参与途径和方法，以及教育治理中的多元主体之间的关系等方面进行明确而具体的规定。①

（二）提高公众的参与意识

公众的参与意识对于学校等相关利益主体参与地方教育政策的制定有着至关重要的作用。因此，提高政策参与主体参与地方教育政策制定的积极性，不仅是公民个人的事，也是政府的事。政府应积极提倡科学的、民主的精神，破除各种不适应改革开放新形势和市场经济发展的旧

---

① 蒲蕊. 论教育治理中的社会参与［J］. 中国教育学刊，2015（7）：26—31.

观念，强化现代民主行政观念，如重视公民参与观念、专家咨询观念、集体决策观念、实事求是观念、决策评价观念等。积极培育公民参与所需要的适度的、理性的心理，引导公民、相关利益主体树立平等意识、自主意识、责任意识和法制意识。作为公共政策的主要制定者和执行者，政府必须树立正确的理念，充分尊重学校等利益主体的合法权利，承认学校等相关利益主体在教育政策运行中的主体地位，积极推进相关利益主体参与教育政策运行的全过程。

（三）提高公众的参与能力

在参与教育治理的过程中，人们的参与程度、参与能力还都有待提高。一些参与主体有很高的参与热情和强烈的参与愿望，但由于其素质不高、能力有限，致使他们的参与率很低，效果较差。因此，应加强公众参与教育政策规划制定能力的培养，加强对公众的教育和培训，着力提高他们的参与水平，使其有效地进入参与角色。通过向公众传授必需的社会参与的知识，让公众懂得如何参与公共政策制定过程，了解如何通过参与公共政策制定来保护和实现自己的合法利益，从而提高公众参与公共政策的技能，增强社会参与的有效性。

（四）扩宽公众参与渠道

在现阶段，教育治理与决策中的社会参与有了很大的进步，但是还不够充分和深入。从体制上来讲，我国公众参与公共决策过程的渠道比较单一。宏观上，我国公众参与公共决策过程有两个正式的渠道：人民代表大会和政治协商会议。同时，党和政府开设来信来访、领导接待日、各种不定期的座谈会等渠道。学校内部有教职工代表大会、教师工会、家长委员会等组织，但常常流于形式，其发挥作用的实际效果甚微。因此，必须进一步拓宽能够吸纳公众参与教育基层规划的渠道，并加强各级各类组织实际参与教育规划制定与实施的力度，使公众能够得以畅通地表达意见和需求，并能够得到及时的反馈和充分满足。

推进教育治理与决策的科学化、民主化是一个长期的、渐进的过程，在我国还有很长的路要走。教育治理与决策的科学化、民主化不仅包括决策的程序、政策方案选择，还应包括政策的实施和立法的结合，以及政策执行的监督、评估等。就教育政策的制定和执行而言，其需要进一步推进决策的程序、决策方案选择等方面的制度化，将社会参与作为决策过程中一个不可或缺的步骤，将决策的科学化、民主化作为我国教育政策的发展和改革的方向。

参考文献

[1] 朱旭东. 论教师专业发展的理论模型建构 [J]. 教育研究, 2014 (6): 81-90.

[2] 徐今雅, 朱旭东. "专业教育"辨析: 兼论专业教育与高等职业教育的关系 [J]. 复旦教育论坛, 2007 (6): 29-34.

[3] 李晓巍, 刘倩倩, 王梦柯. 幼儿家庭教育的社区支持指标体系: 构建与应用 [J]. 教育学报, 2019 (2): 66-76.

[4] 徐艳玲, 李聪. "人类命运共同体"价值意蕴的三重维度 [J]. 科学社会主义, 2016 (3): 108-113.

[5] 周作宇, 马佳妮. 人类命运共同体: 高等教育国际合作的价值坐标 [J]. 教育研究, 2017 (12): 42-50.

[6] 顾明远, 石中英. 学习型社会: 以学习求发展 [J]. 北京师范大学学报 (社会科学版), 2006 (1): 5-14.

[7] 杨现民, 余胜泉. 智慧教育体系架构与关键支撑技术 [J]. 中国电化教育, 2015 (01): 77-84.

[8] 沈书生. 学习新生态: 建构信息化学习力 [J]. 苏州大学学报 (教育科学版), 2020 (1): 1-8.

[9] 周海涛, 闫丽雯. 支持和规范社会力量兴办教育的新作为 [J]. 教育与经济, 2019 (1): 3-6.

[10] 刘金娟, 方建锋. 我国基金会参与非营利性民办高校办学探

索[J]. 复旦教育，2019（6）：41-47.

[11] 王善迈. 民办教育分类管理探讨[J]. 教育研究，2011（12）：32-36.

[12] 褚宏启. 教育治理：以共治求善治[J]. 教育研究，2014（10）：4-11.

[13] 罗西瑙. 没有政府的治理[M]. 张胜军，刘小林，等译. 南昌：江西人民出版社，2001.

[14] 毛寿龙，李梅，陈幽泓. 西方政府的治道变革[M]. 北京：中国人民大学出版社，1998.

[15] 习近平. 切实把思想统一到党的十八届三中全会精神上来[N]. 人民日报，2014-01-01（2）.

[16] 刘冬冬，张新平. 教育治理现代化：科学内涵、价值维度、实践路径[J]. 现代教育管理，2017（7）：1-6.

[17] 张文显. 法治与国家治理现代化[J]. 中国法学，2014（4）：5-27.

[18] 郭滇华. 国家治理视域下的教育治理现代化[J]. 理论视野，2018（7）：83-85.

[19] 刘训华. 突破传统思维 推进教育治理现代化[J]. 群言，2017（12）：4-7.

[20] 褚宏启. 教育现代化的灵魂是现代精神[J]. 中国教育学刊，2018（9）：5.

[21] 余雅风，蔡海龙，等. 中国教育改革开放40年：政策与法律卷[M]. 北京：北京师范大学出版社，2019.

[22] 陈宝生. 全面推进依法治教 为加快教育现代化、建设教育

强国提供坚实保障：在全国教育法治工作会议上的讲话[J]. 国家教育行政学院学报，2019（1）：3-9.

[23] 张文显. 法理学[M]. 5版. 北京：高等教育出版社，2018.

[24] 胡文斌. 教育立法与教育法学的比翼发展[J]. 上海教育科研，1990（4）：43-45.

[25] 余雅风. 法律变迁与教育的公共性实现[J]. 教育学报，2005（2）：51-56.

[26] 金生鈜. 什么是正义而又正派的教育：我国教育改革的症结[J]. 教育研究与实验，2006（3）：1-7.

[27] 程方平. 地方教育立法 意义不可忽视[J]. 民主，2014（7）：13-15.

[28] 金生鈜. 保卫教育的公共性[J]. 教育研究与实验，2007（3）：7-13.

[29] 朱景文. 比较法社会学的框架和方法：法制化、本土化和全球化[M]. 北京：中国人民大学出版社，2001.

[30] 范愉. 纠纷解决的理论与实践[M]. 北京：清华大学出版社，2007.

[31] 陈久奎. 我国教育仲裁制度的建构研究：一种解决教育纠纷的新途径[J]. 教育研究，2006（5）：50-54.

[32] 范愉. 非诉讼纠纷解决机制研究[M]. 北京：中国人民大学出版社，2000.

[33] 朱文瑜. 我国体育纠纷的多元解决机制研究[D]. 北京：中国政法大学，2008：10.

[34] 胡天生，高峰. 构建高校与学生纠纷的多元解决机制[J].

教育发展研究，2011，31（8）：67-71.

［35］吴钦. 中小学教育纠纷非诉讼解决机制研究：以湖南会同县为样本［D］. 长沙：中南大学，2012：12.

［36］汪莉. 中小学教育纠纷多元化法律解决机制的适用与完善［J］. 天津市教科院学报，2017（6）：50-53.

［37］杨瑜. 教育纠纷的人民调解路径分析［D］. 沈阳：沈阳师范大学，2016.

［38］曹扩青. 仲裁制：解决高校教育纠纷的理想途径［J］. 当代教育论坛（宏观教育研究），2007（3）：65-66.

［39］罗了一. 学校教育纠纷的司法解决途径探析［J］. 陕西理工学院学报（社会科学版），2007（1）：65-68.

［40］周旺生，朱苏力. 北京大学法学百科全书：法理学·立法学·法律社会学［M］. 北京：北京大学出版社，2010.

［41］沈宗灵. 法理学［M］. 4版. 北京：北京大学出版社，2014.

［42］叶齐炼. 完善我国教育法律体系的思考［J］. 中国高教研究，2019（2）：16-20.

［43］汤林春. 教育法治促进教育现代化［N］. 中国教育报，2018-08-23.

［44］孙霄兵，翟刚学. 中国教育法治的历史回顾与未来展望［J］. 课程·教材·教法，2017，37（5）：4-14.

［45］周娟. 我国高等教育治理法治化研究［D］. 南昌：南昌大学，2017.

［46］关保英. 依法治校：价值、内容与实现路径［J］. 华东师范大学学报（教育科学版），2018，36（2）：38-45，154.

［47］顾明远. 教育大辞典［M］. 上海：上海教育出版社，1998.

［48］孙绵涛，郭玲. 新时代教育法治建设的新探索［J］. 复旦教育论坛，2018，16（1）：28-34.

［49］王丹中，孙淑萍. 以人为本：教育法制建设的价值理念［J］. 学校党建与思想教育，2015（9）：88-90.

［50］王宏. 促进高等教育公平的法制建设研究［J］. 教育发展研究，2014，34（5）：55-59.

［51］范国睿，孙闻泽. 改革开放40年教育体制机制改革的历史与逻辑分析［J］. 教育研究，2018，39（7）：15-23，48.

［52］陈家喜，杨道田. 有限政府、有为政府与政府改革［J］. 理论视野，2016（1）：18-21.

［53］周光辉. 构建人民满意的政府：40年中国行政改革的方向［J］. 社会科学战线，2018（6）：10-21，2.

［54］潘照新. 国家治理现代化中的政府责任：基本结构与保障机制［J］. 上海行政学院学报，2018，19（3）：28-35.

［55］孙涛，张怡梦. 从转变政府职能到绩效导向的服务型政府：基于改革开放以来机构改革文本的分析［J］. 南开学报（哲学社会科学版），2018（6）：1-10.

［56］俞可平. 论国家治理现代化［M］. 北京：社会科学文献出版社，2014.

［57］袁本涛，孙霄兵. 教育治理现代化：理念、制度与政策［M］. 北京：经济科学出版社，2018.

［58］劳凯声. "依法治教"是推动教育改革与发展的重要力量［J］. 人民教育，2014（21）：1.

[59] 马怀德. 教育法治四十年:成就、问题与展望[J]. 国家教育行政学院学报, 2018 (10):10-15, 58.

[60] 孙霄兵. 新常态下依法治教的思考[J]. 国家教育行政学院学报, 2015 (7):19-26.

[61] 许杰. 现代学校制度建设的实践逻辑[J]. 教育研究, 2016, 37 (9):32-39.

[62] 唐亚林, 刘伟. 权责清单制度:建构现代政府的中国方案[J]. 学术界, 2016 (12):32-44, 322.

[63] 刘虹, 张端鸿. 国家教育行政权力清单的规范研究:以教育部行政权力为研究对象[J]. 复旦教育论坛, 2016, 14 (1):16-22.

[64] 李刚, 吕碧华. 地方教育行政人员专业化研究[J]. 教育理论与实践, 2015, 35 (1):23-26.

[65] 张志勇. 教育家办学制度建设思考[J]. 教育发展研究, 2009, 29 (8):7-10.

[66] 从春侠. 教育行政管理人员专业化路径研究:基于对地县教育局长的调查[J]. 教育发展研究, 2009, 29 (6):17-20.

[67] 徐金海. 区域教育改革背景下教育局长领导力刍议[J]. 教育研究, 2018, 39 (10):64-69.

[68] 国家教育标准体系研究课题组, 徐长发, 孙霄兵, 等. 国家教育标准体系的发展与完善[J]. 教育研究, 2015, 36 (12):4-11.

[69] 盛明科, 朱玉梅. 中国教育统筹发展的政策变迁:问题及改进思路[J]. 当代中国史研究, 2014, 21 (5):121-122.

[70] 谢广祥. 如何扩大省级政府教育统筹权[J]. 求是, 2014 (3):50-51.

[71] 贾永堂, 孔维申. 省级政府高等教育统筹权: 渊源、内涵、困境及对策 [J]. 高等教育研究, 2017, 38 (11): 29-38.

[72] 辞海编辑委员会. 辞海 [M]. 上海: 上海辞书出版社, 2010: 1892.

[73] 徐琪, 刘国瑞. 省级政府高等教育统筹研究的回顾与展望 [J]. 现代教育管理, 2018 (9): 1-10.

[74] 盛明科. 公共服务均等化视角下省级政府教育统筹发展效果评价研究 [M]. 北京: 中国社会科学出版社, 2017.

[75] 陈彬, 袁祖望. 试论"加强省政府高等教育统筹权"的基本内涵 [J]. 高教探索, 2000 (3): 28-32.

[76] 周晔, 王晓燕. 城乡教育统筹治理: 概念与理论架构 [J]. 教育研究, 2014, 35 (8): 31-39.

[77] 刘复兴. 教育民营化与教育的准市场制度 [J]. 北京师范大学学报 (社会科学版), 2003 (5): 12-21.

[78] 蒲蕊. 公共教育服务体制创新: 治理的视角 [J]. 教育研究, 2011, 32 (7): 54-59.

[79] 董泽芳. 论区域教育统筹 [J]. 湖北教育学院学报, 1994 (1): 27-29.

[80] 盛明科, 朱玉梅. 我国教育统筹发展的政策变迁: 问题及改进思路: 基于1979年~2013年国家教育政策文本的分析 [J]. 理论探索, 2014 (4): 75-79.

[81] 李立国. 以省级教育统筹推进教育领域综合改革 [J]. 清华大学教育研究, 2013, 34 (1): 14-16.

[82] 张乐天. 新世纪以来我国城乡教育统筹发展政策之审思 [J].

南京师大学报（社会科学版），2014（3）：101-108.

［83］袁振国. 加强省级政府教育统筹是历史阶段的新要求［J］. 基础教育改革动态，2011（5）：23-24.

［84］杨润勇. 新背景下我国教育管理体制政策调整问题研究［J］. 教育研究，2011，32（3）：26-30.

［85］王浦劬. 论转变政府职能的若干理论问题［J］. 国家行政学院学报，2015（1）：31-39.

［86］李立国. 省级教育统筹的权力约束机制［J］. 国家教育行政学院学报，2015（5）：3-8.

［87］石亚军. 实现政府科学决策机制的根本转变［J］. 中国行政管理，2006（10）：10-13.

［88］张秀兰，胡晓江，屈智勇. 关于教育决策机制与决策模式的思考：基于三十年教育发展与政策的回顾［J］. 清华大学学报（哲学社会科学版），2009，24（5）：138-158，160.

［89］任友群. 以科学决策促进教育现代化［N］. 光明日报，2015-06-02（2）.

［90］刘复兴. 教育政策的价值分析［M］. 北京：教育科学出版社，2003：138.

［91］邓恩. 公共政策分析导论［M］. 谢明，杜子芳，伏燕，等译. 2版. 北京：中国人民大学出版社，2010.

［92］黄忠敬. 教育决策科学性的标准［J］. 教育理论与实践，2000（2）：19-22.

［93］陈振明. 政策科学［M］. 北京：中国人民大学出版社，1998：353.

［94］李孔珍. 我国公共教育政策执行：影响因素、问题和路径选择［J］. 中国行政管理，2010（11）：53-57.

［95］周洪宇，付睿. 以习近平智库论述为指导 加强教育智库建设［J］.国家教育行政学院学报，2018（4）：3-8.

［96］周洪宇. 创新体制机制，建设中国特色新型教育智库［J］. 教育研究，2015，36（4）：8-10.

［97］袁振国. 教育决策的科学化和民主化是依法治教的关键［J］. 中国教育学刊，2015（11）：1-3.

［98］李福华，黄庆丽. 教育研究、教育决策、教育实践的界面管理与协同效应［J］. 清华大学教育研究，2017，38（6）：98-105，113.

［99］刘福敏，陈井安. 行政决策的合法化：形式合法与实质合法［J］. 社会科学研究，2016（6）：63-67.

［100］吕京，唐应辉，马川冬. 提高教育决策的科学性［N］. 人民日报，2016-04-01（7）.

［101］范国睿，孙翠香. 教育政策执行监测与评估体系的构建［J］. 教育发展研究，2012，32（5）：54-60.

［102］乐毅. 地方政府教育督导机构改革应从依附走向独立［J］. 中国教育学刊，2015（2）：17-23.

［103］高山艳. 新时代教育督导队伍专业化：诉求、问题与对策［J］. 当代教育科学，2018（11）：74-79.

［104］姜美玲. 教育公共治理：内涵、特征与模式［J］. 全球教育展望，2009，38（5）：39-46.

［105］侯志峰. 高等学校内部治理的内涵、要素及战略重点［J］. 西北师大学报（社会科学版），2014，51（4）：139-144.

[106] 龚怡祖. 大学治理结构: 建立大学变化中的力量平衡: 从理论思考到政策行动 [J]. 高等教育研究, 2010, 31 (12): 49-55, 60.

[107] 湛中乐, 徐靖. 通过章程的现代大学治理 [J]. 法制与社会发展, 2010, 16 (3): 106-124.

[108] 陈立鹏. 关于我国大学章程几个重要问题的探讨 [J]. 中国高教研究, 2008 (7): 19-22.

[109] 段海峰. 大学章程的内涵探析 [J]. 高等教育研究学报, 2009, 32 (2): 14-16.

[110] 别敦荣. 论我国大学章程的属性 [J]. 高等教育研究, 2014, 35 (2): 19-26.

[111] 张国有, 胡少诚. 中国大学章程建设的历程与形态 [J]. 北京大学教育评论, 2012, 10 (2): 140-153, 191.

[112] 孙贵聪. 英国大学特许状及其治理意义 [J]. 比较教育研究, 2006 (1): 12-16.

[113] 湛中乐, 赵玄. 大学治理和大学章程的实施: 基于教育部92份高等学校章程核准书的分析 [J]. 行政法论丛, 2017, 20 (1): 162-182.

[114] 陈文干. "大学自治"内涵新探 [J]. 江苏高教, 2006 (5): 4-6.

[115] 简明不列颠百科全书: 第8卷 [M]. 北京: 中国大百科全书出版社, 1986.

[116] 裘指挥, 张丽. 理性捍卫学术自由 [J]. 高等教育研究, 2015, 36 (10): 14-18.

[117] 陈立鹏, 杨阳. 论我国现代大学制度建设: 从大学章程的视角 [J]. 国家教育行政学院学报, 2012 (4): 20-24, 14.

[118] 陶光胜, 付卫东. 我国大学章程执行"肠梗阻"的病理解剖: 基于64所高校的数据分析 [J]. 理论月刊, 2017 (10): 70-74.

[119] 牛维麟. 现代大学章程与大学管理 [J]. 中国高等教育, 2007 (1): 13-14.

[120] 杨慧文. 论法治视角下的高校章程建设 [J]. 南昌大学学报 (人文社会科学版), 2016, 47 (4): 125-129.

[121] 朱家德. 大学章程实施比制定更重要 [J]. 中国高教研究, 2016 (6): 65-69.

[122] 李允杰, 丘昌泰. 政策执行与评估 [M]. 北京: 北京大学出版社, 2008: 133.

[123] 周颖. 公共政策执行中的"中梗阻"难题及破解对策 [J]. 领导科学, 2015 (3): 16-17.

[124] 张磊, 周湘林. 问责: 大学章程制定实施的制度保障 [J]. 河南社会科学, 2013, 21 (6): 80-82.

[125] 张淼. 我国建设现代职业学校制度中的基本理论问题研究 [J]. 中国职业技术教育, 2015 (24): 5-9.

[126] 褚宏启. 中国现代教育体系研究 [M]. 北京: 北京师范大学出版社, 2014.

[127] 庄西真. 职业教育治理主体及其权力关系分析 [J]. 教育理论与实践, 2016, 36 (28): 7-11.

[128] 肖凤翔, 黄晓玲. 职业教育治理: 主要特点、实践经验及研究重点 [J]. 河北师范大学学报 (教育科学版), 2015, 17 (2):

35-39.

［129］陈衍，徐梦佳，郭珊．现代职业学校治理的新制度主义分析［J］．现代教育管理，2017（7）：89-93．

［130］唐月慧，宫捷，叶华青．现代职业学校制度刍议［J］．陕西社会主义学院学报，2017（4）：62-64．

［131］高卫东．职业教育集团的内涵、类型与功能［J］．职业技术教育，2004，25（34）：8-11．

［132］潘姿曲，祁占勇．改革开放四十年职业院校治理结构沿革、特点与展望［J］．教育与职业，2018（13）：46-51．

［133］陈松，刘娜．基于利益相关者理论的高职院校董事会研究［J］．工业技术与职业教育，2017，15（1）：67-69，72．

［134］罗尧成，肖纲领．高职院校理事会的职能定位与运行机制：美国社区学院董事会的经验借鉴［J］．高校教育管理，2016，10（1）：105-110．

［135］姜群英，雷世平．职业教育校企合作立法的思考［J］．职教论坛，2010（34）：72-75．

［136］赵海婷．企业参与职业教育校企合作的动因、障碍及促进政策研究［J］．职教论坛，2016（9）：46-50．

［137］李延保，张建林．对新时代中国特色社会主义大学制度建设几个问题的讨论［J］．高等教育研究，2018，39（6）：20-25．

［138］韩泽春．规范执行高校党委领导下的校长负责制［J］．理论视野，2017（12）：48-54．

［139］吴敬东．完善高校党委领导下的校长负责制的思考与建议［J］．湖北社会科学，2016（6）：168-171．

[140] 梁军. 论高校聘请法律顾问的作用［J］. 湖南社会科学, 2006（2）: 80-81.

[141] 陈金圣. 用人制度改革: 高校"去行政化"的切入点［J］. 教育发展研究, 2010, 30（11）: 1-5.

[142] 徐建国. 对我国高校后勤社会化的几点思考［J］. 高教探索, 2004（1）: 38-41.

[143] 刘元林, 刘春生, 石善革, 等.深化校院两级管理扩大院系办学自主权的研究［J］. 教育现代化, 2015（5）: 12-14.

[144] 都光珍. 高校校院两级管理体制改革的对策思考［J］.国家教育行政学院学报, 2011（12）: 16-20.

[145] 李海萍. 改革开放40年中国高校内部领导体制改革审视［J］. 湖南科技大学学报（社会科学版）, 2018, 21（5）: 119-128.

[146] 马廷奇. "双一流"建设与大学发展［J］. 国家教育行政学院学报, 2016（9）: 9-14.

[147] 操武斌. 高校法律顾问制度运行模式探讨［J］. 法制与社会, 2017（15）: 206-207.

[148] 尚子扬. 关于高校教育职员制改革的思考［J］. 东北大学学报（社会科学版）, 2006（2）: 143-145.

[149] 姚鹏阁, 郑婕慧, 王兵, 等. "双一流"建设背景下高等学校行政管理人员对职员制改革的认知分析［J］. 中国人事科学, 2019（1）: 46-51.

[150] 向福英, 汤华, 白洋. 高校行政管理人员推行职员制改革思考［J］. 现代商贸工业, 2014（1）: 116-117.

[151] 周晓明. 高职院校后勤社会化改革路径与保障措施研究

[J]. 高校后勤研究, 2019 (2): 18-20.

[152] 余雅风. 公共性: 民办学校立法分类规范的分析基础 [J]. 教育研究, 2018, 39 (3): 103-109.

[153] 董圣足. 新法新政下民办学校的使命担当及应对策略 [J]. 国家教育行政学院学报, 2018 (9): 36-42.

[154] 金锦萍. 论基本公共服务提供的组织形式选择: 兼论营利法人与非营利法人分类的规范意义 [J]. 当代法学, 2018, 32 (4): 13-22.

[155] 王文源. 以法治推动中国民办教育创新发展: 写在民办教育改革发展40年之际 [J]. 华南师范大学学报 (社会科学版), 2018 (6): 22-25.

[156] 巫志刚. 我国营利性高等教育机构基本法律制度研究 [D]. 武汉: 华中师范大学, 2013.

[157] 劳凯声. 民办学校分类管理的问题及其解决途径 [J]. 教育学报, 2016, 12 (5): 3-13.

[158] 高俊华, 姜伯成. 分类管理改革背景下民办学校内涵式发展的困境与突围 [J]. 教育与职业, 2018 (20): 55-59.

[159] 周海涛. 民办学校分类管理政策研究 [M]. 北京: 经济科学出版社, 2016.

[160] 王珊. 论我国民办学校法人治理的问题及制度建设 [J]. 中国教育法制评论, 2017: 193-206.

[161] 韩民. 完善法人治理结构 促进民办高等教育可持续发展 [J]. 中国高等教育, 2006 (8): 8-9.

[162] 徐绪卿. 我国民办高校治理及机制创新研究 [M]. 北京: 中国社会科学出版社, 2017.

[163] 徐绪卿，冯淑娟. 建立和完善民办高校法人治理结构的若干思考［J］. 广东培正学院学报，2008（1）：21-26.

[164] 董圣足. 期待更加灵活、适切的政策促进民办教育健康可持续发展［J］. 人民教育，2016（19）：41-43.

[165] 施文妹，周海涛. 民办高校内部治理的变革特征、基本模式和未来走向［J］. 现代教育科学，2019（1）：11-17.

[166] 联合国教科文组织国际教育发展委员会. 学会生存：教育世界的今天和明天［M］. 北京：教育科学出版社，1996.

[167] 巩丽霞. 民办高校内部管理机制的法律思考［J］. 教育发展研究，2008（增刊2）：15-19.

[168] 杨琼. 学校法人治理问题研究［D］. 上海：华东师范大学，2007.

[169] 董圣足. 我国民办教育治理制度：变革与创新［J］. 华东师范大学学报（教育科学版），2017，35（6）：18-26，152-153.

[170] 余中根.《公司法》视野下营利性民办学校内部治理结构的问题及解决机制［J］. 浙江树人大学学报（人文社会科学），2018，18（4）：5-9.

[171] 王一涛，刘继安，王元. 我国民办高校董事会实际运行及优化路径研究［J］. 教育研究，2015，36（10）：30-36.

[172] 邵振允. 民办教育分类管理风险防控评析：兼论营利性民办教育的监管［J］. 华南师范大学学报（社会科学版），2018（6）：28-34.

[173] 吴会会，薛二勇.《民办教育促进法》修订的政策过程研究：基于动态嵌套的"多源流理论"视角［J］. 教育发展研究，2018，38（增

刊1）：38-44.

［174］董圣足. 民办学校"关联交易"的规制与自治［J］. 复旦教育论坛，2018，16（4）：30-36.

［175］马全中. 国外非政府组织提供公共服务：一个归纳性研究述评［J］. 电子科技大学学报（社科版），2013，15（5）：76-83.

［176］潘奇，董圣足. VIE架构在教育领域的应用、问题及其对策［J］. 教育发展研究，2018，38（5）：17-22，74.

［177］方建锋. 推进民办学校分类管理中面临的瓶颈问题分析［J］. 复旦教育论坛，2018，16（2）：43-48.

［178］董圣足. 从有益补充到共同发展：民办教育改革发展之路［M］. 上海：华东师范大学出版社，2018.

［179］肖理想. 建立民办学校风险预警机制的思考与建议［J］. 当代教育论坛（管理研究），2010（8）：124-125.

［180］柯武钢，史漫飞. 制度经济学：社会秩序与公共政策［M］. 北京：商务印书馆，2004.

［181］袁连生，王翠林. 营利与非营利民办学校财务会计问题探讨［J］. 徐州工程学报（社会科学版），2014，29（5）：55-60.

［182］陶俭钦. 论民办学校的财务风险及其防范：基于东莞市的研究［D］. 上海：华中师范大学，2010：24.

［183］彼得斯. 政府未来的治理模式［M］. 吴爱明，夏宏图，译. 北京：中国人民大学出版社，2001.

［184］托马斯. 公共决策中的公民参与：公共管理者的新技能与新策略［M］. 孙柏瑛，等译. 北京：中国人民大学出版社，2005.

［185］武玉英. 变革社会中的公共行政：前瞻性行政研究［M］.

北京：北京大学出版社，2005.

[186] 世界银行. 1997年世界发展报告：变革世界中的政府 [M]. 北京：中国财政经济出版社，1997.

[187] 郭道晖. 权力的多元化与社会化 [J]. 法学研究，2001（1）：3-17.

[188] 戴伊. 自上而下的政策制定 [M]. 鞠方安，吴忧，译. 北京：中国人民大学出版社，2002.

[189] 周满生. 教育宏观决策比较研究 [M]. 北京：人民教育出版社，2009.

[190] 李玉挽. 县域义务教育责任督学队伍建设的问题与对策探究 [D]. 江门：五邑大学，2017.

[191] 田凤. 社会参与：形成多元治理新格局 [N]. 中国教育报，2018-07-18.

[192] 谢凡. 实施"第三方评价"：打通"管办评分离"的"最后一公里"：来自"北京2016教育督导与评价研讨会"的声音 [J]. 中小学管理，2016（8）：40-42.

[193] 罗伟娟. 关于家校沟通内容和形式的研究 [D]. 上海：华东师范大学，2006：53.

[194] 林赛. 教育公平 [M]. 卢立涛，刘小娟，高峰，译. 上海：华东师范大学出版社，2015.

[195] 蒲蕊. 论教育治理中的社会参与 [J]. 中国教育学刊，2015（7）：26-31.